성인교육 4.0

중년의 위기와 대학의 위기 극복 전략

성인교육 4.0

정용균 지음

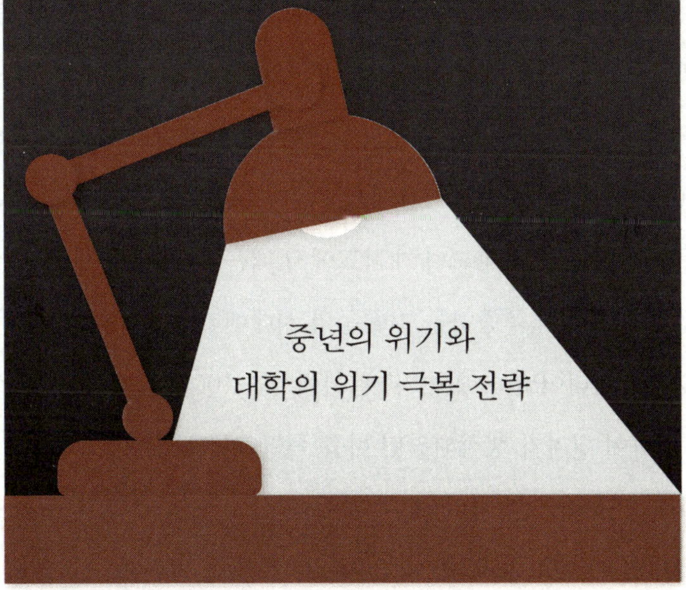

중년의 위기와
대학의 위기 극복 전략

율곡출판사

| 들어가는 글 |

인류문명은 전환기에 와 있다. 인류문명을 뒤흔들 키워드는 무엇일까? 필자는 100세 시대라고 생각한다. 100세 시대는 지금까지의 인간관계와 사회제도, 산업을 바꾸어 놓을 것이다. 우리는 100세 시대를 어떻게 맞이해야 하는가? 성인교육이 해답이다. 어떤 형식이든 성인이 다시 교육을 받지 못한다면 100세 시대는 생존이 쉽지 않을 것이다. 왜 그럴까? 현재 우리나라의 경우 평균 50세 무렵이면 직장에서 퇴직하기 때문이다. 100세 시대에는 직장에서 퇴직하는 50세 이후에도 50년이 남아 있는 것이다. 고등학교나 대학교에서 배운 것은 이미 사용해 소진되어 버렸다. 지식이 폭증하는 기술문명 시대에 어떻게 재충전 없이 그 다음 50년을 견디어낼 수 있는가? 본서에서는 100세 시대를 위한 성인교육에 대하여 필자가 생각해왔던 바를 독자들에게 들려준다.

현대는 전문화 시대이다. 모든 것이 잘게 쪼개져 있다. 부분적으로는 잘 알지만, 전체가 어떻게 생겼는지 큰 그림을 그리지는 못한다. 어떻게 하면 파편화된 상황을 벗어날 수 있을까? 하나의 방법은 각 분야 전문가들이 둘러앉아 각자 얻은 것을 모아 전체 모습을 추측해보는 것이다. 본서는 마치 영화를 촬영하듯이 동물행동학, 신화학, 인공지능, 뇌과학, 이 네 가지 학문을 네 대의 카메라 삼아 성인교육을 입체적으로 그려본다. 동물행동학은 침팬지와 같은 동물을 관찰하여 인간 행동의 기원을 알 수 있게 한다. 신화학은 영원과 순간을 연결시키는 통로를 살핌으로써 시대를 떠나 인간 생존의 원형을 느낄 수 있게 한다. 인공지능 기술은 미래 고등교육에 커다란 영향을 줄 것이라고 전망된다. 뇌과학은 가장 비밀스러운 인간의 두뇌를 들여다봄으로써 인간행동의 진정한 메커니즘을 밝혀준다.

본서가 다루고자 하는 또 하나의 주제는 대학의 위기이다. 2021년 대학입시는 고등교육에 하나의 전환점이 되었다. 상당수의 대학들이 정원을 채우지 못한 것이다. 출산율 저하로 인하여 대학 정원미달 문제는 쉽게 사라지지 않을 전망이다. 과거 고등교육이 공급 주도 시장이었다면 지금은 수요 주도 시장으로 변하였다. 이 책에서는 대학이 위기를 탈출하기 위해서 성인 학습자들을 적극적으로 유치해야 하며 그러기 위해서는 현재의 대학을 멀티도어 대학으로 전환해야 한다는 의견을 제시한다. 이 자리를 빌려 이 책이 나오는 데 도움을 주신 율곡출판사 박기남 대표님과 출판사 모든 분들에게 감사를 드린다. 또한 삽화를 그려주고 책이 나올 수 있도록 격려해준 우리 가족들에게 감사를 보낸다.

2021년 서재에서

정용균

| 차례 |

프롤로그

현재 나이가 40세인 사람 중 절반은 95세 이상 살 것이다.

— 린다 그래튼 · 앤드루 스콧, 『100세 인생』

100세 시대가 도래하였다! 독자 여러분은 실감이 나지 않을 것이다. 50대가 되면 벌써 피곤한 몸인데 무슨 100세란 말인가? 그러나 유대인들의 지혜의 보고 『탈무드』는 인생 전체를 100세로 보았을 뿐만 아니라 80세를 새로운 힘을 얻는 나이로 보았다.[1] 동양의학의 고전 『동의보감』은 사람의 최대 수명을 118세로 보고 있고, 그리스도교 창세기에서는 인간수명을 120세로 보았다. 인도 자이나교에서는 인간수명을 125세로 보고 있다.[2] 100세 시대가 올 것인가? 가능하다고 본다. 인간은 주로 위험한 일을 하다가 다치거나, 건강 관리를 하지 않아 장기가 고장이 났기 때문에 사망률이 높았다. 그러나 위험한 일에는 인간 대신 로봇을 투입하고, 3D 프린팅 기술로 저렴하고도 정교한 장기를 양산하고, 센서를 신체에 부착하여 실시간으로 건강을 체크한다면 미래 평균수명은 크게 증가할 것이다.[3] 이미 보험의 개념이 바뀌고 있다. 현재의 보험은 주로 사건이 발생한 후에 사후 처리비용을 보전해주는 성격이라면 미래의 보험은 자동차 블랙박스 같이 자기 몸에 센서를 부착할 경우 보험료를 할인해주는 방법, 즉 사전예방으로 나아갈 것이다.[4] 이제 100세 시대는 눈앞에 와 있다. 100세 시대의 방향을 잡기 위하여 성인은 왜 교육을 받아야 하는지 생각해보자.

가. 50세 이후 50년

인류사회에서 최근 가장 큰 변화는 무엇인가? 사람들이 100세 시대를 자각하기 시작한 일이다. 100세 시대는 축복인가? "아니다!" 과거 어떤 국가도 어떤 세대도 100세 시대를 경험하지 못해 누구도 도움을 줄 수 없기 때문이다. 그것이 현실이다! 인생 100세 시대를 절반으로 뚝 잘라보면 전반기 50년과 후반기 50년으로 구분할 수 있다. 왜 이렇게 구분하는가? 첫 번째 직장을 퇴직하는 평균 나이가 49살부터 50살 무렵으로 조사되었기 때문이다. 현재 상황을 악화시키는 요인은 모든 제도가 평균수명 60살에 맞추어져 있다는 것이다. 베이비부머들은 아무 준비도 안 된 채 직장에서 떠밀리고 있다. 퇴직이 얼마 남지 않거나 퇴직자들에 대한 조언은 두 가지로 요약된다. "아무 일도 하지 말라."[5] 아니면 "온 몸으로 체험하다보면 저절로 생존법을 알게 된다."[6]이다. 대부분 준비가 안 된 상태에서 나오기 때문에 이런 조언은 유효했다. 그러나 너무나 긴 50년이 남아 있기 때문에 이렇게만 보낼 수도 없다. 50살은 한창 일할 나이인 것이다. 문제는 첫 번째 직장을 나온 이후 변변한 직장이 없다는 데 있다. 첫 번째 직장이 정규직이었다면 두 번째 직장부터는 비정규직이거나 포화상태의 자영업 등으로 직장의 안정성과 급여가 급격하게 하락한다. 직장은 나와야 하는데 결혼연령이 늦어 자식들이 아직도 중학교나 고등학교에 다닌다면 상황은 비상사태인 것이다.

100세 시대에는 남은 세월이 무려 50년이다! 대충 살기에는 너무나 긴 기간인 것이다. 베이비부머의 부모 세대는 평균수명이 60대 근처였다. 그러나 이제 평균수명은 현재 80대 초가 되었다. 우리만 그런가? 미국도 마찬가지이다. 18세기 말 미국인의 평균수명은 35살에 불과하였다. 그러나 20세기 초에는 47살이 되더니 20세기 말에는 77살로 크게 증가하였다.[7] 미래 선진국들은 평균수명 90살을 경유한 다음 100세 시대로 갈 것으로 보인다. 얼마 전 지인하고 전화 통화를 하는데 자기 아버님 연세가 90살 근처라고 하였다. 생각해 보라! 베이비부머의 부모님 세대가 80대 중후반에서 90대 초까지 생존하고 있다면 베이비부머는 더 오래 생존할 가능성이 높은 것이다. 이제 스스로 질문을 해보자! 누가 후반 50년 동안 생활비를 대줄 것인가? 이제 베이비부머를 포함하여 모든 세대들은 50살 이후에도 번듯한 직업을 가져야 한다. 인생 후반 50년은 잔여기간이 아니다. 하나의 독립된 시기로서 별도로 설계해야 할 때가 온 것이다.

나. 3세대 근로자

50세 이후 삶에서 제일 중요한 것은 무엇인가? 직업을 갖는 것이다. 벌써 10년 전부터 베이비부머들이 은퇴하기 시작하였다. 그들은 대부분 재취업을 시도한다. 그러나 이는 쉽지 않은 목표였다. 유튜브 방송을 보라! 좌절당한 퇴직자들의 증언으로 가득 차 있다. 컨설턴트들은 냉정한 얼굴로 '나이가 걸림돌'이라고 말하고 있다. 그러면 어떻게 해야 이 난국을 헤쳐갈 수 있을까? 필자는 전쟁터를 바꾸어야 한다고 생각한다. 불리한 곳에서 백날 싸워보아야 결과는 나아지지 않는다! 재취업 난관을 돌파하려면 나이 프레임에서 벗어나야 한다. 나이를 초월해야 취업이 될 것이다. 어떻게 하면 나이를 초월할 수 있는가? 청년도 가지지 못한 무기를 장착하면 된다. 4차 산업혁명이 촉발한 인공지능 시대는 나이에 관계없이 청년이나 중년이나 노인이나 모두 버거운 시대이다. 만약 남들보다 반 발자국 먼저 앞서 나갈 수만 있다면 취업 가능성은 높아질 것이다. 다시 말해서 50세 이후 취업에 성공하기 위해서는 이제 인공지능 시대의 대표적인 근로자는 어떤 유형인지 알아야 한다. 최근 인공지능이 도입되면 생산력이 발전해 인간은 일을 하지 않아도 잘 살게 될 것이라는 견해가 나돌고 있다. 그러나 필자 생각은 다르다. 인공지능 시대에도 인간은 노동하며 살 것이다. 산업혁명이 시작하자 동물 대신에 기계가 협업 대상이 되었다. 그리고 인간은 기계와 떨어질 수 없는 운명에 처하게 되었다. 왜 운명이라고 하는가? 농업사회의 자랑은 무엇이었는가? 『욥기』를 보면 부자인 욥은 남들보다 더 많은 동물을 소유하고 있는 것으로 명성을 날린다.[8] 그러면 현대인은 무엇으로 자신을 과시하는가? 자신이 소유한 기계의 품질과 수량으로 자랑한다. 모두들 성능 좋은 핸드폰, TV, 냉장고, 에어컨, 자동차를 사려고 밤새워 일한다. 모두들 자랑한다. 자신이 더 좋은 기계를 더 많이 가지고 있다고!

필자는 2차 산업혁명, 3차 산업혁명, 4차 산업혁명에 맞추어서 근로자들을 세 가지 종류, 즉 1세대 근로자와 2세대 근로자 그리고 3세대 근로자로 분류하고자 한다. 이들은 모두 기계와 협업하며 일한다는 공통점이 있다. 그러나 협업하는 방식은 다르다. 1세대 근로자들은 기계와 직접 접촉하면서 일하는 근로자들이다. 자동차산업과 철도산업이 대표적이다. 이들은 근육을 사용하여 자동차를 조립·수리하고 철로를 보수하고, 기관차와 씨름하며 세월을 보냈다. 1세대 근로자들은 누구인가? 기계와 영혼이 통하는 존재들이다! 기계와 동고동락하게 되면 기계가 고장 나기 전에 기계가 우는 소리를 듣는다고 한다. 언젠가 기차를 타고 가다가 상봉역에 도착하였는데 철도 근로자들이 기차의 바퀴를 망치 같은 것으로 툭툭 치고 지나갔다. 그들은 그렇게만 하여도 기차의 바퀴 상태를 안다고 한다. 1세대 근로자들은 기계의 내부 장기를 들여다보는 존재들이다. 그들은 직접 기계의 내부를 뜯어 해체하고, 내부의 볼트, 너트 베어링 등 부품을 갈아 끼운다. 수술 도중 의사의 수술복에 환자의 피가 튀듯이 1세대 근로자의 옷에는 기계의 피라고 볼 수 있는 기름때가 묻는다.

2세대 근로자는 소위 지식근로자이다. 경영학의 창시자 피터 드러커 교수는 저서『단절의 시대』,『변화 리더의 조건』,『NEXT SOCIETY』 등 여러 저서에서 현대사회의 주류는 지식근로자임을 밝혔다.[9] 이들은 기계 대신에 컴퓨터와 협업한다. 그들 대부분은 컴퓨터 앞에 앉아서 일을 본다. 근육은 중요하지 않다. 아이디어와 발상이 중요하다. 이들은 말쑥하게 차려입고 있으며 옷에 기름때가 묻는 것을 싫어한다. 2세대 근로자들은 컴퓨터를 사용하기는 하지만, 컴퓨터가 고장이 나면 직접 컴퓨터를 수리하지 않는다. 그냥 컴퓨터 가게에 가지고 가 수리공에게 맡길 뿐이다. 즉, 2세대 근로자들은 컴퓨터와 외적으로만 상

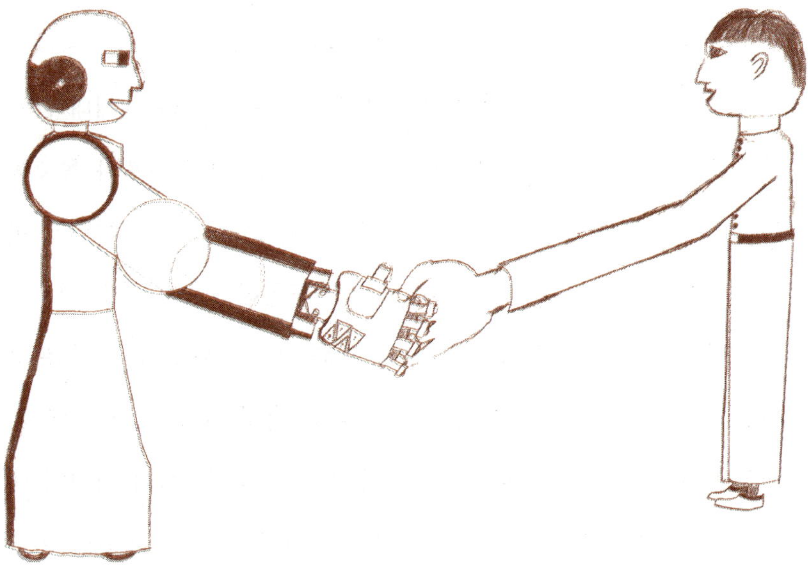

로봇과 인간의 협업

호작용한다. 그들은 컴퓨터와 영혼 깊숙이 공감을 나누지는 않는다. 그들은 성능 좋은 인텔 칩을 장착한 새 컴퓨터가 나오면 미련 없이 옛 컴퓨터를 버린다. 그러나 공장, 식당, 학교, 집, 사무실에 인공지능이 들어가는 시대가 본격화되면 제3세대 근로자가 출현할 것이다. 3세대 근로자는 공장에서 일하지만 공장 자체가 자동화된 스마트 공장이어서 인간의 육체노동을 많이 필요로 하지 않는다. 따라서 육체 근육이 많이 소실된 고령자나 근육이 적은 여성도 공장업무가 가능해질 것이다.[10] 앞으로 3세대 근로자의 능력은 인공지능이나 로봇과의 협업능력으로 평가받을 것이다. 왜 그런가? 인공지능 시대의 주역은 사람이 아니라 인공지능이기 때문이다. 2세대 근로자는 컴퓨터와의 협업능력으로 실력을 평가받았다. 이들은 컴퓨터 그래픽 기능을 활용하여 멋있는 그림이 들어간 마케팅 보고서를 작성하면 능력 있는 전문가로 인정받았다. 학자들은 최신 통계 패키지를 활용하여 논문에 정교한 확률 모델 값을 반영하면 학계에서 인정받았다.[11] 미래는 인공지능을 잘 활용해야 전문가나 학자로 인정받을 것이다.

인공지능 시대의 특징은 무엇인가? 인공지능이 기계와 사람 사이에 중간매개자 역할을 수행할 것이다. 과거에는 인간이 직접 기계와 의사소통하였다. 그러나 인공지능이 도입되면 인간은 인공지능과 소통하고 인공지능이 기계와 의사소통할 가능성이 커진다. 지금도 인공지능은 많은 센서를 기계에 부착하여 데이터를 모으고, 모아진 빅데이터를 활용하여 기계의 상태를 점검하고, 기계가 고장 나기 일주일

전에 상황을 파악한다. 그렇게 되면 인간은 과거 인간이 동물과 멀어졌듯이 기계와 멀어지게 된다. 이제 기계는 사람 대신에 인공지능과 의사소통하게 되고, 인간은 기계 대신 인공지능과 의사소통하게 된다. 인간은 동물 → 기계 → 인공지능으로 협업 상대가 바뀌게 된다. 1차 산업혁명이 진행되면서 인간은 동물로부터 떨어져 나가기 시작했다. 처음 철도가 놓였을 때 사람들은 기관차와 말을 달리기 경쟁을 시켰다.[12] 누구나 알다시피 기관차는 말을 대체하였고 말은 산업현장에서 사라졌다. 농촌에서는 트랙터가 소를 대체하면서 소 역시 농업현장에서 사라졌다. 인간은 점점 생명체로부터 유리되고 있다. 이것이 현실이다. 미래 4차 산업혁명이 심화되면 인간은 기계와 멀어질 것이다. 이미 기계는 너무 복잡해져 인간근로자가 쉽게 다가가지도 못하고 있다. 전자부품 복합체가 되어버린 자동차를 수리할 사람이 있는가? 3세대 근로자로서의 인간은 동물이나 기계 대신에 인공지능과 영혼의 파트너가 될 것이다. 앞으로 기업은 나이, 성별에 관계없이 3세대 근로자들을 채용할 것이다. 50세 이후 성인이 3세대 근로자가 되어야 할 절실한 이유가 있다. 불과 50여 년 전인 1962년만 해도 우리나라는 전형적인 농업사회였다. 당시 한국의 총인구가 2,300만 명이었는데 그중 농업인구는 1,900만 명이었다. 그러나 2020년 현재 농업인구는 231만 7천 명으로 총인구 대비 4.5%로 감소하였다.[13] 4차 산업혁명이 가속화되면 기존 직업들은 성격이 바뀌고 상당수 고용이 줄어들 것이다. 따라서 재취업을 위해서는 멀리 보아야 한다.

다. 인생 3모작

베이비부머들의 젊은 시절 서울의 무교동 밤거리는 택시 잡으려는 취객들로 북적였다. 이때 수요공급 원리가 작동한다. 택시서비스라는 상품에 대한 초과수요 현상이 발생한다. 택시를 타려는 사람들은 많은데 오는 택시는 적다. 이때 가격 상승 현상이 발생한다. 취객들은 너나 할 것 없이 모두 손으로 V자를 그린다. 일반 택시요금의 두 배를 주겠다는 뜻이다. 누가 택시를 타는 데 성공하는가? 택시요금의 세 배를 주겠다는 사람이 성공한다. 보다 큰 그림을 그린 사람이 성공한다. 세계적 컨설팅 업체인 맥킨지 보고서에 의하면 1935년 기업의 평균수명은 90년이었으나 1975년에는 30년으로 급감하였다. 그리고 2015년에 이르러서는 평균수명이 15년까지 내려갔다.[14] 이와는 대조적으로 인간의 평균수명은 지속적으로 증가하고 있다. 우리나라의 경우만 보더라도 1936년 평균수명 42.6세, 1987년 70세, 2020년 83.3세로 꾸준한 증가세를 보인다. 이제 한 사람이 30년 직장 생활을 해야 한다면 적어도 두 개 기업에 다녀야 하고, 정년 이후에도 재취업을 시도한다면 평생 뚜렷한 직업 세 개를 가져야 하는 상황이다. 현재 우리는 2모작 이야기로 바쁘다. 즉, 1모작으로 끝낼 것이 아니라 2모작에 성공해야 한다는 것이다. 그러나 길게 보아야 한다. 부분이 아니라 전체를 보아야 한다. 50세 이후에도 직장이 있어야 하고, 70세 이후에도 직장이 있어야 한다. 1차 직장에서 나온 50세 이후 20년간 직장이 있어야 하고, 70세 이후에도 직장이 있어야 한다. 2모작과 3모작까지 성공해야 한다. 그래야 물살이 험한 인생의 강을 건널 수 있다. 교육이란 근본적으로 무엇일까? 조력자를 두는 것이다. 누군가 도와주는 것이다. 도움이 가장 필요한 세대는 누구일까? 어린이 다음으로는 노인이다. 디지털 사회로 급변하고 있는 세계에 적응하기 위해 도움이 절실하다. 따라서 노인교육은 성인교육 중에서도 가장 필요한 부분이다.

프랑크 쉬르마허Frank Schirrmacher는 『고령사회 2018』에서 서양문화가 노화라는 대상을 잘 요리하지 못했다고 고백한다.[15] 이제 노인은 독립적인 하나의 집단이다.[16] 왜 그런가? 농업사회가 산업사회로 전환되면서 가족제도는 대가족제도에서 핵가족제도로 변화하였다. 이 과정에서 노인은 분리되었다. 하나의 집단이 된 것이다. 전국적으로 보면 2021년 3월 말 현재 65세 이상 고령인구는 857만 4,588명이다. 1955년부터 1963년 사이에 출생한 사람들을 베이비부머라고 하니 이미 베이비부머의 일부는 고령층이 되었다. 7년 뒤면 단순히 계산해보아도 1,500만 명 이상이 고령층이 되는 것이다. 우리 사회의 큰 변화는 노인이 집 밖으로 나오고 있다는 사실이다. 산책하다보면 노인들을 많이 만난다. 마트에 가도 계산대 앞에 노인들이 줄 서 있다. 지하철을 타도 노인들이 있다. 이제 인정해야 한다. 노인은 더 이상 어린애 같이 성인이 보살펴야 하는 존재가 아니다. 더 이상 자녀들에 얹혀사는 존재가 아니다. 노인들도 하나의 개체이며 우리 사회의 일원이다! 노인들은 스스로 자립하려고 애쓰고 있다. 노인들은 경제생활을 하고 있다. 시골에서 채소를 가져다가 길 옆에 놓고 파는 노인, 의류들을 걸어놓고 파는 노인, 2톤 트럭에서 건어물 상자들을 내려놓고 파는 노인, 모두 떳떳하게 경제활동을 하고 있다. 노인도 좋아하는 음악이 있고 보고픈 영화가 있을 것이다. 노인도 멋있는 옷을 입고 싶을 것이다. 이제 노인을 하나의 별도의 세대로 인정하고 노인이 생활할 수 있도록 교육 서비스를 제공해야 한다. 그동안 노인은 농업사회의 노인존중 가치관과 산업사회의 잔여세대라는 가치관 사이에 끼여 처신이 어려웠다. 그러나 100세 시대에는 더 이상 그럴 수 없다. 노인도 생활을 해야 한다. 생산에 참여해야 한다. 그러기 위해서 적합한 교육을 받아야 한다.

라. 제2의 성인식

신화학의 고전인 조지프 캠벨Joseph Campbell의 저서, 『신의 가면』이나 제임스 조지 프레이저 경의 『황금가지』를 보면 성인식 이야기가 풍부하게 나온다. 대부분의 부족사회에서는 성인식을 거창하게 연다. 왜 그런가? 성인식을 거쳐 한 나약한 젊은이가 그 사회에서 필요로 하는 성인으로 탈바꿈하여 재탄생하기 때문이다. 대부분의 성인식은 공동체 마을을 벗어나 밀림 속 성인 남자들 무리 사이에서 이루어지며 이때 성인식 대상자는 며칠 밤을 혼자 지내야 한다. 그리고 성인식의 절정은 할례의식이다. 돌칼로 의례의 주관자와 의례의 보조자는 성인식 대상자의 표피를 제거하고 피를 흘리게 한다. 성인식이 끝나면 그들은 마을로 복귀한다. 마을에는 성인식을 마친 청년과 결혼할 신부가 기다리고 있다.[17] 이들은 조상 대대로 내려온 성인식을 통해서 신화의 세계에서 다시 일상의 세계로 돌아온 것이다. 현대의 성인식은 어떠한가? 필자 생각으로는 대학 입시가 일종의 성인식 역할을 한다고 생각한다. 오래 전 기억에 대학 시험장을 나온 고등학교 동기 몇 명이 마치 갓 성인식을 치른 부족사회 청년같이 고등학교까지 금지되었던 담배를 입에 물고 있던 기억이 생생하다.

현대의 성인식은 기간도 길다. 오랫동안 대학 입시를 준비하기 때문이다. 청년기는 미성년에서 성년으로 넘어가는 과도기이다. 이때 인간은 사회로 진입하기 위하여 교육을 받는다. 인간은 교육을 징검다리 삼아 성년으로 가는 길에 만나게 되는 세차게 흐르는 강을 건너게 된다. 이처럼 대부분의 사회에서 성인으로의 입문은 1차 성인식으로 상당히 제도화되어 있다. 그러나 1차 직장에서 나온 사람들이 다시 사회에 재진입하는 데 필요한 2차 성인식은 존재하지 않는다. 그것이 문제이다! 말레쿨라 섬에서는 사람을 순환 주기에 따라서 다섯 가지 유형으로 구분하고 있다. 어린이 → 청년 → 중년 → 늙은 남자 → 아주 늙은 남자로 구별하고 있다.[18] 여기서 두드러지는 점은 노인을 머리칼이 회색인 늙은 남자와 머리칼이 백발인 아주 늙은 남자, 두 가지 유형으로 세분한다는 점이다. 어떻게 보면 현대 100세 시대의 당면 과제는 회색 머리칼의 노인을 사회에 복귀시켜야 한다는 데 있다. 『2030 축의 전환』을 저술한 마우로 기옌Mauro Guillen 교수는 한국의 독자들에게 부치는 글에서 한국사회의 문제를 해결하기 위해서는 시간제 노인의 일자리를 많이 만들어야 한다고 충고하고 있다. 인생의 두 번째 위기는 중년의 위기이다. 100세 시대에는 쉰 살도 중년이다. 중년의 위기는 우리나라의 경우 대체로 첫 번째 직장에서 밀려나가는 시기와 일치한다. 이 시기는 100세 시대에서 전반기에서 후반기로 넘어가는 시기인 것이다. 이 시기를 어떻게 보내느냐에 따라 후반기가 크게 영향을 받는다. 이 시기에 성인은 직장에서 정점에 도달해 있고, 가정도 일구어 행복을 맛보고 있는 시기이며 자식 교육에 많은 힘을 쏟아붓는 시기이다. 이와 동시에 직장에서 살아남든지 아니면 직장 밖으로 밀려나든지 양자택일하는 시기인 것이다. 이때는 사라져가는 청춘에 대한 그리움으로 인해 안간힘을 쓰면서 노화를 부정하는 시기이기도 하다. 그러나 한 책에서는 중년기는 사랑할 때가 아닌 공부할 때라고 말하고 있다.

대부분 국가의 경우 중년의 위기를 극복할 수 있는 제도적 장치가 드문 실정이다. 최근 유튜브 몇 곳을 방문해보니 퇴직자들의 경험담이 있었다. 한 분은 대기업에 다녔던 분인데 퇴직 준비교육으로 2~3일 교육을 받았다고 말한다. 청년은 사회에 진입하기 위하여 유치원부터 대학까지 적어도 20년 가까이 교육을 받고 있다. 그에 비하여 성인은 중년의 위기 상황에서 잘해야 이틀이나 삼일만 교육받고 내쳐지는 상황인 것이다. 노년의 위기에 대처하는 교육은 더 말할 것도 없다. 혹자는 말할 것이다. 갓 사회에 진출하는 청년과 이미 경험이 풍부한 중년이 같으냐? 그러나 베이비부머의 눈은 점점 침침해지고, 인공지능 시대 속에서 기술적 적응 자체가 매우 어려운 상태이다. 새로운 세계로 진입한다는 점에 있어서 청년이나 중년이나 다를 바 없다! 이제 40대, 50대, 60대 성인들은 이러한 인생 2막과 3막을 준비해야 한다. 제2의 교육이야말로 제2의 성인식이다. 양질의 두 번째 직장, 활기차고 남의 눈치를 보지 않는 떳떳한 삶을 살기 위하여 어떤 준비를 해야 하는가? 필자 생각으로는 다시 교육을 받아야 한다. 이집트 신화에 나오는 피닉스, 즉 불사조는 때가 되면 불속으로 들어가 다시 태어난다. 다시 교육을 받는다는 것은 다시 태어나는 것이다.

마. 교육의 시대

20세기를 한마디로 요약하면 무엇일까? 여가와 레저의 시대였다. 여름이 되면 뜻이 뭔지 모르지만, 하여튼 바캉스를 다녀와야 했다. 직장 동료들에게 구릿빛 피부를 보여주어야 하는 시대였기 때문이다. 더구나 해외여행이라면 금상첨화였다. 해운대 해변의 태양보다는 하와이 호놀룰루 해변의 태양이 더 강한 태양이었다. 왜 여가가 필요한가? 직장과 가정이 분리되었기 때문이다. 농업사회에서는 직장과 가정이 분리되지 않았다. 농부가 밭일을 하는 장소는 자기 집에서 얼마 떨어지지 않은 곳에 있었다. 쉬고 싶으면 얼마든지 자기 마음대로 쉬면 되었다. 그러나 산업사회에 들어서자 사람들은 집에서 멀리 떨어져 있는 장소에서 직장 상사의 감독을 받으며 일하게 되니 자기 마음대로 쉴 수 없었다. 노동에서 오는 어려움을 보완한다는 차원에서 별도로 여가, 휴가라는 개념이 생겨난 것이다.

20세기의 화두가 '여가'라면 21세기의 화두는 무엇인가? 필자가 생각하기에 '교육'이다. 린다 그래튼Lynda Gratton과 앤드루 스콧Andrew Scott이 공저한 『100세 인생』에서 '재창조'라고 말한 것과 일맥상통한다.[19] 미국 은퇴자들의 꿈은 골프장에 가서 실컷 골프하는 것이다. 미치 앤소니는 『은퇴혁명』에서 질문하고 있다. 은퇴 후 6개월 이상을 아침부터 저녁까지 골프장에서만 살 수 있는가?[20] 100세 시대에 길어진 시간을 여가에만 쓸 것인가? 21세기는 재창조의 시대가 될 것이다. 즉, 재교육이 키워드가 될 것이다. 왜 그런가? 예전에는 보통 인생에 두 번의 과도기가 있었다. 교육 단계와 직업 단계 사이의 과도기와 직업 단계에서 퇴직 단계 사이의 과도기가 그것이다. 그러나 100세 시대의 특징은 여러 번의 과도기가 올 수밖에 없다. 왜 그런가? 직장을 여러 개 가질 것이기 때문에 과도기도 여러 차례 오는 것이 자연스러운 현상이 될 것이다. 항상 그렇듯이 과도기란 문자 그대로 안정된 곳에 있다가 불안정한 상태로 가는 것이다. 새 직장을 찾기 위해서는 새로운 기술과 인적 네트워크가 필요하다. 더구나 20세기 중반부터 시작하여 21세기에 이르기까지 대전환의 시대가 도도히 흐르고 있다. 1941년 이래 미국에서 십여 차례 개최된 메이시 회의에서는 인간과 기계, 생물과 무생물의 차이가 무엇을 의미하는지 깊이 논의하였다. 여기에는 사이버네틱스를 정립한 노버트 위너, 정보이론을 창시한 클로드 섀넌, 컴퓨터 초기개발자 존 폰 노이만, 인류학자 마거릿 미드 등 당대 최고의 천재들이 참가하였다.[21] 1956년에는 다트머스대학에서 최초의 인공지능 학회가 개최되었다. 2015년 1월에는 푸에르토리코 인공지능 컨퍼런스가 열렸다.[22] 많은 것들이 변할 것이다. 새로운 시대를 이해해야 한다. 따라서 재창조와 교육에 대한 투자가 필요하다. 21세기에는 거대한 교육의 물결이 오리라 예상된다.

바. 능력의 시대

베이비부머들이 재취업하는 데 가장 큰 걸림돌이 무엇인가? 나이이다. 취업하려고 해도 모두들 나이 때문에 손사래를 친다. 왜 정든 직장을 나와야 하는가? 나이 때문이다. 나이를 극복하지 못한다면 미래는 없는 것이다. 그러면 무엇으로 나이를 극복할 수 있는가? 능력이다. 이제 능력이 있다면 나이에 상관없이 활약하는 시대가 오고 있다. 미래학자 제롬 글렌에 의하면 미래에도 현재처럼 직장에 다니는 근로자들이 여전히 있겠지만, 적지 않은 사람들이 자기 스스로를 고용하는 시대가 온다고 한다.[23] 즉, 1인 기업의 시대가 오고 있다. 이러한 상황을 부채질하는 것이 직업의 부족 현상이다. 테일러 피어슨의 『직업의 종말』에 의하면 미국의 경우 과거 기업들은 평범한 사람을 원했다. 그러나 현대는 예상하지 못한 곳에서 경쟁자가 튀어나오고 있다. 고속철도가 출현하자 항공기와 기차가 경쟁하기 시작했고, 홍삼 제품이 출현하자 한의사의 보약과 제품이 경쟁하는 시대가 되었다. 이제는 통찰력과 문제해결 능력이 중요해지고 있다.[24] 알 리스Al Ries와 잭 트라우트Jack Trout의 『마케팅 불변의 법칙』에 의하면 퍼스널 마케팅 제1 원칙으로 1등이 되기보다는 자신을 남과 차별화하라고 조언한다.[25] 남과 차별화하기 위해서는 개인의 스토리가 중요해지는 시대이다. 일전에 한국무역협회에서 퇴직한 분과 점심을 같이한 적이 있었다. 그는 한 해 50만 명이 대학을 졸업하는데 대기업 일자리는 10만 개라고 말하였다. 아무리 잘해도 40만 명에게는 대기업의 문은 열릴 수 없는 것이다. 그래서인지 4년제 대학을 졸업하고 전문대로 유턴하는 학생들이 늘고 있다. 2012년부터 2018년 7년 기간 동안 데이터를 보면 유턴 학생 수는 꾸준히 증가하고 있다.[26]

전문대 유턴 학생 수(명)						
2012	2013	2014	2015	2016	2017	2018
1,102	1,253	1,283	1,379	1,391	1,453	1,537

올리비아 핫세 주연의 영화 "로미오와 줄리엣", 절찬리에 방영되었던 TV 드라마 "SKY 캐슬", 인도 영화 "세 얼간이"는 각각 가문의 시대, 학력의 시대, 능력의 시대를 상징한다. 로미오와 줄리엣은 서로를 사랑하지만, 각자가 속하는 가문이 적대적인 관계여서 그들의 사랑은

좌절되었다. TV 드라마 "SKY 캐슬"은 학력에 올인하는 부모의 몸부림을 실감나게 그리고 있다. 영화 "세 얼간이"는 대학을 중퇴하고 성공하는 천재의 스토리를 담았다. 영화에서 천재는 과감하게 대학을 중퇴하고 엄청나게 성공한다. 과거 조선시대는 가문의 시대였다. 과거시험에는 두 종류가 있었다. 군인을 뽑는 무반과 문신을 뽑는 문반이었다. 문반과 무반, 즉 양반이 귀족계층을 이루고 나라를 다스리던 시대였다. 그러나 한국전쟁이 발발하자 난리를 피해 부산으로 모여들었던 사람들은 고향을 떠나면서 자신의 토지와 인맥, 지위를 잃었다. 그리고 그 자녀들은 대학에 입학하여 대한민국이라는 새롭게 건국한 나라에서 새로운 중산층을 형성하였다. 현대 산업사회에 오면서 계층이 있다면 장기간 축적된 고등교육 수혜자일 것이다. 임진왜란 당시 선조 임금이 수도 한양을 버리고 피난을 갔을 때 제일 먼저 불탄 곳이 노비 문서가 저장되어 있던 관공서였다고 한다. 조선 초 양반은 전체 인구의 10% 미만인 것으로 추정된다. 양반이나 노비나 출산율의 차이가 없다면 대한민국 국민 중 조상이 양반인 사람은 전체 인구의 10% 미만이다. 그런데 오늘날 모두가 양반이다. 이제 우리나라에서 양반 타령을 하는 사람은 없다. 지금은 어떤 시대인가? 최근 기업 채용에 인공지능이 도입되기 시작했다. 미국의 마이어 시스템이 개발한 '마이어봇' 인공지능은 1차 면접을 진행하여 지원자가 적합하다고 판단되면 채용 매니저와 면접 일정을 잡는다. 구글은 '큐드로이드'라는 인공지능 보조 면접관이 지원서를 분석하고 있다. 일본의 소프트뱅크는 2017년부터 IBM이 개발한 인공지능 '왓슨'을 활용해 신입사원의 서류 면접을 진행하고 있다. 국내 인공지능 면접 솔루션인 'AI 역량검사'는 성과역량, 관계역량, 가치역량과 관련된 세부항목을 확인하고, 표현능력 분석을 통해서 지원자의 대면적 신뢰도를 판단한다.[27] 기업 인사채용에 인공지능을 도입하게 되면 능력의 시대가 앞당겨질 것이다. 최근 우리나라 대학 순위를 보면 변화의 조짐이 있다. 카이스트, 포항공과대학, 유니스트, 광주과학기술원 등이 신흥 명문으로 부상하고 있다.[28] 지리적 위치의 중요성은 약해지고 있다. 이는 무엇을 의미하는가? 형식보다 실질이 중요해지고 있다는 것을 의미한다. 서서히 능력의 시대가 오고 있다!

사. 책 500권

중년기에 들어선 성인이 인생의 불사조가 되려면 다시 태어나야 한다. 어떻게 하면 다시 태어날 수 있을까? 인간이라는 존재는 나이가 들어도 자신이 가지고 있는 지식을 다른 지식으로 완전히 대체한다면 새로운 인간이 될 수 있다. 우리가 가지는 지식이 바뀌면 시야도 바뀌게 된다. 그러면 행동도 바뀔 것이다. 즉, 새로운 전공, 새로운 시각을 배움으로써 새로운 사람이 되는 것이다. 50세 이후 삶의 키워드는 무엇일까? 새로운 분야의 개척이다. 같은 직업, 같은 전공을 지속한다고 해도 환경이 바뀌고 자신이 바뀔 것이다. 과학자 프리먼 다이슨Freeman

Dyson은 10년에 한 번씩 중요한 목표를 변경해야 한다고 제안하고 있다.[29] 창의성 연구로 유명한 로버트 스턴버그Robert Sternberg 교수는 『스턴버그가 들려주는 성공하는 학자가 되기 위한 암묵적 지혜』에서 정기적으로 자신을 재창조하라고 권고하고 있다.[30] 어떻게 하면 자신을 재창조할 수 있을까? 새로운 분야에 대한 책을 읽으면 된다. 책을 읽으려면 깊게 읽어야 한다. 기술사상가 케빈 켈리Kevin Kelley는 『인에비터블 미래의 정체』에서 '화면의 사람'과 '책의 사람'을 비교하고 있다.[31] 책을 읽으면 산만하게 비트를 수집하는 대신 당신은 책에 침잠하고 집중하고 몰입한다. 켈리는 "화면은 실용적인 사고를 함양하지만 책은 사색적인 정신을 함양한다."고 말한다.[32] 매리언 울프Maryanne Wolf 역시 『다시, 책으로』에서 '깊이 읽기'의 중요성을 강조한다. 무언가를 깊이 읽으면 특별한 감정이입을 통해 타인의 느낌과 상상, 생각 속으로 들어가게 됨으로써 저자와 공감하는 심오한 혜택을 받게 된다.[33] 깊이 읽기의 효용은 뇌과학으로도 밝혀지고 있다. 문예학자 나탈리 필립스Natalie Phillips는 스탠퍼드대학의 신경과학 연구팀과 문학박사 학위 후보자 18명을 대상으로 기능성자기공명영상fMRI을 사용해 공동연구를 진행하였다. 처음에는 피실험자들에게 제인 오스틴의 『맨스필드 파크』의 한 장을 여유 있게 훑어 읽으라고 요청했고, 다음에는 동일한 장을 깊이 있게 읽을 것을 지시하였다. 실험 결과, 대략적으로 읽었을 때는 뇌가 부분적으로 활성화되었지만, 깊이 읽기를 하였을 때는 뇌의 전체 영역이 활성화된 것으로 나타났다.[34] 책은 무언가를 준다. 숙련된 독자는 뇌의 좌반구와 우반구를 비롯한 두뇌의 모든 영역을 활용하여 뇌 전체의 신경망들의 콜라주를 만들어낸다.[35]

인류역사를 보면 독서로 자신의 운명을 개척한 사람들이 많다. 과학의 거인 아이작 뉴턴은 독학으로 유명했다. 케임브리지대학에 입학한 후 그는 당대 최고의 수학책들을 구입하여 혼자 공부하였다. 뉴턴은 독학을 통하여 스스로 미분과 적분 개념을 만드는 등 당대 최고의 학자가 되었다.[36] 엘빈 토플러Alvin Toffler는 어떻게 세계 일류의 미래학자로 성공할 수 있었냐는 질문을 받자 '책 읽는 기계'라고 불릴 만큼 미친 듯이 책을 읽은 덕분이라고 말했다. 법정스님의 『법정 스님의 내가 사랑한 책들』[37], 다치바나 다카시의 『나는 이런 책을 읽어 왔다』[38]를 보면 무엇이 오늘날의 그들을 만들었는지 알 수 있다. 『장미의 이름』의 저자 움베르토 에코Umberto Eco는 5만 권 이상의 엄청난 장서를 자랑했다. 모두 책 속에서 길을 찾은 것이다. TV에서 전문가들이 인터뷰하는 장면을 기억해 보자! 배경이 어떠한가? 학자든 박사든 국책연구소 연구위원이든 대부분 책이 가득 꽂혀있는 서가가 배경으로 나온다.

송나라 진종황제는 "책 속에 부귀가 있다."고 독서를 장려하였다. 조선시대는 과거제도를 통해 인재를 선발하였다. 어떻게 선발하였는가? 유교경전인 사서삼경 실력을 보고 선발하였다. 북송시대 주희는 『사서집주』에서 맹자를 포함시키고, 예기 49편 중 대학과 중용을 별도의 책으로 분류하여 주석을 붙였다. 이후 논어, 맹자, 대학, 중용의 사서는 시경, 서경, 역경과 함께 사사삼경 체제로 확립되었다. 사서삼경은 원나라에 와서 과거제도 시험 과목으로 공고한 위치를 가지게 되었다. 그래서 이 마을 저 마을에는 선비들의 책 읽는 소리가 가득하였다. 정확하지는 않지만 어디선가 들었던 이야기가 있다. 책을 100권 읽으면 한 분야의 전문가가 된다. 그러나 500권을 읽으면 자신이 책을 낼 수 있게 된다. 어떻게 하면 책 500권을 읽을 수 있을까? 직장생활을 하는 사람이 책을 엄선하여 그것을 500권 읽기란 어려울 것이다. 대안은 500권에 해당하는 교육을 받는 것이다. 교육은 얼마 동안 받아야 하는가? 일주일 강의나 15일 특강만 받으면 충분한가? 물론 그것도 효과가 있을 것이다. 그러나 인생 100세 시대를 생각하면 50살은 일종의 반환점이다. 왜냐하면 50살 이후 다른 추가적인 50년이 기다리고 있기 때문이다. 일주일 교육을 받고 50년을 버틸 수 있을까? 생각해 보아야 한다. 더구나 기술혁신으로 자신이 지금까지 배워온 것이 낡은 것이 되었을 가능성도 크다. 무언가 새로 읽어야 한다.

아. 성인 학습자는 영웅이다!

스페인은 산티아고 순례길로 유명하다. 퇴직을 앞둔 사람들 중에서 여유가 있는 사람들은 가본다고 한다. 그리스도교는 인생을 순례자로의 여정으로 본다. 신화학자로 일생을 마친 조지프 캠벨 교수는 『천의 얼굴을 가진 영웅』에서 영웅은 소명, 도전 및 시련, 승리, 귀환이라는 여정을 거친다고 말하면서 신화학의 대가 반열에 올랐다.[39] 영

산티아고 순례길

웅 스토리는 공통점이 있다. 부르심을 받고, 도전하고, 고난을 받고, 승리하여 귀환한다. 인류역사에 나타나는 영웅들은 모두 이러한 영웅 스토리의 공통점을 지니고 있다. 그리스 시인 호메로스가 지은 서사시 『일리아드』의 영웅 오디세우스, 『구약성경』의 모세, 불교의 창시자 부처는 모두 영웅의 여정을 거쳤다. 오디세우스는 트로이 전쟁에서 아가멤논의 연합군에 참여하고 고국으로 돌아가는 과정에서 많은 고난을 겪는다. 그러나 시련을 극복하고 마침내 고향으로 귀환하는 데 성공한다. 모세는 어린 시절을 보냈던 이집트를 탈출하여 40년간 양을 치다 하느님의 부르심을 받고, 이집트로 돌아와 파라오와 대결하고 승리한 결과 이스라엘 민족들을 이집트로부터 탈출시켰다. 그리고

40년간 광야 생활의 고난을 겪고 이스라엘 민족을 젖과 꿀이 흐르는 가나안 땅으로 귀환시켰다. 부처는 인생의 무상함을 깨닫고 왕자의 화려한 삶을 팽개친 뒤 구도자의 길을 걸었다. 구도자의 길을 걷는 와중 많은 고난을 겪었다. 심한 육체적 고행을 하기도 했지만 결국 중도에 이르렀다. 부처는 보리수 밑에서 니르바나에 이르고 속세로 귀환하여 제자들을 가르치기 시작하였다.

모세, 오디세우스, 부처가 신화 속의 영웅이라면 현대의 영웅은 성인 학습자들이다. 2모작, 3모작 인생길의 개척에 나선 성인 학습자들이야말로 진정한 영웅이다. 성인 학습자들은 이미 한 세상을 살아낸 사람이다. 나이가 40대를 넘어 50대, 60대라면 그분은 이미 한 세상을 살아낸 사람이다. 한마디로 인생의 단맛과 쓴맛을 고루 맛본 사람이다. 그 과정에서 수많은 제약과 난관을 극복한 사람이다. 그리고 다음 세상을 준비하기 위하여 학습하는 사람이다. 이들은 첫 번째 직장에 다니는 동안 산전, 수전, 공중전을 거치면서 많은 고난을 받았다. 그러나 다시 일어서기 위하여 교육에 나서는 사람들이다. 피닉스라는 새가 있다. 이집트 신화에 나오는 새이다. 이 새는 때가 되면 불 속에 들어가 다시 태어난다고 한다. 그래서 죽지 않는 새라고 하여 불사조라는 이름이 붙었다. 성인 학습자들도 불의 세례를 받고 다시 태어나야 한다. 불교 초기경전 『숫타니파타』를 보면 인생 사는 것을 물살이 거세게 흐르는 강을 건너는 것으로 비유하였다.[40] 성인들은 성인 교육을 통해서 다시 태어나야 한다. 인생의 제2막을 열기 위해서는 더 이상 현재에 머물 수는 없다. 물론 교육과정이 쉽지는 않다. 시간과 비용을 수반할 것이다. 그러나 다음을 위하여 실행이 필요하다. 그것이 인생이다!

제1장 세 가지 관점

구조물을 높이려면 기초는 더 깊어야 한다.

— 성 아우구스티누스

전문가는 넘쳐나는데 정작 중요한 문제에는 왜 다들 조용한가?[1] 이는 부분과 전체라는 관점에서 설명할 수 있다. 더글러스 엠린Douglas Emlen의 『동물의 무기』를 읽어보면 멸종된 대형 사슴 종인 메갈로케로스 기간테우스 수컷의 뿔은 3.6m에 이른다.[2] 거대한 뿔은 사슴에게 대가를 요구한다. 뿔의 성장은 다른 뼈의 질량을 크게 감소시켜 사슴이 골다공증에 걸리게 한다. 그 결과 조금만 충격이 가해져도 쉽게 부러진다.[3] 현대는 마치 거대한 사슴뿔과 같이 부분이 전체를 압도하고 있다. 우리는 인류사회를 이해하기 위해 사회학, 인류학, 민속학, 법학, 정치학, 경제학 등 다양한 학문을 발전시켜왔다. 그러나 이것이 끝이 아니다! 이 학문들은 다시 세부 분야로 쪼개진다. 예를 들어 경제학은 미시경제학, 거시경제학, 재정학, 화폐금융론, 계량경제학, 노동경제학, 경제발전론 등으로 나누어진다.[4] 이제 끝인가? 아니다. 미시경제학은 다시 소비자이론, 기업이론, 시장조직론, 일반균형이론, 게임이론, 후생경제학 등으로 세분화된다. 따라서 전문가만 있을 뿐이다. 이런 현상이 경제학뿐이겠는가? 랭던 위너가 『자율적 테크놀로지와 정치철학』에서 말하듯이 전문가는 특별한 부분 이외에 대해서는 잘 알지 못한다는 것을 자랑처럼 내세운다.[5] 전문가는 만방에 공표한다. "다른 분야에 대해서는 내게 묻지 말라." 그 대신 이미 환히 알고 있는 세부 영역은 더욱더 세밀하게 파고들어 해결책은 풍성해진다. 부분에 집착할수록 해결책은 넘쳐나는데 전체적 차원에서의 질문은 부족해지고 있다. 아마 무게로 달아보면 부분의 총합이 전체보다 더 클 것이다.

인간-기술-교육 모델

우리의 관심사인 교육을 제대로 보기 위해서 어떻게 해야 할까? 교육 하나만 보아서는 교육이 제대로 보이지 않을 것이다. 부분만 볼 것이 아니라 전체를 보아야 한다. 그러면 교육을 전체적 관점에서 바라보기 위해 필요한 기둥들은 무엇일까? 그것은 인간, 기술, 교육의 세 기둥이다.[6] 왜 그런가? 교육 자체가 인간을 대상으로 하기 때문에 인간이 들어와야 한다. 또한 마야 비알릭Maya Bialik과 찰스 파델Charles Fadel, 웨인 홈즈Wayne Holmes 3인이 공저한 『인공지능 시대의 미래교육』, 조지프 아운Joseph Aoun의 『AI 시대의 고등교육』에서 볼 수 있듯이 교육에 대한 기술의 영향력이 막대하므로 기술이 들어와야 한다.[7] 그래서 성인과 기술과 교육이

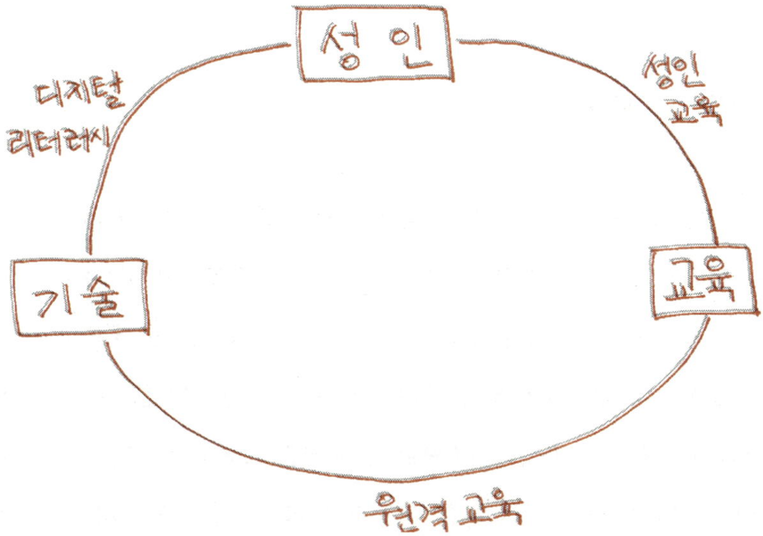

[그림 1] 인간-교육-기술 모델

서로 어우러지는 것을 파악해야 한다. 필자는 성인교육을 이해하기 위하여 인간-교육-기술 모델을 전개하고자 한다. 모델을 따라가 보자! 필자는 세 가지 차원에서 성인-기술-교육 간의 관계를 보려고 한다. 먼저 3차원, 그 다음 2차원, 마지막으로 1차원에서 볼 것이다. 3차원의 시각에서는 성인-기술-교육 세 가지를 하나의 그림으로 파악할 것이다. 2차원의 시각에서는 둘씩 짝지어 볼 것이다. 즉, 이들 간의 상호작용을 기술과 교육 간 상호작용, 기술과 성인 간 상호작용, 성인과 교육 간 상호작용이라는 세 가지 그림으로 나누어서 보는 것이다. 마지막으로 1차원 시각에서는 가장 밑으로 내려가서, 기술, 교육, 성인을 하나씩 볼 것이다. 그러면 3차원의 서사는 무엇인가? "직장에서 자의 반 타의 반으로 쏟아져 나온 성인들이 재교육을 받기 위하여 성인교육 시장에 뛰어들고 있다." 이것이 전부이다! 이제 2차원으로 내려가 보자.

기술 vs 교육

기술은 130년 전부터 교육에 심대한 영향을 주고 있다. 지금 각 학교에서 행해지고 있는 비대면 원격교육의 원조는 1880년경 시작된 우편교육이다. 1926년경에는 우편교육이 절정에 이르러 미국에는 우편교육학교가 300여 개나 있었다.[8] 원격교육은 라디오 등 방송 매체를 통한 교육으로 진화하였으며 인터넷을 기반으로 한 온라인 교육이 확산되고 있다. 대표적인 것이 사이버대학을 통한 고등교육이다. 요즈음 인공지능을 교육에 접목시키려는 움직임이 활발하다. 그러나 이것이 끝이 아니다. 최근에는 소셜 로봇이 개발됨에 따라서 로봇을 교육에 활용하려는 노력이 이루어지고 있다.[9] 소셜 로봇은 인간과 감성적으로 상호작용하는 로봇으로 진화하고 있다. 현대에 올수록 이처럼 기술이 교육 부문에 영향을 주고 있다. 이런 기술의 영향은 교육의 품질에 영향을 주고 있다. 분명 이런 새로운 교육 모델은 전통적인 교육 모델에 비하여 새로운 지평을 제공하고 있다. 예를 들어 인터넷을 통한 대규모 무료 온라인교육 과정MOOCs은 지구 전체 차원의 교육 확대를 가져왔다.[10] 인공지능교육과 로봇교육은 교사와 학생 간 개별교육을 가능하게 하고 있다.

우편교육 → 방송통신교육 → 온라인교육 → 인공지능교육 → 로봇교육

그런데 이들 교육혁신 모델은 모두 교사와 학생 간의 간격을 넓히고 있다는 점에서 공통적이다. 더 이상 교사가 전면에 나서서 학생을 끌고 가지 않고 뒤로 물러나라는 것이 요지이다. 티칭이 아니라 코칭을 하라고 말한다.[11] 그리고 인간 교사 자리를 아바타, 로봇, 인공지능에게 양보하라고 한다. 그러나 인간에게는 직업만 필요한 것이 아니라 의미도 필요하다.[12] 베스트셀러 작가 웨인 다이어Wayne Dyer 박사는 『세상에 마음 주지 마라』에서 칼라할리 사막의 두 명의 굶주린 부시맨에 대하여 이야기하고 있다. 리틀 헝거little hunger는 배를 채울 음식을 원하지만 모든 배고픈 자들의 으뜸인 그레이트 헝거great hunger는 의미에 굶주려 있다.[13] 교육혁신 모델은 의미를 주고 있는가?

기술 vs 성인

기술과 성인 간의 상호작용을 바라보자. 가장 최근 성인에 영향을 주는 기술은 인공지능이다. 2010년 이후 급속하게 발전하는 인공신경망 모델[14]에 힘입은 인공지능 기술은 야누스적인 면이 있다. 즉, 좋은 소식과 나쁜 소식이 있다. 좋은 소식부터 보면 인공지능은 두 가지 경로로 생산을 증가시킨다. 양적인 측면에서는 4차 산업혁명 결과, 공장의 기계 대수가 증가하면 근로자 1인당 자본량을 증가시켜 근로자의 생산성을 증가시키는 것이다. 이는 경제 발전론이라는 과목에서 이야기하듯이 1인당 자본량이 많을수록 경제가 성장한다는 말과 일맥상통한다.[15] 다른 한 가지는 질적인 측면이다. 인공지능 기술혁신으로 말미암아 생산 현장에 투입되는 기계들은 더 똑똑해진다. 예를 들어 로봇에 인공지능을 장착시켜 과거보다 로봇이 더 똑똑해지면 파트너 능력이 출중해졌으므로 인간의 생산성은 올라간다.[16] 그럼 좋은 소식을 들었으니 나쁜 소식도 보자. 나쁜 소식은 인공지능이 인간의 직업을 대체한다는 것이다. 즉, 기술적 실업의 가능성을 높이고 있다. 이는 앞으로 인류사회가 해결해야 하는 중차대한 문제로 부상하고 있다. 이미 미래학자들이 이를 경고하고 있다. 예를 들어 『호모 데우스』의 저자 유발 하라리Yuval Harari 교수는 인공지능이 확산되면 소수의 인간을 제외하고는 상당수 인간들이 직업을 잃을 것이라고 경고한다.[17] 인공지능 전문가로 명성이 높은 캘리포니아대학 버클리캠퍼스의 스튜어트 러셀Stuart Russell 교수는 『어떻게 인간과 공존하는 인공지능을 만들 것인가』에서 미국의 상황을 전하고 있다. 2010년부터 2016년간,

약 10만 명의 현금출납원이 직업을 잃었고, 2026년까지 4만 명이 더 실직할 것이라고 한다.[18] 미국에는 약 400만 명의 트럭 운전사가 있다. 전자상거래 업체 아마존은 고속도로로 화물을 운송할 때 자율 주행 트럭 사용을 시작하고 있어 앞으로 트럭 운전사들의 앞날이 밝다고 볼 수 없다. 사무직도 안심할 수 없다. 2016~2026년 동안 보험심사역의 취업자 수는 약 13%가 줄어들 것으로 예상된다. 기술적 실업은 미국만의 문제인가? 한국의 1인당 로봇 밀도는 세계 1위이다.[19] 버스터미널에는 표를 파는 기계가 늘어나고 있으며 동네 은행 역시 우리의 시야에서 하나둘씩 사라지고 있다. 기술적 실업 문제가 우리 앞에 와 있는 것이다.

성인 vs 교육

성인과 교육은 성인교육 시장을 통해서 상호작용한다. 수요 측면에서 보면 성인교육에 대한 거대 수요가 존재한다. 왜 그런가? 100세 시대 성인들은 50세 무렵 퇴직을 한 뒤에도 반백 년이 남아 있고 이 세월을 버티기 위해서는 대학을 졸업한 이후 추가 교육이 필요하기 때문이다. 그런 반면 공급 측면에서 보면 교육기관은 성인에게 충분한 교육 서비스를 제공하지 못하고 있다. 지금까지 고등교육 시장은 주로 20대 청년 위주였다. 왜 성인교육 시장은 활성화되지 않고 있는가? 문제는 성인의 교육수요는 거대하나 교육비와 시간이 없다는 것이다. 머지않아 각 가정에서는 전체 소득이 고정된 상태에서 자식이 교육을 받을 것인가, 아니면 부모가 교육을 받을 것인가를 놓고 세대 간 자원 배분 문제가 벌어질 것이다. 대부분 부모들은 자식 교육을 우선시하기 때문에 자기 자신을 위한 교육수요를 나타내지 못한다. 성인교육 시장 상황을 진단해보면 성인교육에 대한 희망자는 많으나 각 가정에서 재교육을 받을 재원이 부족하고, 성인교육 시장 자체가 아직 초기 상태에 머물러 있다. 이를 해결하려면 정부의 역할이 중요해진다. 즉, 누군가 유효수요 부족을 보완하기 위해 마중물을 부어주어야 한다. 이제 1차원으로 내려가 보자. 성인교육 차원에서 바라보면 인간, 교육, 기술은 각각 인생의 중년기, 대학, 인공지능이 키워드로 대응된다. 왜 키워드를 그렇게 설정했는가? 인생의 중년기에는 중년의 위기가 찾아오게 되어 있다. 고등교육의 핵심은 대학인데 최근 대규모로 정원미달 사태가 발생했다. 위기 상황인 것이다. 21세기 기술의 키워드는 인공지능이며 인공지능은 기술적 실업의 원인으로 지목되고 있다. 따라서 중년의 위기, 대학의 위기, 직업의 위기를 중심으로 살펴보기로 하자.

1. 인간 : 중년의 위기

우리는 완전히 무방비상태에서 인생의 오후로 건너간다.

— 칼 구스타프 융, 「인생의 단계」

필자는 대학원 다니던 젊은 시절, 주말이면 친구와 이 산, 저 산 등산을 다녔다. 보통은 도봉산, 수락산 등 친숙한 서울 주위 산을 갔지만 어떨 때는 가보지 않은 산을 올라갈 때도 있었다. 가보지 않은 산을 등산할 때는 반드시 추가 준비물이 필요하다. 그것은 등산지도이다! 물론 실제로 가보면 지도와 실제 위치가 달라 길을 잃고 헤매는 경우도 있다. 그러나 지도를 가지고 가는 것과 지도 없이 가는 것은 차원이 다른 이야기이다. 인생도 마찬가지이다. 지도가 있어야 한다. 우리의 부모 세대까지만 해도 평균수명은 60세 근방이었다. 그리고 거기에 걸맞는 인생지도가 있었다. 옛 인생지도의 핵심요지는 요컨대 인생이란 50대부터 노년으로 들어간다는 것이다.[20] 그러나 100세 시대에 과거의 인생지도를 인생의 나침반으로 삼는다면 잘못된 길로 갈 수도 있다. 왜 그런가? 만약 50대 이후를 모두 은퇴 기간으로 본다면 100세 시대에 자기 인생의 절반 동안 은퇴 생활을 해야 한다고 말하는 셈이 되기 때문이다. 이제 새로운 인생지도가 필요하다.

가. 인생지도

사계절 모델

종래의 인생주기 모델은 교육-직장-퇴직 3단계 모델이었다.[21] 그러나 3단계 모델은 인생 100세 시대에서는 맞지 않다. 1차 퇴직시기인 50세 이후에도 여전히 50년이 남아 있기 때문이다. 린다 그래튼과 앤드루 스콧은 『뉴 롱 라이프』에서 2050년에는 전 세계 80세 이상 인구가 4억 4,700만 명에 이를 것으로 전망하고 있다.[22] 일본의 사례를 보면 고령사회에서는 '고령층의 고령화' 현상이 뚜렷하게 나타나고 있다.[23] 즉, 65세 이상 노인들이 젊은 노인과 늙은 노인, 두 집단으로 다시 분화하고 있는 것이다. 100세 시대에는 노인 연령층을 일할 수 있는 노인과 일하기 어려운 노인으로 나누어야 한다. 따라서 100세 시대 인생지도는 인생 4단계 모델이 되어야 한다. 필자는 인생 4단계 모델을 사계절 모델이라고 부르고자 한다. 노벨물리학상 수상자인 에르빈 슈뢰딩거는 저서 『생명이란 무엇인가』에서 생명체는 열역학 평형상태를 회피한다고 하였다. 열역학 평형상태에 이르면 운동을 멈추고, 운동을 멈추면 죽음에 이르기 때문이다.[24] 만약 생명의 본질이 변화이고 파동이라는 것을 인정한다면 문명이나 경제나 인생도 살아 있으며 사계절 변화를 거친다. 역사학자 오스발트 슈펭글러는 『서구의 몰락』에서 문명이 봄, 여름, 가을, 겨울의 사계절을 거쳐서 변화한다는 견해를 밝혔다.[25] 경제학자 조지프 슘페터는 정부가 아무리 호황의 꽃길만 걸으려고 해도 경제는 회복, 호황, 침체, 불황의 네 국면을 모두 거친다고 보았다. 정신의학자 폴 투르니에[Paul Tournier]와 심리학자 대니얼 레빈슨[Daniel Levinson]은 각각 『인생의 사계절』[26], 『남자가 겪는 인생의 사계절』이라는 저서에서 인생을 사계절의 변화로 파악하고 있다.[27]

필자가 제안하는 인생지도는 봄, 여름, 가을, 겨울의 네 구간으로 구성된 인생지도이며 각 구간은 25년씩 지속된다.[28] 그 이유는 아래에서 설명하겠다. 인생지도 형태는 계단식 형태를 가진다. 다른 말로 하

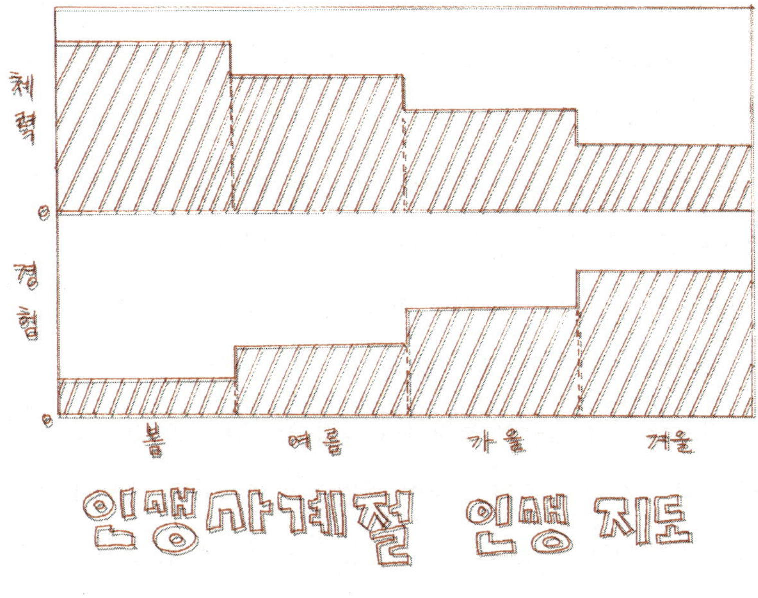

[그림 2] 인생지도

면 봄, 여름, 가을, 겨울의 각 구간의 내부구간에서는 노화 수준이나 경험, 지혜가 비슷한 수준이라고 가정한다. 그러나 다른 계절로 이행하면서 급격하게 노화가 진행되거나, 경험이나 지혜가 갑자기 증가하는 것으로 상정하였다. 필자가 제안하는 계단식 모형은 노화의 불연속적 진행과도 궤를 같이한다. 미국 스탠퍼드대학 연구진이 학술지 『네이처 메디신Nature Medicine』에 발표한 논문에 의하면 노화는 평생 연속적으로 꾸준히 진행되는 것이 아니라 34세, 60세, 78세에 급속히 진행된다.[29] 따라서 [그림 2] 상단에 보듯이 노화는 계단식으로 진행된다고 가정한다.

한편 지혜와 경험 역시 [그림 2] 하단에서 보듯이 계단식으로 증가하는 것으로 가정하였다. 왜 그런가? 인생에는 적어도 세 번의 과도기가 있다. 학교에서 직장으로 이동할 때의 과도기, 첫 직장에서 나와 새 직장까지의 과도기, 직장 생활에서 은퇴기로 접어드는 과도기인데 이들은 공통적으로 골이 깊이 패어져 있는 골짜기 형상으로 되어 있다. 다른 말로 하면 각 단계는 서로 불연속적이다. 예를 들어보자. 학교 생활은 우정이 꽃피는 공동사회 요소가 강하지만, 직장 생활은 경쟁이 키워드인 이익사회에 가깝다. 학생은 직장에 들어가서 경험해보기 전에는 직장 생활이 무엇인지 알지 못한다. 마찬가지로 직장에 다니고 있는 사람은 은퇴 생활이 어떨지 추측해봐도 정확히 알기는 어렵다. 직장인들은 시도 때도 없이 울리는 전화벨 소리에 짜증이 나겠지만 경험해보기 전에는 전화벨 소리가 멈춘 은퇴 생활을 이해하기 어려울 것이다. 따라서 본서는 경험과 지혜가 불연속적으로 증가한다고 가정한다. 물론 본서가 제시하는 사계절 인생지도가 모든 사람에게 옳다는 보장은 없다. 사람마다 각자 인생이 다르기 때문이다. 그러나 대략의 가이드라인은 될 것이라고 생각한다. 인생의 봄, 여름, 가을, 겨울을 따라가 보자.

봄

인생 사계절 중 봄에 해당하는 시기는 태어나서부터 25세까지로 잡았다. 왜 그렇게 잡았는가? 인간은 노화가 26세부터 시작되므로 25세까지는 젊음이 유지된다고 볼 수 있기 때문이다.[30] 사회에 진출하는 데도 대략 25년 정도가 소요된다. 여성을 기준으로 보면 20세 정도에 대학을 들어가서 대학 4년, 거기에 추가 1년을 상정하였다. 요즈음 대학생들은 중간에 1년 정도 휴학을 하고 해외에 갔다 오거나, 자격증 취득 공부를 하는 경우가 많기 때문이다. 물론 남학생은 군 복무 기간이 추가된다.[31] 봄 시기의 키워드는 무엇인가? 필자는 교육이라고 본다. 이는 에릭 에릭슨Erik Erikson과 조앤 에릭슨Joan Erikson이 『인생의 아홉 단계』에서 학령기를 역량 강화 시기로 본 것과 상응한다.[32] 동물행동학자 콘라트 로렌츠Konrad Lorenz의 『솔로몬의 반지』를 보면 동물들도 교육을 받는 것으로 관찰되었다. 예를 들어 갈까마귀 새끼들은 높이 날기 위해 우두머리로부터 상승기류 이용법을 교육받는다.[33] 인간은 특히 교육이 필요한 존재이다. 왜냐하면 다른 동물과 달리 인간의 두뇌는 아직 완성되지 않은 상태로 태어나기 때문이다. 인간의 두뇌 가운데 전전두엽은 30대 초중반이 되어야 완성된다고 한다. 왜 그런 미완성 상태로 태어나는가? 아마 주변 환경으로부터 정보를 마음껏 받아들여 유연성을 가지라는 의미일 것이다. 그런 유연성 덕분에 인간은 거친 환경 변화에도 살아남았다.

미래 교육의 목표는 어디에 두어야 하는가? 인공지능 시대를 맞이하여 창의성 개발에 두어야 한다. 왜 그런가? 반복되는 직무로 구성된 직업은 점차 인공지능에 밀려날 가능성이 높기 때문이다. 미래 인간은 어떤 직업에 종사하든 창의성을 발휘해야 할 것이다. 따라서 봄 기간 동안에 창의성을 키워야 한다. 인간의 두뇌는 좌뇌와 우뇌로 구성되어 있다. 뇌 연구 초기에는 좌뇌와 우뇌의 기능 차이를 잘 알지 못하였다. 그래서 인지신경과학자 마이클 S. 가자니가Michael S. Gazzaniga의 자서전『뇌, 인간의 지도』를 보면 예전에는 간질 환자의 좌뇌와 우뇌를 분리시키는 수술을 행하기도 했다.[34] 그러나 최근의 신경해부학 연구에 의하면 좌뇌와 우뇌의 뉴런 배선구조는 다른 것으로 나타났다. 좌뇌의 뉴런은 주로 지리적으로 가까운 피질의 뉴런과 연결되어 있는 반면 우뇌의 뉴런은 먼 곳에 있는 피질의 신경세포와 연결되어 있다. 멀리 있는 뉴런이라면 용도가 다른 뉴런이라는 이야기이다. 따라서 우뇌는 구조상 새로운 것을 탐지하고, 창조 활동을 담당한다.[35] 청년 교육은 새로운 것을 탐색하는 데 전문성이 있는 우뇌를 활용하는 방향으로 이루어져야 한다.

과학의 역사를 보면 천재들은 창조의 불꽃을 드러내는 특별한 시기가 있다. 25세 무렵이다. 제임스 왓슨은 25세 때 프랜시스 크릭과 공동으로 DNA 구조를 밝히는 논문을 학술지 『네이처』에 발표하였다. 독일 괴팅겐대학의 베르너 하이젠베르크Werner Heisenberg는 양자역학의 중요한 이론인 불확정성 원리를 25세 때 발표하였다.[36] 영국 케임브리지대학의 폴 디랙Paul Dirac은 25세 때 디랙방정식을 발표하였다.[37] 디랙방정식은 양자역학과 특수 상대성이론을 하나로 통합한 상대론적 양자역학을 개척하였다. 경제학자 조지프 슘페터는 25세 때 『이론경제학의 본질과 주요내용』이라는 626쪽 분량의 방대한 서적을 출판하였다.[38] 독일의 문호 요한 볼프강 괴테는 25세 때 『젊은 베르테르의 슬픔』을 발표하여 전 유럽을 흔들었다. 괴테는 말년 80세 넘어서 일생의 대작 『파우스트』를 완성하였지만 세간의 인기는 『젊은 베르테르의 슬픔』이 압도적이었다. 철학자 아르투어 쇼펜하우어는 25세 때 『충족이유율의 네 겹의 뿌리에 관하여』라는 이름의 박사학위 논문을 제출하였다. 이 논문은 그의 대표작인 『의지와 표상으로서의 세계』를 이해하기 위한 필독서로 알려져 있다.[39] 봄 시기는 창조의 불꽃이 발화되는 것으로 대미를 장식한다.

여름

인생의 여름 계절은 1차 교육을 마치고 직장에 들어가는 26세부터 50세까지 25년으로 잡았다. 인간의 노화는 26세부터 시작하고,[40]

직장인들이 1차 직장을 나오는 때가 평균 49~50세 무렵으로 알려져 있기 때문이다.[41] 게일 쉬히Gail Sheehy도 『남자의 인생 지도』에서 50세를 제2중년기 시작점으로 보았다.[42] 여름 시기에 성인은 무엇을 해야 하는가? 에릭 에릭슨과 조앤 에릭슨은 『인생의 아홉 단계』에서 성인기를 생산력 발휘 시기로 보았다.[43] 필자는 여름 시기의 키워드를 창조의 완성이라고 본다. 여름 기간이 되면 사람들은 인생의 여름 구간 동안 체력적으로나 지적으로나 최고조에 달한다. 여름 시기로 들어가는 26세 역시 창조의 불꽃은 대단하다. 알베르트 아인슈타인은 26세 때 최고 수준의 논문 3편을 연이어 발표하였다. 그중 두 편은 광양자설과 브라운 운동에 관한 논문이었으며 나머지 한 편이 물리학을 바꾼 특수 상대성이론 논문이었다. 퀴리 부인은 26세 때 프랑스 소르본 대학에서 여성 최초로 물리학 박사학위를 취득하였다.[44]

여름 시기 동안 천재들은 창조행위를 완성한다. 아인슈타인은 특수 상대성이론을 발표하고 12년 뒤인 38세 때 일반 상대성이론을 발표하여 상대성이론을 완성한다. 폴 디랙은 디랙방정식으로 특수 상대성이론과 양자역학을 통합한 공로로 31세에 노벨물리학상을 받은 뒤 반물질 개념을 제안함으로써 평행우주론의 단초를 열었다. 베르너 하이젠베르크는 양자역학에 공헌한 이후 경력 후반부에는 소립자 이론의 단초를 열었다. 뉴질랜드 출신의 과학자 러더퍼드는 노벨물리학상을 받은 후 경력 후반부에 현대물리학의 주요 수단인 입자가속기 개발의 단초를 연다. 노벨경제학상 수상자 폴 새뮤얼슨은 26세 때 쓴 박사학위 논문「경제분석의 기초」에서 제시한 수학적 방법론을 거시경제 이론에 접목하여 신고전파종합을 이루어 냈다. 성인들도 마찬가지이다. 각자 창조의 불꽃을 피운 뒤 여름 기간 동안 자신만의 창조를 완성한다.

여름 시기 또 하나의 키워드는 서열 확보이다. 동물행동학 용어를 사용하면 여름 시기는 인간이 자신이 몸담고 있는 집단 내에서 서열을 올리려고 애쓰는 시기이다. 이때 프란스 드 발 Frans de Waal이『침팬지 폴리틱스』에서 묘사한 것처럼 성인은 온갖 지혜와 권모술수를 동원하여 다른 구성원과 동맹을 맺기도 하고 경쟁자를 물리치기도 하면서 집단 내에서 자신의 서열을 확보하려고 애쓴다.[45] 그러나 40대 중후반 무렵이 되면, 침팬지 사회의 알파 수컷이 젊은 수컷의 도진을 받아 정상에서 내려오듯이 직장에서 아무리 좋은 성과를 올렸다고 해도 정상에서 내려와야 한다. 에릭 에릭슨과 조앤 에릭슨은 성인기의 인간은 생산력을 발휘하는 동시에 침체를 경험한다고 말하고 있다.[46]그런 상황에 놓이게 되면 다들 당황할 수밖에 없다. 20여 년간 쉴 새 없이 자기를 잊고 회사 인간으로 살아왔는데 이게 무어냐? 그러나 그것이 현실이다. 그러한 때가 오면 이는 여름 시기에서 가을 시기로 이행해야 함을 나타내고 있다고 보아야 한다. 그리고 그는 인생의 두 번째 관문 앞에 서야 한다. 인생 후반부로 들어가는 이 관문은 영화 "토르"처럼 수문장이 지키고 있다. 2모작, 3모작 인생을 살기 위해서는 이 과도기를 거쳐야 한다. 따라서 제2의 도약이 필요한 시기이다.

가을

본서는 인생의 가을 시기를 51세 무렵부터 75세까지로 보았다. 왜냐하면 OECD 통계자료를 통해 우리나라 사람의 실제 은퇴시기가 73세 무렵이라는 것을 알 수 있고 일본의 경우 75세부터 요양비가 급증하고 있어[47] 75세 이후 연령집단을 후기고령자로 분류하고 있기 때문이다. 따라서 인생을 100년으로 보았을 때 75세 근처는 인생 후반으로 들어가는 하나의 분기점으로 볼 수 있다. 하버드대학교 교육학과 교수인 사라 로렌스 라이트풋Sara Lawrence Lightfoot 역시 저서 『세 번째 챕터The Third Chapter』에서 50세 이후 75세까지 25년 구간을 별도의 인생 시기로 파악하고 있다.[48] 학습-직장-퇴직의 인생 3단계 모델에서는 가을 시기를 인생의 잔여기간으로 보았다. 그러나 인생 100세 시대는 다르다! 인생의 가을 시기는 패러다임 전환이 필요한 시기이며, 활동해야 하는 시기가 되어야 한다. 가을 시기로 들어서기 위해 에릭 에릭슨과 조앤 에릭슨은 『인생의 아홉 단계』에서 성인기의 특징 중 하나로 안정을 얘기하였지만,[49] 사실은 안정과 변화, 새로운 것과 오래된 것이 공존하는 시기이다.

가을 시기의 키워드는 무엇일가? 필자는 가을 시기의 키워드는 성숙이라고 본다. 사라 교수는 『세 번째 챕터』에서 이 시기를 '젊지도 늙지도 않은' 시기로 부르고 있다. 젊은 시기는 지났지만 인생을 헤쳐나갈 경험을 갖춘 노련미가 있기 때문이다. 아직 늙지 않았으므로 에너지가 남아 있는 시기이다. 일본 사례를 살펴보면 체력을 나타내는 지표인 보행 속도를 1992년과 2002년, 두 시점으로 비교해 본 결과, 일본 남녀 모두 11살이나 젊어진 것으로 나타났다.[50] 요약하면 가을 시기 성인은 젊음과 지혜를 동시에 가지고 있다. 이때야말로 인생의 절정 단계라고 볼 수 있다. 어떤 시인이 노래한 것처럼 "아직도 최고의 자리에 오르지 않았다."라고 노래할 시기가 이때이다. 케빈 코스트너 주연의 영화 "워터월드"를 보면 주인공은 수중생활에 적응하여 발에 물갈퀴가 달린 수중인간으로 나온다. 미래 인간은 그렇게 육체적으로 진화할까? 에드워드 윌슨Edward Wilson의 『인간 본성에 대하여』를 보면 인간의 신체 가운데 가장 폭발적으로 성장한 기관은 두뇌이다. 오스트랄로피테쿠스부터 현대까지 불과 몇백만 년 동안 두뇌 용량은 세 배 정도 커졌다. 왜 짧다고 생각하는가? 지실학의 관점에서는 기본적으로 수억 년에 걸쳐 변화가 일어나는데 인간은 불과 100만 년 단위에서 진화했기 때문이다. 그러나 현생 인류인 호모사피엔스가 출현하면서부터 두뇌는 더 이상 커지지 않고 있다.[51] 그 대신 인간은 문화적 진화를 시작한다. 이제 가을 시기와 겨울 시기는 문화적 능력을 발휘해야 할 시기이다. 이제 100세 시대가 도래하였다. 어떻게 보면 인생의 가을 시기와 겨울 시기는 문화적 진화가 필요한 때이다.[52]

가을 시기에 성인이 직장에 다니고 있다면 최고의 자리에 오른다. 직장을 나왔다면 새로운 직업을 개척하는 시기이다. 베스트셀러 작가 다니엘 핑크Daniel Pink가 20년 전에 쓴 『프리에이전트의 시대가 오고 있다』와 찰스 핸디Charles Handy의 『코끼리와 벼룩』, 다이앤 멀케이Diane

Mulcahy의 『긱 이코노미』에서 밝힌 새로운 형태의 직업도 참고하면서 다양한 가능성을 모색할 때이다.[53] 따라서 자신만의 꽃을 피워내려면 새로운 지식과 새로운 네트워크를 구축해야 한다.[54]

겨울

본서에서는 인생의 겨울 단계를 대략 76세부터 100세까지라고 상정하였다.[55] 인생의 겨울 시기는 왜 중요한가? 베이비부머라는 거대 인구층이 머지않아 노인층에 편입됨으로써 우리 사회의 지형을 바꾸어 놓을 것이기 때문이다. 리처드 왓슨Richard Watson은 『퓨처 파일』에서 실버세대의 구매력에 주목하고 있다.[56] 겨울 단계의 키워드는 무엇인가? 에릭 에릭슨과 조앤 에릭슨은 『인생의 아홉 단계』에서 노년기를 지혜의 시기로 보고 있다.[57] 필자 역시 노년기의 키워드는 지혜라고 생각한다. 뇌과학자 마이클 가자니가의 저서 『윤리적 뇌』에 의하면 나이가 들수록 신체뿐만 아니라 뇌도 노화한다고 말한다. 예를 들어 전전두피질에서는 신경세포인 뉴런과 뉴런을 연결하는 시냅스의 수가 감소하고, 신경세포를 감싸는 지방막인 미엘린이 전선의 피막이 벗겨지듯이 파괴되기 시작한다. 뿐만 아니라 기억을 담당하는 기관인 해마에서도 시냅스 수가 감소한다. 그러나 지혜는 노화를 극복한다.[58] 뇌과학자 수전 그린필드Susan Greenfield는 『미래』에서 청년과 노인은 각각 강점이 있다고 본다. 그린필드는 지능을 액체적 지능과 결정적 지능 두 가지로 구분하였다. 민첩한 젊은이는 적응력이 뛰어나므로 액체적

지능이 뛰어나다. 그러나 노인은 과거의 경험을 되새겨 현재 상황을 해석하고 평가하는 결정적 지능이 뛰어나다.[59] 자칭 베이비부머 뇌과학자 엘코논 골드버그Elkhonon Goldberg 역시 젊은이와 노인의 능력을 구분하고 있다. 그는 베스트셀러 『지혜의 역설The Wisdom Paradox』에서 젊은이는 재능이 있는 반면 노인은 지혜가 있다고 말한다.[60] 지혜를 전문적 지식으로 정의한다면 지혜를 갖추기 위해서는 선제적으로 많고 풍부한 사실적 지식과 절차적 지식이 필요하게 된다. 당연히 이들을 축적하려면 긴 시간이 필요하다. 따라서 노인이 지혜를 가질 가능성이 큰 것이다. 청년과 노인의 지력은 어떤 차이가 있는가? 엘코논 골드버그는 인간의 좌뇌와 우뇌에 관한 새로운 연구 결과물을 제시한다. 인간의 두뇌는 알다시피 왼쪽의 좌뇌와 오른쪽의 우뇌로 되어 있다. 좌뇌는 패턴 기억이 저장되어 있고, 우뇌는 새로운 것에 반응하는 특성과 상응한다. 엘코논 골드버그는 지혜가 패턴 기억과 관련이 있다고 보았다. 패턴 기억은 여러 신경세포가 중첩되면서 형성되는 기억이라서 나이가 든다고 쉽게 파괴되지 않는다.[61] 나이가 들면 패턴 기억을 저장하는 좌뇌가 활발하게 활동한다. 노인의 두뇌 영상 이미지를 보아도 나이가 들면 우뇌의 회백질은 급격히 위축되는 데 비하여 좌뇌는 나이가 들어도 회백질이 급격하게 위축되지 않는다. 이는 나이가 들어도 왼쪽의 두뇌가 여전히 능력을 발휘할 수 있다는 의미이다.[62]

인생의 네 번째 단계는 새로운 도전에 직면해야 하는 것이다.[63] 왜 그런가? 겨울 단계의 또 다른 키워드가 고립감이라고 보기 때문이다.

뇌과학자 다니엘 레비틴Daniel Levitin은 『성공적 노화Successful Aging』라는 책에서 75세 이상 여성의 30%가 외로움을 느끼고 있다는 캐나다 노화 연구 결과를 전하고 있다.[64] 미래학자 리처드 왓슨의 『인공지능 시대가 두려운 사람들에게』를 보면 하루 종일 다른 사람과 말 한마디도 나누지 못한 사람들이 늘어나면서 사회문제가 되고 있다. 영국에서 1주일 동안 다른 사람과 말 한마디 나누지 못한 노인이 10%에 이르고 있다고 한다.[65] 에릭 에릭슨과 조앤 에릭슨은 『인생의 아홉 단계』에서 성인은 노년기에도 공동체 내에 존재해야 된다고 말했다. 에릭슨 부부는 신체적인 보호와 안락함 속에 살게 해준다는 이유로 노인들을 이 세상에서 멀리 떨어진 시설로 보내는 것에 반대하는 견해를 제시하고 있다.[66] 일본 NHK 방송에서 발간한 10년 전 화제의 책, 『무연사회』를 보면 일본의 경우 결혼하지 않는 사람이 10년 뒤 총인구의 30%에 육박할 것으로 전망하고 있다.[67] 누가 이들을 돌보아 줄 것인가? NHK 방송취재팀이 인터뷰한 사람 중에는 재취업을 원하는 미즈노 씨가 있었다. 그는 여러 번 직업훈련학교에 들어가는 것을 실패하였지만, 아직도 꿈을 포기하지 않고 있다. 미즈노 씨는 다른 사람과 교류가 없어지면 살아 있어도 고독사하는 것과 마찬가지라고 말했다.[68] 그가 재취업하려는 것은 다른 사람과의 교류를 원하고 있기 때문이다. 우리나라도 1인 가구의 비율이 40%에 달하고 있다.[69] 린다 그래튼은 『일의 미래』에서 한 가지 분야에서 깊이 있는 지식과 통찰력, 기술을 가지고 있다면 이를 응용하여 인접한 전문 분야로 옮겨가서 새로운 능력을 얻을 것을 권장하고 있다.[70] 미래 노인들은 이미 상당수 고등교육을 받고 한 분야에 전문지식을 갖춘 사람들이다. 왜 멈추어야 하는가?

나. 동물행동학

서열

중년의 위기를 실감나게 분석한 책이 한 권 있다. 제목은 『남자가 겪는 인생의 사계절』[71]이다. 대니얼 레빈슨은 중년의 발달과제는 젊음과 늙음 사이 분열을 극복하고 둘 사이의 균형을 취하는 것이라고 하였다.[72] 어떻게 보면 한 시대를 끝내기 위하여 처절하게 발버둥을 쳐야 한다. 내적 의미에서 평화를 누리는 것은 좀 더 적은 원한, 좀 더 적은 환상, 좀 더 넓은 조망을 갖고 투쟁하는 것이다. 이러한 과업을 수행하기 위해서는 재교육이 필요하다.[73] 중년의 위기를 동물행동학의 카메라로 비추어보자. 동물행동학에서 바라보면, 닭은 쪼는 순서가 있고[74], 늑대 무리에도 서열이 존재한다.[75] 침팬지 역시 무리 내 서열을 중시한다.[76] 인류의 또 다른 친척인 보노보 역시 서열을 중시한다. 프란스 드 발의 『영장류의 평화 만들기』를 보면 두 마리 침팬지가 만났을 때, 공식 서열이 높은 원숭이는 어깨 털을 부풀리고 꼬리를 꼿꼿이 세우지만, 이와 반대로 서열이 낮은 쪽은 끙끙거리는 신음소리를 내며 깊게 절하는 의식을 거행한다.[77] 또한 잇몸을 드러내며 웃는 것처럼 보이는 얼굴을 하거나, 상대의 시선을 피하여 얼굴을 옆으로 돌리는 몸짓도 관찰되고 있다.[78] 서열 공존을 위한 규범이다.

동물행동학의 개척자 중 한 사람인 니코 틴버겐Niko Tinbergen의 『동물의 사회 행동』에 의하면 서열은 분쟁을 감소시키는 역할을 한다.[79] 영장류 두 마리가 같은 먹이를 먹으려고 할 때 본래라면 두 마리가 서로 싸운 뒤에 승리한 쪽이 먹이를 차지한다. 그러나 늘 그러한 싸움을 한다면 서로 체력을 소모하고 다칠 위험도 있다. 그래서 두 마리 사이에 누가 더 강한지 인정하는 절차를 미리 거친 뒤에 서열이 높은 원숭이만 먹이에 손댈 수 있는 규칙을 만든 것이다.[80] 중년이 되어 직장에서 나오게 되면 계급장을 잃어버린 남성은 어찌할 바를 모르게 된다. 계급장을 잃어버린다는 것은 서열을 잃어버린 것이다. 그 이후에는 다른 데서 서열을 확보하기 위해 시도해본다. 지금까지 관심도 없던 부분에 대하여 관여를 하기 시작한다. 왜 이런 일이 일어나는가? 인간 특히 남성은 서열 문화에 익숙하기 때문이다. 왜냐고? 인간의 친척인 침팬지나 영장류 역시 그러하기 때문이다. 우리는 영장류 중에서 침팬지나 보노보와 가깝다. 이들은 서열을 중시하는데, 현재 인류사회는 점차 수직적인 위계사회에서 수평적인 사회로 변모하고 있다. 위계적 구조에 익숙한 존재인 중년들은 수평적 사회로 변화하고 있는 조직체에서 적응하기 힘들어지고 있다.

고립감

동물행동학에서 바라보면 인간은 무리지어 사는 동물이다. 프란스 드 발은 『공감의 시대』에서 인간은 소름끼칠 정도로 집단적인 동물이라고 정의하고 있다.[81] 조나단 스위프트의 소설 주인공인 로빈슨 크루소는 혼자 섬에서 생활했지만 인간은 고립해서 살 수 없다. 마이클 토마셀로Michael Tomasello의 『생각의 기원』을 보면 인간과 침팬지의 경우 침팬지는 무리 내에서 경쟁을 하는 반면 인간은 협력을 한다.[82] 그리고 협력하지 않은 구성원에게는 사회 전체가 징벌을 가한다. 크리스토퍼 보엠Christopher Boehm은 『도덕의 탄생』에서 수렵·채집사회인 음부티 피그미족 사례를 제시한다. 사례는 인류학자 콜린 턴불이 음부티 피그미족과 살면서 관찰한 사례이다. 피그미족 사회에서 협력하지 않고 고기를 혼자서 빼돌렸던 사냥꾼 세푸는 징벌을 당한다. 모닥불 가에서 어린이들도 나이 든 세푸에게 의자를 양보하지 않았고, 여자들은 세푸를 비웃고, 동료 남성은 세푸더러 짐승답게 자기 창에 찔려 죽으라고 말한다.[83] 징벌은 잘못된 행동을 교정하는 것이 목적이다. 그러나 교정되지 않으면 공동체에서 추방한다. 인도네시아, 필리핀 등 동남아시아 전통마을에서는 아닷Adat이라는 관습법이 행해지고 있다. 인도네시아에서 가장 이슬람화된 지역인 미낭카바우에서조차도 신과의 관계에는 종교가 결정하지만, 마을주민들 사이의 관계는 촌락자치법인 아닷이 결정한다.[84] 관습법에 의하면 마을에서 중죄를 지은 구성원에게 내려지는 가장 무거운 형벌이 추방형이다. 필리핀 원주민 사회도 마찬가지이다. 마을 주민이 살인 등 중죄를 저지르면 마을에서 추방한다.[85] 추방형이란 무리에서 축출하는 형벌이다. 즉, 무리에서 쫓아내는 것이 가장 큰 형벌인 것이다. 직장에서 퇴직한 중년은 추방형을 당한 것과 마찬가지이다. 인간은 중년이 되면 고립감에 빠지기 쉽다. 아침 일찍 나가서 밤늦게 들어오니 가족들과 데면데면하다. 자식들은 아빠의 수고를 모른다. 특히 다니던 직장에서 퇴직할 경우, 남성의 경우 인간관계는 상당히 약화된다. 왜냐하면 남성의 인간관계는 대부분 직장과 관련된 경우가 많기 때문이다. 직장을 나온 중년은 가족과 사회조직으로부터 모두 고립될 위험이 있다.

수다 떨기

제인 구달Jane Goodall의 『인간의 그늘에서』, 데즈먼드 모리스Desmond Morris의 『털 없는 원숭이』, 프란스 드 발의 『보노보』를 보면 침팬지와 보노보는 같은 공동체에 속하는 동료한테 털 고르기를 해준다.[86] 뿐만 아니라 개코원숭이, 짧은 꼬리 마카크 원숭이, 고릴라도 서로 털 고르기를 해준다.[87] 그러나 독립생활을 하는 오랑우탄은 상대적으로 털 고르기에 많은 시간을 들이지 않는다.[88] 털 고르기는 두 개체 간에 사회관계를 원활하게 해주는 역할을 한다. 그런데 인간은 골라줄 털이 없는 동물이다. 그러면 인간은 동료에게 털 고르기 대신 무엇을 하고 있는가? 수다 떨기를 한다. 수다 떨기는 수렵·채집사회를 견제와 균형으로 유지한다. 인류학자 리처드 리Richard Lee가 관찰한 바에 의하면 아프리카 칼라할리 사막에 사는 수렵·채집사회 쿵족의 야영캠프에서는 언제나 대화가 끊이지 않는다. 모닥불에 둘러앉은 사냥꾼들 사이에서는 사냥, 날씨, 채취, 식량 분배, 선물 주기, 추문 등 온갖 이야기가 끝없이 흘러나온다. 대화는 대개 말다툼으로 끝난다.[89] 콜린 턴블Colin Turnbull의 『숲 사람들』을 보면 또 다른 수렵·채집사회인 아프리카 음부티 피그미족도 마찬가지이다. 이들 역시 소리 죽여 사냥감에 접근할 때를 빼고는 모닥불에 둘러 앉아 사냥, 고기 분배, 다른 집 흉보기, 성인식, 마을축제 등 다양한 주제로 수다를 떤다.[90] 전체 인간 역사 중 99% 기간 동안 우리는 수렵·채집인이었다는 점에 비추어볼 때, 인간은 수다의 왕이다. 그런데 피그미족 사냥꾼과는 달리 정년제도가 있는 현대사회의 경우 직장을 퇴직하면 수다 떨 사람이 없다.

다. 베이비부머

거대인구집단

중년기에 처한 사람들은 도대체 누구인가? 인생의 가을 시기에 해당하는 그들을 베이비부머라고 요약하고자 한다. 베이비부머라는 용어야말로 우리 사회의 모든 문제를 압축시켜주는 키워드 중 하나이기 때문이다. 베이비부머에는 1차 베이비부머와 2차 베이비부머가 있다. 누구나 1차 베이비부머에 대해서는 들어보았을 것이다. 이는 1955년부터 1963년 사이에 태어난 사람들을 의미한다. 그런데 2차 베이비부머도 있다. 마강래 교수는 『베이비부머가 떠나야 모두가 산다』라는 제목의 책에서 1차 인구폭발이 있은 후 뒤이어 2차 인구폭발이 이어지는데 이때 태어난 사람들을 2차 베이비부머라고 했다. 한국의 경우에는 1955~1963년 동안 1차 베이비부머가 태어난 후 얼마 지나지 않아 1968년부터 1974년까지 다시 제2차 베이비붐 시대가 있었다. 이 두 시기 모두 아기가 한 해에 100만 명씩 태어났다. 현재 한 해에 30만 명이 태어나고 있는 것과 비교하면 얼마나 많이 태어났는지 상상이 될 것이다. 우리나라에서는 1955년부터 1963년 동안 712만 명이 태어났고 이들은 인구의 14.6%를 차지하였다. 그런데 1차 베이비부머와 2차 베이비부머를 하나로 본다면 2020년 현재 이들의 나이는 46세에서 65세 구간에 해당되며, 베이비부머는 1,685만 명이다. 따라서 총인구의 30%를 넘는 규모인 것이다! [91]

베이비부머는 우리만의 현상이 아니다. 베이비부머 출현 시기는 나라마다 약간씩 차이는 있지만, 여러 나라에서 공통적으로 나타나고 있다. 유사한 현상이 미국, 캐나다, 호주에도 있으며,[92] 일본과 영국에도 있다. 한마디로 일반적인 현상이다. 미국의 경우는 제2차 세계대전이 끝난 후 수십만 명의 젊은 남성들이 전쟁터에서 집으로 돌아왔다. 전쟁이 끝난 후인 1946년부터 1965년 거의 20년 사이에 태어난 사람들의 수는 미국 인구의 30%에 달하는 7,700만 명에 이르렀다. 영국도 마찬가지이다. 1945년부터 1963년까지 18년간 인구의 24%에 달하는 1,490만 명이 태어났다. 일본도 제2차 세계대전이 끝난 뒤 1947년부터 1949년 3년 동안 800만 명이 태어났다. 일본에서는 이들을 단카이 세대라고 부른다.[93] 따라서 베이비부머의 출현은 제2차 세계대전이라는 큰 전쟁이 끝난 뒤 20세기 후반부를 특징짓는 특이한 현상인지도 모른다. 어찌되었든 새롭게 많이 태어난 사람들은 다른 연령대 사람들에 비하여 숫자가 압도적인 만큼 자기가 속한 사회에 큰 영향을 행사할 수밖에 없다.

고등교육

베이비부머들은 고학력 세대이다. 베이비부머는 한국과 미국을 막론하고 고등교육을 받은 첫 세대이다. 한국의 경우, 한국전쟁 이후 경제성장을 시작하면서 부모 세대들은 자식 교육에 나서기 시작하였다. "나는 못 배웠지만 자식은 배우게 하겠다."라는 교육열이 온 나라에 불어 닥쳤다. 식민시대 제1고보, 제2고보, 제3고보였던 경기, 서울, 경복 중학교와 배재, 휘문, 중앙, 보성, 양정 등 5대 사립중학교에 들어가기 위한 치열한 경쟁이 불어 닥쳐 과외공부가 줄을 이었으며 일타강사의 효시들이 활개를 쳤다. 그리고 사립대학들이 우후죽순 세워지기 시작하고, 농촌 부모님들의 재정적 지원 아래 부모 세대와는 다르게 대학으로의 행렬이 이루어지기 시작하였다. 대학생이 넘쳐나기 시작한 것이 베이비부머 세대이다. 미국도 마찬가지이다. 미국 대학의 경우도 초기에는 규모가 보잘 것이 없었다. 하버드대학의 경우 개교 후 229년 동안 겨우 77명의 졸업생을 배출했으며, 미국 최초의 박사학위는 19세기 후반인 1861년이 되어서야 예일대학에서 수여되었다.[94] 그러나 1944년 미국 대학에 커다란 전환점이 있었다. 그것은 미국 의회가 제2차 세계대전이 끝날 무렵 유럽과 태평양에서 귀국하는 퇴역군인들에게 대학학자금을 지원하는 제대군인원호법GI Bill of Right을 통과시킨 것이었다. 수업료 무료 혜택 덕분에 800만 명의 참전용사들이 대학학위를 취득하고, 직업훈련을 받을 수 있었다.[95] 동 법 시행 후 미국 대학은 오늘날 우리가 아는 모습이 되었다.[96]

미국은 제2차 세계대전이 발발하자 전쟁에 젊은 남자들을 투입시켰다. 어떻게 보면 실업 문제가 일시적으로 해소되고 있었던 것이다. 그러나 전쟁의 승리가 확실해지자 미국의 경제당국자들은 전쟁이 끝나고 나면 대공황이 재연되지 않을까 걱정했다. 사실 전쟁이란 기업에게 고마운 면이 있었다. 왜냐하면 어떤 의미에서 보면 전쟁은 제조업의 경우 기업들의 생산시설을 풀가동할 수 있던 시기였기 때문이다. 그리고 고용이라는 관점에서 보면 근로자가 남아돌기는커녕 근로자들이 모자라는 상황이었다. 당시 젊은 남자들은 대다수 군인 신분으로 전쟁에 참여하고 있었다. 그래서 수천 년 동안 가정에 있던 여성들을 가정 밖으로 불러내었다. 결국 이는 여성도 직업을 갖는 일의 시초가 되었다. 군인들이 제대하면 과연 이들에게 직장이 기다리고 있는가? 그러면 다시 실업 문제가 도지지 않을까 노심초사할 수밖에 없었다. 제대군인원호법으로 제대군인들로 하여금 대학에 가게 한 것은 어떤 의미에서는 신의 한 수가 되었다. 제대군인들이 정부 지원으로 대학에서 교육받고 있는 동안 정부 당국은 실업 문제를 대처하는 데 시간을 벌 수 있었다. 그리고 제대군인들은 대학에서 교육을 받고 사회에 나갈 준비를 할 수 있었다. 제대군인원호법은 제대군인에게나 정부에게나 윈윈 전략이었던 셈이다.

사전과 스마트폰

『부족의 시대』라는 책이 있다.[97] 철학자 미셸 마페졸리는 이 책에서 앞으로 개인주의가 쇠퇴하는 대신 감정적 공동체로서의 부족주의가 새로운 원리로 등장할 것이라고 말하고 있다. 1,900만 명으로 전체 인구의 36.7%를 차지하는 MZ세대는 새롭게 부상하는 세대이다. MZ세대는 1980년대부터 2000년대까지 태어난 밀레니엄 세대와『결국 Z세대가 세상을 지배한다』에서 나오는 Z세대로 이루어져 있다. MZ세대의 행동은 베이비부머와는 많이 다르다. 1차 베이비부머 세대가 영어 단어의 뜻을 알기 위하여 사전을 찾아볼 때 MZ세대는 스마트폰으로 검색을 한다. 베이비부머가 디지털 이주민이라면 MZ세대는 디지털 원주민이다. 미래에는 베이비부머 세대와 MZ세대, 두 부족이 존재할 것이다. 베이비부머는 MZ세대와 공존을 모색해야 한다. 미국 미시간대학의 제임스 두데스탯James Duderstadt 전 총장은 저서『대학혁명』에서 베이비부머들이 젊은 시절 라디오나 TV 같은 수동적 미디어를 경험한 반면 밀레니엄세대들은 디지털 미디어의 홍수 속에서 청소년 시절을 보냈고 닌텐도, PC, 인터넷, 가상현실을 경험하고 있다고 말한다. 밀레니엄 세대들은 수동적으로 읽고 듣는 것이 아니라 직접 실험하고 참여함으로써 학습한다. 이들은 스마트폰으로 글로벌 차원에서 연결될 것이다.[98] 미셸 마페졸리는 포스트모던 시대의 특징으로 "고도로 정밀한 기술을 거부하지 않으면서도, 부족들은 어느 정도 원시적 상태로 남아 있다."라고 말하고 있다. 마페졸리는 부족이 출현한 것은 인류문명의 시원적·태곳적 가치가 기술발전과 결합하면서 나선 형태로 회귀하고 있기 때문이라고 말하고 있다.[99] 이러한 특징은 특히 MZ세대에 적용되는 말이다. MZ세대는 디지털 기술을 능숙하게 사용함으로써 그 자신들이 인터넷으로 연결된 전자은하계의 유목민임을 과시한다. 그러나 이와 동시에 논리 못지않게 감성에 영향을 많이 받고 있다. MZ세대는 지나치게 합리화된 사회에 대응하여 판타지, 스포츠, 음악을 통하여 구성원끼리 감정과 정서를 공유하는 일종의 부족이다.[100] 최근 미국에서 절찬리에 방영된 스페이스 오페라 "만달로리안"은 포스트모던 시대를 반영한다. "만달로리안"의 무대는 은하계이고 주인공인 현상금 사냥꾼은 광속으로 운행하는 우주선을 타고 다니지만, 복색은 중세 기사와 유사하게 베스카 갑옷을 입고 투구를 쓰고 있다. 주인공 만도가 보호하는 그로구는 어리지만 초능력을 발휘한다. 시리즈 중 하나는 소제목이 '보안관'으로 내용이나 화면 자체가 마카로니 웨스턴과 같은 서부 영화를 연상시키는 복고풍이다. 주인공인 현상금 사냥꾼은 가차 없이 사냥 대상을 처리하지만, 자신이 보호하는 그로구에게는 끈끈한 감정을 보여준다. 그로구는 어린애지만 연령은 50세로 어린아이인 동시에 노인인 모순적 존재이다. 우주선과 중세갑옷, 감정이 어우러진 시대가 부족의 시대이다.

전 세계는 아프리카 대륙 등 몇 곳을 제외하고는 인구감소를 경험하고 있다. 한 때 일본은 인구가 1억 2천 500만 명에 이르렀으나 지금은 인구 1억 명 사수가 목표이다. 동남아시아도 마찬가지이다. 여기도 출산율이 크게 하락하고 있기 때문에 미래 어느 시점이 지나가면 모두 인구는 감소세로 돌아설 것이다. 인구가 감소하고 있는 현재의 상황에서 베이비부머 세대를 일방적으로 퇴장시키게 되면 우리의 산업 현장은 누가 지킨다는 말인가? 따라서 필자의 생각으로는 베이비부머 세대를 퇴장시키는 것이 아니라 이들 역시 재탄생 과정을 거쳐 새롭게 재무장시킨 다음 국가에서 활용해야 한다. 그래야 부국강병책에 어울리는 노동력을 확보하게 될 것이다. 베이비부머 세대는 현재의 20~30대가 충분히 성장할 때까지 미래 20년간 국가에 기여해야 한다. 물론 예전처럼 높은 자리에 앉아서 호령하면서 국가에 기여하기는 어렵다. 예전보다는 적은 임금과 높지 않은 자리에서 겸손한 자세로 기여할 수밖에 없다. 그러나 조화를 위해서는 이를 받아들여야 한다.

라. 멀티 스페셜리스트

베이비부머는 어떤 사람이 되어야 하는가? 파이(π)자 형 전문가가 되어야 한다. 두 개의 다리로 평면을 지탱한다. 즉, 대학에서 젊은 시절 얻었던 전공에 또 하나의 전공을 추가해서 공선표의 책 제목처럼 멀티 스페셜리스트가 되는 것이다.[101] 다시 말해서 린다 그래튼이 『일의 미래』에서 제안하는 것처럼 유연한 전문가로 거듭나야 한다. 왜 멀티 스페셜리스트를 권하는가? 1차 베이비부머들은 상당수 퇴직한 상태이다. 이들은 대부분 자녀 교육비에 상당수의 돈을 투입한 결과 노후 준비가 되지 않았다.[102] 베이비부머는 절반 이상이 대졸 학력의 고학력 인적 자원으로 경제활동 참여 욕구가 강해 장래 근로 희망 연령은 평균 72세로 나타났다.[103] 이처럼 베이비부머들은 오랫동안 일하고 싶어 하지만, 이들이 지난 1년간 직업능력 개발훈련에 참여한 비율은 약 23%였으며, 나머지 77%는 참여경험이 없다고 응답하였다. 따라서 취업 의지에 비하여 재교육을 받은 숫자는 적은 것으로 나타나고 있다. 1차 베이비부머의 직종별 분포를 보면 제조업 고졸 학력 중심의 기능 인력이 다수를 차지하고 있다. 그러나 우리나라 전체 직업 분포는 대졸자 중심의 화이트 칼러 종사자의 비중이 크게 높아지고 있다. 예를 들어 전문가 및 관련 종사자 비율이 베이비부머의 경우 10.7%로 나타난 반면, 전 연령통계로는 20.4%로 거의 베이비부머의 두 배 가까이 증가하였다. 또한 사무종사자의 경우도 베이비부머는

9.8%인 데 비하여 전 연령대에서는 17.6%로 증가하였다. 그런 반면 제조업 종사자라고 해석할 수도 있는 장치 · 기계조작 및 조립 종사자는 베이비부머는 15%로 상당히 많았던 데에 비하여 전 연령통계는 11.8%로 감소하고 있다.[104] 이러한 통계는 무엇을 말해주는가? 피터 드러커 교수가 얘기했듯이 지식근로자 위주로 노동시장이 바뀌고 있다는 사실을 말해주고 있다. 더구나 4차 산업혁명이 진행되고 있어 더욱 노동시장 변화는 클 것이다. 따라서 베이비부머들이 새로운 환경에 적응하고 재취업하기 위해서는 교육이 필요한 것이다. 그리고 이런 유연한 전문가가 되기 위해서는 원래의 전공에 추가로 두 번째 전공을 배우는 것이 하나의 방법이다. 그렇게 되면 두 전공을 융합 활용하여 새로운 제3의 세계가 펼쳐지게 된다.

이미 성공사례들이 있다. 자타가 공인하는 양자역학의 천재 리처드 파인만Richard Feynman은 원래 수학을 전공하려 했으나 물리학으로 전공을 바꾸어 성공한 사람이다. 물론 수학 지식은 매사추세츠공과대학 4학년 때 미국 최고 권위의 윌리엄 로웰 퍼트넘 수학경시대회에 참가하여 1등을 할 만큼 대단한 수준이었다. 파인만은 자신의 수학 실력을 유감없이 발휘하여 폴 디랙의 방정식을 발전시켜 양자역학에 공헌하였다.[105] 천재에 가려져서 자신의 천재성이 잘 알려지지 않은 사람이 있다. 존 메이너드 케인스John Maynard Keynes의 스승인 알프레드 마샬 이야기이다. 알프레드 마샬은 융합의 천재였다. 그는 한계효용학파의 이론과 고전학파의 이론을 융합하여 수요공급 이론을 만들어냈으며 물리학 개념을 경제학에 접목시킨 사람이다. 지금도 미시경제학 교과서에 빠지지 않고 나오는 수요의 가격탄력성에서 탄력성 개념은 누가 보아도 물리학 개념이다. 프랑스 경제학자 제라르 드브뢰Gerard Debreu는 위상수학을 경제학에 적용하여 일반균형의 존재를 입증하였다. 그의 업적은 아담 스미스가 말한 '보이지 않는 손'의 존재를 수학으로 규명한 것이다. 물리학자였던 조지 가모프는 천문학으로 분야를 바꾸어서 성공하였다. 그들은 모두 멀티 스페셜리스트였던 것이다. 현대사회는 3차 산업혁명에서 4차 산업혁명 시기로 이행하고 있다. 3차 산업혁명에 적합한 근로자가 지식근로자라면 4차 산업혁명 시기의 근로자는 다른 유형일 것이다. 이제 4차 산업혁명기에 적합한 근로자가 되기 위해서도 멀티 스페셜리스트가 되어야 한다.

2. 교육 : 대학의 위기

대학은 만병통치약도 아니며 백지수표도 아니다.

— 윌리엄 베넷 · 데이비드 와일졸, 『대학은 가치가 있는가』

대학은 인체로 비유하자면 간과 같은 침묵의 장기이다. 간은 문제가 발생하더라도 웬만하면 인간이 고통을 느끼지 못한다. 만약 간에 이상한 징후를 느꼈다면 이미 병이 심각하게 진행된 이후이다. 대학도 마찬가지이다. 대학은 웬만하면 고통을 호소하지 않는다. 그런 대학에 외부에서 알 정도로 문제가 발생했다면 이는 심각한 상황인 것이다. 대학 입시에서 2021년은 어떤 의미에서는 하나의 전환점이 되는 해이다. 200명 이상 정원미달이 되는 대학이 18개 대학에 이를 만큼 정원을 채우지 못한 대학들이 속출했기 때문이다.[106] 그렇다면 정원미달 문제를 해결하면 대학은 제자리로 돌아올 것인가? 그렇지 않을 수도 있다. 왜 그러한가? 대학 위기의 본질은 따로 있기 때문이다. 대학 위기는 현대 기술 문명 자체의 성격에서 나오는 위기이다. 누구나 알다시피 현대 문명은 과학의 토대 위에 서 있다. 스마트폰, 인터넷, 자동차, 항공기, 슈퍼컴퓨터, 현대 문명의 총아들은 모두 과학의 열매들이다. 대학의 학문 공동체들은 치열한 경쟁 속에서 연구에 매진하고 있다. 그러나 이와 동시에 대학은 누구도 부정할 수 없는 교육의 본산이다. 대학 위기는 대학 내부에서 연구와 교육이 충돌하고 있기 때문에 일어난다. 다시 말해서 교육기관으로서의 대학과 연구기관으로서의 대학이 서로 충돌하고 있기 때문이다.

가. 교육이냐, 연구이냐?

세계 대학 순위

언제부터인지 세계 대학 순위라는 것이 해마다 발표되고 있다. 세계 대학 순위의 선두는 하버드대학, 스탠퍼드대학, 옥스퍼드대학 등 미국과 유럽의 대학들이 포진하고 있다. 1960년대 우리가 경제성장의 엔진을 막 가동시켰을 때 누구나 하던 말이 있다. 천연자원이 부족한 한국에 강점이 있다면 우수한 노동력이고, 우리 노동력이 우수한 것은 우리의 교육 수준이 높기 때문이라고! 당시 한국인들은 아시아에서는 한국의 교육제도가 우수하다고 생각했었다. 그러나 더 이상 이 생각이 유효하지 않을 수도 있다. 2020년도 세계 대학 순위를 보면 아시아에서 말레이시아 등 동남아시아 국가 대학들의 약진이 두드러지고 있다.[107] 우리 대학들이 싱가포르국립대학, 난양이공대학, 홍콩중문대학, 홍콩과학기술대학, 일본 도쿄대학, 교토대학, 중국 베이징대학, 칭화대학보다 낫다고 할 수 있는가?[108]

독자 여러분은 빙산을 본 적이 있는가? 빙산은 물 위로 모습을 드러내고 있다. 그러나 실제로는 물 밑에 잠겨 있어서 보이지 않는 부분이 물 위로 보이는 빙산보다 더 크다고 한다. 오늘날 대학은 전 방위적으로 공격받고 있어 위기상황은 심각한 단계로 접어들고 있다. 그러나 안타까운 현실은 대부분 물 위로 보이는 빙산만 바라볼 뿐 물 밑의 빙산을 보기가 어렵다는 점이다. 물 위에 떠 있는 대학은 교육기관으로서의 대학이다. 교육부의 대학평가도 학생 충원율 등 대부분 교육기관으로서의 대학에 초점이 맞추어져 있다. 그러나 물 밑의 대학은 연구기관이다. 외부에는 잘 알려져 있지 않지만 오늘날 이상적인 대학의 모델은 무엇일까? 연구중심대학이다. 미국 버클리대학의 클라크 커Clark Kerr 총상의 『대학의 효용』을 읽어보면 연구중심대학은 독일에서 시작되었다.[109] 1809년 창설된 독일의 베를린대학은 대학 내에 연구소를 설치함으로써 대학을 과학 실험을 하는 장소로 변화시켰다. 미국은 1876년 존스홉킨스대학의 대니얼 길먼 초대 총장이 연구중심대학이라는 새로운 모델을 받아들였다. 그 이후 연구중심대학 대학들은 전 세계로 확산되었다. 오늘날 대학 교수들은 무엇에 가장 힘을 쏟고 있을까? 교수들은 연구에 집중하고 있다! 그리고 연구는 논문으로 열매를 맺는다. 교수들의 연구 업적은 교수 사회에서 자신의 정체성을 드러내며, 교수들의 전문 분야 공동체인 학회에서도 인정받는 수단이다.

필자는 "캐리비안의 해적"이라는 영화를 본 적이 있다. 영화에는 유령선이 나오는데 네덜란드 국적이다. 대항해시대 영국 입장에서는 네덜란드가 강력한 경쟁국이었으니 악역은 네덜란드에게 맡겼다. 그 영화에서 주인공의 아버지는 몸이 유령선의 선체 일부가 되어 있다. 예전 이공계 대학 건물에 가본 적이 있었다. 문과 전공인 필자는 많은 기계 설비들이 건물에 가득 차 있었던 것이 놀랍고 인상적이었다. '물 반, 고기 반'이 아니라 '기계 반 인간 반'이었다. 브루노 라투르Bruno Latour가 『우리는 결코 근대인이었던 적이 없다』에서 주장하듯이[110] 실험실은 인간과 사물이 공존하는 사회이다. 오늘날 이공계 교수들은 실험장비와 결코 분리될 수 없다. 학자로서의 정체성은 기계와 엉켜있는 데 있다. 오늘날 교수들은 알베르 카뮈의 『시지프의 신화』에 나오는 인물과 비슷하다. 힘들게 논문을 학문이라는 산의 정상에 올려놓으면 다시 다음 번 논문을 굴려 정상에 올려야 한다. 오늘날 노벨상 수상 후보를 어떻게 결정하는가? 논문 인용 횟수가 중요한 기준이 될 것이다. 대학 교수들은 셰익스피어의 작품을 영화로 만든 "햄릿"에서 로렌스 올리비에 경이 말한 명대사, "사느냐 죽느냐 그것이 문제로다."와 비슷하게 "publish or parish"라는 구호 밑에서 사력을 다하고 있다. 즉, 논문을 발표할 것이냐, 도태되어 대학 밖으로 축출될 것이냐 두 가지 선택 하에 놓여 있다. 현재 연구중심대학의 모델은 미국이나 유럽뿐만 아니라 아시아에서도 맹위를 떨치고 있다. 무엇이 대학 순위를 결정하는가? 여러 가지 요소가 있을 것이나 상당 부분 소속 대학 교수들이 발표하는 논문의 품질과 수량에 달려 있다. 그것이 대학

현실이다! 우리 사회는 대학을 교육기관으로 보고 있는가? 연구기관으로 보고 있는가?

학문 공동체

무엇이 세상을 바꿀까? 필자 생각으로는 학문 공동체가 세상을 바꾼다고 본다. 바다는 문화의 고속도로라는 말이 있다. 오늘날 아시아와 오세아니아와 아메리카 대륙은 태평양을 중심으로 하나의 공동체를 형성하고 있다. 유럽과 북아프리카 지역은 지중해를 중심으로 하나의 문명권을 형성해오고 있다. 기원전 5세기경 지도를 보면 에게해를 중심으로 왼쪽에는 수십 개의 그리스 도시국가들, 오른쪽에는 페르시아가 있다. 페르시아는 크세르크스 대왕 재위 시절, 마라톤 평야에서 직접 그리스 연합군과 전쟁을 하였으며 펠로폰네소스전쟁 때는 스파르타 편을 들어 아테네가 패하는 데 기여하였다. 페르시아가 있는 지역에는 원래 호메로스의 『오디세이아』의 주요 무대인 트로이 문명이 있었다. 500년 후 페르시아는 소아시아로 이름이 바뀌었고, 그 지역에 사도 바울이 필라델피아 교회, 에베소 교회 등 그리스도교 초기 교회를 세웠다. 어떻게 보면 에게해를 둘러싸고 있는 지역은 에게해 문명이라고 해야 정확한 표현이다. 르네상스 3대 화가 중 한 명인 라파엘로의 걸작 "아테네 학당"은 에게해 문명의 학문 공동체 모습을 보여준다. 그림에는 스승 플라톤과 제자 아리스토텔레스가 대화하는

[그림 3] 아테네 학당

모습이 중앙에 그려져 있다. 플라톤은 아테네에 교육기관 '아카데메이아'를 세웠으며 아리스토텔레스는 교육기관 '리케이온'을 세웠다. 아리스토텔레스를 스승으로 둔 마케도니아의 알렉산드로스 대왕은 페르시아와 이집트, 인도 원정을 통해 동양과 서양을 융합한 헬레니즘 문명을 만들어 냈다.

알렉산드로스 대왕이 30대 나이로 일찍 사망하자 그가 개척한 광대한 영토는 세 개의 나라로 쪼개졌다. 알렉산드로스 대왕의 부하장군 3명은 각 나라의 시조가 되었다. 이때 아프리카 북부에는 프톨레마이오스 1세가 알렉산드로스 대왕의 이름을 딴 도시 알렉산드리아를 수도로 나라를 세웠다. 프톨레마이오스 1세는 알렉산드로스 대왕과 함께 아리스토텔레스 밑에서 같이 공부한 사이여서 학문의 경쟁력이 국가 경쟁력의 토대가 되는 것을 알아보았다. 그는 수도 알렉산드리아에 에게해 문명 최고의 학문 기관 '무세이온'을 세우고, 요즈음 식으로 말하면 전 세계에서 노벨상을 수상한 최고 학자들을 불러 모았다. 오늘날 국가들은 자기 나라의 문화적 수준을 영국 대영제국박물관, 프랑스 루브르박물관 등 박물관으로 자랑한다. 박물관에 해당하는 영어 단어인 뮤지엄은 바로 무세이온에서 기원하였다. 그뿐이 아니다! 찰스 해스킨스Charles Haskins의 『12세기 르네상스』를 읽어보면 12세기 무렵 이슬람 왕국이 통치하고 있던 스페인 톨레도에는 르네상스를 촉발시킨 번역 공동체가 있었다. 14세기 이후 유립의 르네상스는 12세기에 들어서 아리스토텔레스, 갈렌 등 그리스 현인들의 저서들이 번역되고, 이 역서들이 서유럽에 소개된 데서 출발하고 있다. 아랍인들은 고유의 철학을 가지고 있지 않아 번역을 통하여 다른 문화를 적극적으로 흡수하였다. 스페인의 톨레도에서는 개종한 유대인 번역가들이 아랍어를 스페인어로 번역하였으며, 그리스도교 번역가들이 스페인어를 다시 라틴어로 번역하였다. 이 역서들은 서유럽에 소개되었다.[111] 어떻게 보면 서양 문명은 에게해 문명의 학문 공동체에서 기원했는지 모른다.

과학 공동체

에게해 문명의 학문 공동체에 비교할 만한 학문 공동체가 20세기 초에 형성된 대서양 문명의 과학 공동체이다. 대서양 문명은 유럽과 미국 동부지역으로 구성되어 있다. 대서양 학문 공동체는 덴마크 코펜하겐대학, 독일 괴팅겐대학, 베를린훔볼트대학, 프랑스 소르본대학, 벨기에 브뤼셀자유대학, 영국 케임브리지대학의 캐번디시 연구소, 미국 프린스턴대학의 고등과학원 등으로 구성되어 있었다. 코펜하겐대학의 이론물리연구소는 양자역학의 요람이었다. 사우디아라비아의 메카가 성지순례 장소이듯이 '양자역학의 소크라테스'라는 별명의 닐스 보어가 버티고 있던 코펜하겐대학에는 독일의 베르너 하이젠베르크, 영국의 폴 디랙 등 양자역학의 젊은 개척자들이 모여들었다. 젊은 개척자들은 코펜하겐에서 자신의 생각을 숙성시켰다. 또 다른 물리학의 거점으로는 벨기에 브뤼셀이 있다. 벨기에의 부자 솔베이는 거액을 희사하여 브뤼셀에서 3년마다 한 번씩 물리학과 화학 분야 국제학술대회를 개최하고 있다. 명칭이 솔베이 학회이다. 솔베이 학회는 2017년까지 개최되었으며 코로나19 사태로 인해 2020년 개최는 연기된 상태이다. 이곳에서 알베르트 아인슈타인, 베르너 하이젠베르크, 폴 디랙, 볼프강 하울리 Wolfgang Pauli, 퀴리 부인 등 쟁쟁한 학자들이 교류하였다. 독일의 베를린훔볼트대학은 독일 물리학을 선도하는 대학으로 콜로키움에 전도유망한 학자들을 초빙하여 논문을 발표시켰다.

베르너 하이젠베르크 역시 젊은 학자 시절, 양자역학의 신진학자로 부상하자 베를린훔볼트대학 콜로키움에 초대를 받아 논문을 발표하였으며, 발표를 마치고 당시 베를린대학 교수로 있었던 아인슈타인과 양자역학에 대하여 토론하였다.[112] 미국 프린스턴대학교 고등과학원도 마찬가지였다. 아인슈타인은 히틀러가 아인슈타인의 은행 계좌를 동결하자 미국으로 망명한 뒤 죽을 때까지 프린스턴대학에 머물렀다. 프랑스 소르본대학에서는 퀴리 부인과 남편 피에르 퀴리가 방사능 물질인 라듐 추출에 노력하고 있었으며 영국 캐번디시 연구소의 어니스트 러더퍼드는 퀴리 부인과 물질의 기본 구조에 대하여 활발한 의견을 나누었다. 이 대서양 학문 공동체에서 원자물리학과 양자역학이 태동하였다.

나. 보편교육의 위기

교육의 품질

대다수 신문, 방송, 인터넷 기사들은 2021년 대학 입시에서 대량 미달 사태가 발생한 원인으로 기록적인 수준의 저출산을 거론하고 있다. 대학에 지원할 고등학교 3학년 학생이 크게 줄었기 때문에 그런 사태가 발생했다는 것이다. 필자는 저출산이 대학 위기를 촉발했지만 보다 근본적인 이유가 있다고 생각한다. 필자는 대학 위기의 근본 원인은 대학이 교육의 품질을 확보하지 못했기 때문이라고 본다. 교육의 품질 저하는 전 세계적인 문제이다. 『성취가 적은 우리 대학들Our Underachieving Colleges』을 저술한 하버드대학 데렉 복Derek Bok 총장[113], 『대학은 가치가 있는가』를 저술한 미국 교육부 장관 윌리엄 베넷William Bennett, 『왜 대학에 가는가』[114]를 쓴 앤드루 델반코Andrew Delbanco 교수 등 다수의 지성인들은 미국 대학의 교육 품질 문제를 지적하고 있다. 유럽의 대학들은 괜찮은가? 아니다. 『유럽의 대학 : 어디로 갈 것인가』에서 요 리츤Jo Ritzen 세계은행 부총재는 유럽 대학들이 1975~2005년 동안 학생 1인당 교육비가 하락하고 수학 기간이 단축되어 교육 품질이 하락했다고 보았다.[115] 왜 교육은 품질이 중요한가? 경제학을 적용해 보면 교육이란 일종의 서비스이며, 그중에서도 경험재에 가까운 상품이다. 다시 말하면 교육이란 영화와 비슷하게 경험해 보아야 품질이 드러난다는 의미이다.[116] 그리고 품질에 따라서 그 가치가 천차만별하다는 의미이다.[117] 음식점도 마찬가지이다. 어떤 음식점은 손님이 미어터지고 바로 그 옆의 음식점은 정적에 싸여 있다. 우리는 어떤 맛집이 유명하다고 소문이 나면 두메산골이라도 찾아간다. 집 근처 식당의 두부찌개와 맛집으로 소문난 음식점의 두부찌개는 전혀 다른 음식으로 인식된다. 오랜만에 맛집에 가면 감칠맛 나는 음식 앞에서 인증샷도 날릴 것이다! 대학이 어디에 있든 교육 품질이 훌륭하다고 소문이 난다면 교육이 사회적 지위를 결정하는 상황에서 어디인들 가지 않겠는가? 왜 안 오는가? 답은 명확하지 않는가?

만약 대학 위기의 원인이 여러 학자들이 지적하고 있는 것처럼 교육의 품질을 확보하지 못한 데에 있다면 다음 질문은 "무엇이 교육의 품질을 떨어뜨렸는가?"라는 질문에 부딪치게 된다. 오늘날 대학 교육이 수준 높은 품질을 확보하지 못한 원인은 무엇인가? 『대학 교육 필수화와 보편화의 함정』에서 오욱환 교수는 대학 교육이 엘리트 육성 교육에서 보편교육으로 변화한 것이 그 원인이라고 본다.[118] 이현청 박사 역시 『왜 대학은 사라지는가』에서 대학의 생존 조건으로 교육의 품질을 강조하고 있다.[119] 원래 대학 교육이란 엘리트들만이 받을 수 있던 소수 정예 위주의 교육이었다. 볼프강 베버Wolfgang Weber의 『유럽 대학의 역사』를 보면, 현대 대학의 원형은 유럽 르네상스 시대에 태어났다. 프랑스 파리대학과 이탈리아 볼로냐대학이 원형이었다.[120] 초기 대학은 학생과 교수들의 공동체였다. 교수와 학생들은 칼리지college에 있는 식당에서 공동 식사를 하는 등 기숙을 같이하였다. 그러한 대학의 원형은 영국에도 전파되어 영화 "해리포터"에 나오는 고풍스런 건물로 가득 차 있는 영국 명문대학들의 원형이 되었다.

우리의 상황은 어떠한가? 2020년 대한민국 고등학생의 대학진학률은 79.4%에 달했으며 고등교육 이수율은 2016년 현재 70%로 OECD 국가들 중에서도 1등을 차지하고 있다.[121] 우리 대학 교육은 한마디로 보편교육을 하고 있다. 사실 보편교육은 국가경쟁력 확보 차원에서 보면 굉장한 업적이다. 클라우디아 골딘Claudia Goldin과 로렌스 카츠Lawrence Katz는 주목할 만한 저서 『교육과 기술의 경주The Race Between

Education and Technology』에서 미국 국가경쟁력의 원천이 교육에 있다는 견해를 밝히고 있다. 골딘과 카츠는 미국이 20세기 초반 청년들을 고등학교로 보내자는 운동과 20세기 후반 청년들을 대학으로 보내자는 운동을 통해 두 번에 걸쳐서 보편교육을 시행했다는 사실을 설득력 있게 보여주고 있다. 미국은 두 번에 걸친 보편교육 시행 결과 유럽 국가들에 비하여 높은 교육경쟁력을 확보할 수 있었다.[122] 우리도 마찬가지이다. 고등교육을 받은 청년들이 기업과 정부부처, 연구기관에 들어가 국운을 개척한 것이다.

그러나 보편교육은 현대 대학모델인 연구중심대학과 충돌한다. 만약 대학이 연구중심대학인 동시에 보편교육을 시행하는 존재라면 벌써 목표가 두 개가 된다. 교수에게 많은 학생들을 가르치는 동시에 엄청난 인용 횟수를 자랑하는 많은 논문들을 생산하라고 하면 가능할까? 미국의 경우는 대학이 크게 연구중심대학과 교육중심대학으로 구분되어 있다. 예를 들어 우리가 자주 들어 알고 있는 미국의 하버드대학, 매사추세츠공과대학, 시카고대학 등 명문대들은 모두 연구중심대학이다. 미국의 경우 연구중심대학은 미국 전체 3,500개 대학 중에서 3%를 차지하는 125개 정도이다.[123] 한편 미국에는 세인트존스대학과 같이 교육에 특화한 대학도 있다. 세인트존스대학은 4년 동안 교육과정 전체가 서양 고전 강독으로만 구성되어 있는 인문학 특성화 대학이다. 우리는 어떤 상황인가? 대부분 대학들이 연구중심대학인 동시에 교육중심대학이라고 할 수 있다. 예를 들어 생겨난 지 얼마 안 된

신설대학이라고 해도 소속 대학 교수들은 연구 논문의 편수, 품질로 승진이 결정된다. 우리 대학들은 연구와 교육이라는 두 마리 토끼를 둘 다 잡으려고 진군해왔다. 그러다 보니 연구중심대학이라고 하기에는 연구 실적이 빈약하고, 교육중심대학이기에는 교육에 집중하지 못하고 있다. 이 와중에 교육 품질은 행방불명이 되고 말았다.

스승과 제자

교육에 품질 문제가 생겼다면 교육을 하는 스승과 교육을 받는 제자에게 무언가 일이 생긴 것이다. 교육 품질 문제를 분석하기 위하여 뇌과학 카메라를 동원해보자. 인지분야 연구로 노벨상을 수상한 에릭 캔델 Eric Kandel은 자서전 『기억을 찾아서』에서 인간은 차가운 사실에만 근거해서는 결단할 수 없다고 말하고 있다.[124] 그러면 일상생활에서 무엇이 사실과 결합해야 칼로 내리치는 것 같은 명확한 결단을 내리게 되는가? 바로 감정이다. 서양철학에서는 텔레비전 드라마 "스타트랙"에 등장하는 우주선 엔터프라이즈호의 과학 장교 스팍을 보면 알 수 있듯 오랫동안 이성을 중요하게 생각했으며 감정은 숭고한 이성에 대한 훼방꾼 정도로 여겨왔다. 그러나 뇌과학은 감정이야말로 인간 의사결정에 핵심적 역할을 한다는 것을 보여주었다. 안토니오 다마지오 Antonio Damasio는 『데카르트의 오류』, 『스피노자의 뇌』, 『느낌의 진화』 등 일련의 저서에서 감정은 정신적 평가 메커니즘이라고 하였다. 즉,

감정은 가치판단을 내리는 메커니즘이다. 그는 번연계와 전전두피질에 손상을 입은 환자들이 정상적 의사결정을 하지 못하는 임상실험결과에 주목하였다. 사실 번연계는 '파충류의 뇌'라고 부를 만큼 뇌 기관들 중에서도 오래된 부분이고, 전전두피질은 인간 두뇌에서 현저하게 발달한 부분으로 베를린 관현악단의 전설적 지휘자 헤르베르트 폰 카라얀 같은 역할을 담당한다. 다마지오는 두뇌의 번연계가 손상되면 두려움, 분노, 혐오, 놀람, 슬픔, 행복 등 일차적 감정 메커니즘이 손상되고, 두뇌의 전전두피질이 손상되면 동정, 당혹감, 수치, 가책, 긍지, 질투, 부러움, 감사 등 이차적 감정메커니즘이 손상된다고 보았다.[125]

필자는 젊은 시절 등산하다가 몇 번 뱀과 마주친 적이 있다. 한 번은 무거운 배낭을 메고 산길을 가다가 뱀을 본 적이 있고, 다른 한 번은 수통에 물을 넣으려고 샘가에 갔다가 뱀과 마주친 기억이 있다. 오랜 세월이 지난 지금도 생생히 기억을 하고 있을 만큼 누구나 뱀과 마주치면 공포감에 사로잡힐 것이다. 감정 분야의 개척자 중 한 명인 조지프 르두Joseph LeDoux는 저서 『느끼는 뇌』에서 행동이 일어나려면 두뇌의 인지적 회로만으로는 충분하지 않고, 감정적 회로와 협동해야 한다고 보았다. 갑자기 뱀과 마주친 경우, 대뇌피질 속에 저장되어 있는 뱀에 대한 장기기억을 인지적 과정을 통해서 불러내는 것만으로 인간이 펄쩍 뛰는 반응을 보이지는 않는다는 것이다. 조지프 르두는 뱀이라는 시각 신호가 인지적 과정을 통해서 대뇌피질 안의 장기기억을 불러낼 뿐만 아니라 대뇌피질 하부에 있는 편도체를 활성화시켜야 펄쩍 뛰는 반응을 보이게 된다고 보았다. 편도체는 감정을 관장하는 기관인 동시에 기억을 담당하는 기관인 해마와 연결되어 있기 때문에 뱀을 본 자극은 편도체에서 공포감을 발현시키고, 기억을 불러일으켜 펄쩍 뛰는 강한 행동을 만들어낸다.[126]

그러면 누가 감정을 담당하는 변연계와 고차원적 지능을 담당하는 전전두피질 간 연락병 노릇을 하는가? 앨런 재서노프Alan Jasanoff의 『생물학적 마음』에 의하면 신경전달물질은 100종 이상 존재한다.[127] 그중에서 독자들이 친숙한 도파민이 그 역할을 담당한다. 앨코논 골드버그의 『창의성』을 참조하면 도파민의 거점 아지트는 두뇌 깊숙이 숨어 있는 복측피개영역VTA이다. 복측피개영역의 뉴런들은 전전두피질, 해마, 편도체 등 다수의 뇌 기관들로 도파민 돌기들을 보낸다. 모종의 자극이 전전두피질과 편도체에 오면 전전두피질이나 편도체는 가장 원시적인 기관인 뇌간에 가까운 복측피개영역에 신호를 보낸다. 그러면 복측피개영역은 도파민을 통해서 신피질, 해마 등에 신호를 보내서 유기체가 뱀에 초점을 맞추도록 촉구한다.[128] 조지프 르두 역시 『시냅스와 자아』에서 감정을 자극하는 요인이 있으면 뇌는 동기화 상태에 놓이게 된다고 말한다.[129]

뇌과학은 감정의 흥분이 있어야 행동이 일어난다는 얘기를 하고 있다! 그렇다면 대학의 스승인 교수는 언제 감동을 느끼고 흥분하는가? 『맹자』에서 보듯이 예전 선비들의 꿈은 천하 영재를 구하여 가르치는 것이었다.[130] 오늘날의 대학 교수들은 상황이 다르다. 대다수 교수들은 연구를 최고의 사명으로 여긴다. 예를 들어보자. 뇌과학의 성배는 의식에 관한 연구이다. 감히 여기에 도전장을 낸 교수가 있다. 아예 책 이름이 『의식』인 책의 저자 크리스토프 코흐Christof Koch 교수는 자신의 연구실에 24명의 대학원생들과 같이 공동으로 연구하고, 논문도 공동 생산하니 연구실은 정말 하나의 마을이다.[131] 『네이처』 같은 유명 학술지에서 투고한 논문이 게재 확정되었다고 연락이 오는 순간, 그는 자신이 일류학자 반열에 올랐다는 벅찬 흥분 속에서 연구실 식구들과 기쁨을 나눌 것이다.

제자인 대학생들은 언제 감동을 느끼고 흥분하는가? 미국 캘리포니아대학 산타바바라 캠퍼스의 경제학 교수 두 명은 2010년 「한가한 미국 대학Leisure College, USA」이라는 논문을 발표하였다. 논문 내용에 따르면, 1961년 미국 대학생들은 일주일에 40시간을 학업에 투입한 반면, 오늘날 미국 대학생들은 일주일에 27시간을 학업에 투입하고 있다. 이처럼 미국 대학생들의 공부량은 감소한 반면, 여가활동에 쏟는 시간은 일주일당 9시간 늘어났다.[132] 즉, 미국 대학생들은 공부 투입에는 시간을 줄이는 반면, 여가에 들어간 시간은 늘리고 있는 것이다. 왜 대학생들은 공부에 많은 시간을 투입하지 않는가? 뇌과학을 활용하여 설명해보면 현재 학부의 표준화된 보편교육 모델은 학생들에게 학습에 대한 흥분과 감동을 충분히 제공하지 않기 때문이다.[133] 감동이 적으니 동기부여가 안 되고, 동기부여가 안 되니 학습이 일어나지 않는 것이다. 과거의 엘리트 육성 대학 모델은 학생들에게 남보다 내가 우월하다는 엘리트 의식을 제공했다. 그리고 엘리트 의식은 학생들에게 학습을 하도록 자극하였다. 그러나 보편교육 현장에서는 학습에 대한 자극이 충분하지 못하다. 사람은 자신이 중요한 일을 하고 있다고 느낄 때 흥분한다.

왜 공부량이 줄었는지 인류학과 영장류학의 카메라를 동원해보자! 오늘날 학계는 인류가 전체 생존기간의 99% 기간 동안 수렵·채집인이었다는 데 동의하고 있다. 에드워드 윌슨의 『인간 본성에 대하여』[134], 제인구달연구센터 소장인 크리스토퍼 보엠의 『도덕의 탄생』, 마이클 토마셀로 교수의 『생각의 기원』[135]에서 묘사된 인류 초기 조상들은 수렵·채집을 하면서 대형동물들을 사냥하였다.[136] 커다란 사냥감은 지방 함량이 무척 많고 영양가가 높아서 모든 구성원들이 좋아하는 음식이기 때문이다.[137] 성인식을 치른 젊은 남자라면 노련한 성인 남자들과 함께 사냥에 참가하였을 것이다. 사냥의 결과 거대한 매머드가 쓰러지면 젊은 사냥꾼에게는 무언가 거대한 일을 해냈다는 벅찬 감동이 밀어닥쳤을 것이다. 그러나 보편교육이 베풀어져서 대학문이 넓어진 오늘의 대학생들은 거대한 매머드 사냥에 참가했던 수렵·채집사회의 젊은 남자와 같은 벅찬 감동을 느낄 수 있을까? 대학생들은 교실에서 수업을 들으면서 자신이 엄청난 일을 해내고 있다고 흥분하고 감동하고 있을까? 오히려 대학생들은 공부 외적인 데서 흥분과 긴장감, 감동을 찾고 있는지 모른다. 공부에 매진할 동기가 부족한 것이다. 요약해보면 학부 교육의 공급자인 교수나 교육의 수요자인 대학생 모두 교육에 대한 동기가 충분하지 않는 것이다.

다. 교양교육의 위기

교양교육

유럽은 르네상스 시절부터 교양인 육성을 목표로 하여 교육을 시켰다. 미국 대학들은 인성교육의 전통을 가지고 있다.[138] 시카고대학은 유명한 허친스총장시절에 고전 읽기를 도입하였으며, 콜롬비아 대학에서는 입학생이 다양한 인종들로 구성되기 시작하자 미국인의 융합을 위하여 서양고전들을 읽게 하였다. 이러한 전통은 여러 대학으로 확산하여 오늘날 미국 대학의 전통이 되었다. 그러나 최근 들어 미국 대학들도 인문학을 멀리하여 제니퍼 워시번 Jennifer Washburn의 『대학 주식회사』[139], 마이클 로스 Michael Roth의 『대학의 배신』[140], 프랭크 도나휴 Frank Donoghue의 『최후의 교수』[141] 등에서 볼 수 있듯이 인문학의 몰락에 대한 경고들이 나오고 있다. 오늘날 우리 대학에는 교양교육에 대한 전통이 있는가? 교양교육의 의미를 알려면 반대쪽을 쳐다보아야 한다. 현대는 전문가의 시대이다. 대학 교육도 전문가 양성을 목표로 하고 있다. 전문가들은 자신의 분야에 특별한 지식을 가지고 있다. 이제 전문가에 의존하지 않고서는 사회유지가 어려울 지경이다.[142] 도날드 쇤 Donald Schon은 명저 『전문가의 조건』에서 그동안 당연시되었던 전문가의 역할에 대하여 의문을 제기하고 있다. 20세기 후반부터 전문가의 현실 이해부족, 전문가처방의 부적절성, 전문가 자신의 딜레마 등으로 대중의 불만이 고조되고 있다는 것이다.[143]

필자 생각에 전문가들에 대하여 비판이 발생하고 있는 이유는 전문가들이 대면하는 문제 자체가 개별적인 문제로 고정되어 있지 않고, 한 분야 문제가 다른 분야 문제와 서로 상호작용하기 때문에 한 분야의 전문지식만으로는 해결하기 어렵기 때문이다.[144] 여기에 대처하는 전문가들의 무기는 기술적 합리성 모델이다. 이 모델의 관점에서 보면 전문가의 실천과정은 일종의 문제해결 과정이다. 기술적 합리성 모델의 장점은 문제가 명확하게 규정되기만 하면 알고리즘에 의한 기계적 과정으로 문제는 해결된다. 그러나 기술적 합리성 모델의 딜레마는 문제 규정이 기술적 문제해결을 위한 필수조건이지만 문제 규정 자체는 기술적 문제가 아니라는 데 있다. 다른 말로 해서 문제를 규정하면 문제를 해결할 수 있는데 문제 자체를 발견하거나 규정하는 것은 어렵다는 것이다.[145] 현실이 이렇다 보니 야마구치 슈가 『뉴타입의 시대』에서 얘기한 해결책은 넘쳐나는데 문제가 부족한 기현상이 벌어지고 있는 것이다.[146]

이에 대한 해결책은 무엇인가? 교양교육이라고 본다. 필자는 현재의 교양교육을 심화시키는 방향으로 나가야 한다고 본다. 다른 나라 사례를 살펴보자. 김지현 교수와 신의향 교수가 공저한 『대학의 학부 교육』을 보면 미국의 예일대학이나 시카고대학, 노트르담대학 등은 공통적으로 대학생들에게 고전을 읽히고 있다. 공통적으로 언급되는 고전으로는 호메로스의 『일리아드』, 『오딧세이』, 소포클레스의 『안티고네』, 베르길리우스의 『아이네이스』, 단테의 『신곡』, 세르반테스의 『돈키호테』, 세익스피어의 『리어왕』 등의 문학작품과 플라톤, 아리스토텔레스, 데카르트, 칸트 등의 철학고전, 마키아벨리의 『군주론』, 헤로도투스의 『역사』 등 정치와 역사 고전 등이 있다.[147] 세계 우수대학으로 평가받고 있는 싱가포르국립대학은 "천국 같은 수학", "기술, 조직 그리고 인간을 다시 생각한다", "상호작용과정에서의 감정의 이해" 등 다양한 교양과목을 설치하고 있다.[148] 앨런 블리클리Alan Bleakley의 『의료인문학과 의학 교육』을 보면 의학에도 인문학과의 학제 간 교육과정이 제안되고 있다. 블리클리 교수는 의과대학생들이 의과대학을 떠나면서 공감을 잃어간다는 허자트Hojat 연구팀의 연구 결과를 인용하면서 임상의에게 필요한 침상 교육을 위해서는 인문학이 의학교육에 필요하다고 말하고 있다.[149] 의사뿐이겠는가? 인공지능 시대를 맞이하여 인간의 공감을 단련시켜주는 고전들은 미래 인간들에게 경쟁력을 길러줄지 모른다.

디지털 인성

인성人性이란 무엇인가? 공감능력이 아닐까? 로빈 던바Robin Dunbar의 『멸종하거나, 진화하거나』는 네안데르탈인 노인에 관한 이야기를 전해주고 있다. 이란의 샤니다르Shanidar 유적에서 발견된 신체장애가 있는 네안데르탈 노인 유골과 프랑스 라 샤펠La Chapelle 유적에서 출토된 늙은 남성 네안데르탈인 유골은 이들이 직접 먹이 사냥을 할 수 없을 만큼 신체적으로 몹시 약했던 것으로 보인다.[150] 네안데르탈인이 노인이 될 때 까지 살아 있었다면 적어도 젊은이들이 식량 조달 능력이 부족한 노인들을 위하여 식량을 대신 제공했을 가능성이 크다. 그렇다는 이야기는 젊은 네안데르탈인은 노인 네안데르탈인의 처지에 대하여 공감했다는 얘기이다. 유교경전『중용』은 유명한 천명지위성天命之謂性, 즉 하늘이 만물에 부여해준 것을 본성이라고 하는 말로 시작한다. 인성교육은 하늘이 인간에게 부여한 본성을 함양하는 것이다.[151] 다중

[그림 4] 네안데르탈인의 공감

지능이론을 세운 하워드 가드너Howard Gardner 교수는『인간은 어떻게 배우는가』에서 서양이나 동양이나 모두 전인교육을 해왔다고 말했다. 그리스 교육은 신체적으로 강인하고, 정의로우며 지식을 생산하는 사람을 성숙한 사람으로 보았다.[152] 유교에서는 음악, 서화, 무술에 능하고, 가족과 국가에 충성하고, 인간관계에서는 공정하고 겸손한 것을 주요 덕목으로 삼았다.[153] 예전에 지하철이나 버스를 타면 책을 읽고 있는 사람을 자주 볼 수 있었다. 오늘날은 어떠한가? 디지털 세계에서 인성이란 어떻게 되는가? 여기에는 두 가지 견해가 대립하고 있다. 한쪽에서는 디지털 시대가 학생들에게 긍정적 효과가 있다고 주장한다. 돈 탭스콧Don Tapscott은『디지털 네이티브』에서 정보화 시대를 맞이하여 새로운 것을 배울 수 있는 능력이 필요하다고 말하며, 캐나다 퀘벡주 코완스빌에서는 노트북 컴퓨터를 학생 개인별로 제공한 결과 문해력이 12% 향상되었고 결석은 26% 감소한 것으로 나타났다는 증거를 제시했다.[154] 마크 프렌스키Marc Prensky는 오늘날 학생들이 강의 듣는 것을 싫어하고, 전 세계 동료들과 연결하고 싶어 한다고 주장한다.[155] 또한 디지털 세계는 학생의 연결욕구를 만족시킨다고 보았다. 그러나 영향력 있는 뇌과학자 수전 그린필드는 현재 교육이 위기 상태라고 진단하고 있다. 그녀는『마인드 체인지』에서 최근 30년간 미국 대학생 1만 4천 명을 대상으로 수집한 자료를 분석한 결과, 공감 수준이 전반적으로 쇠퇴하고 있었으며, 특히 과거 10년간 공감 수준이 가파르게 감소한 것으로 나타나고 있다고 밝혔다.[156]

수전 그린필드 박사는 이 급격한 공감능력 감소 시기가 디지털 원주민 사이에 SNS가 확산된 시기와 일치한다고 말하고 있다. 물론 양자 간의 인과관계를 통계적으로 검증한 것은 아니다.[157] 수전 그린필드 박사는 페이스북 등 소셜 네트워크가 현실 세계에서 보다 더 긍정적인 감정을 드러내게 하고, 현실에서 탈출할 기회를 제공한다는 점에서 긍정적인 면이 있다고 말한다. 그러나 이와 동시에 중요한 문제를 의논할 사람이 전혀 없다고 말한 사람들의 숫자가 지난 20년 동안 세 배로 증가한 점에서 그린필드 박사는 소셜 네트워크의 부정적 측면과의 관련성에 주목하고 있다.[158]

독일의 의사인 만프레드 스피처Manfred Spitzer는 『사이버 스트레스』에서 디지털 정보기술이 삶의 모든 영역에 개입하자 통제력 부족으로 인해 삶에 대한 무기력증이 발생하고 있다고 말한다.[159] 스피처는 최근 저서 『노모포비아 스마트폰이 없는 공포』에서 2016년 독일의 루돌프 캄메를Rudolf Kammerl 연구팀이 학생 각자에게 자신의 디지털 기기를 가져오게 한 뒤 관찰한 연구 결과를 인용하고 있다. 초중고생, 대학생, 심지어 교사들까지 수업 내용과는 거리가 먼 문자 메시지나 게임을 하고 있는 것으로 자주 나타났다.[160] 『외로워지는 사람들』이라는 책을 써서 사이버 시대의 마가렛 미드라는 격찬을 받은 매사추세츠공과대학의 셰리 터클Sherry Turkle은 기계와 인간과의 상호작용에 대하여 연구하고 있다. 터클에 의하면 전화 통화는 가족끼리나 하는 것으로 바뀌고 말았다. 나머지 사람들과는 문자나 메시지로 의사소통한다.

그렇지만 누군가 인터넷을 통해 잘못을 사과하면 인터넷 공간에서 미안하다고 말하는 것은 사과가 아니라고 불편해하는 이중적 태도를 취한다.[161] 셰리 터클은 최신작 『대화를 잃어버린 사람들』에서 정신과 의사인 데니얼 시겔Daniel Siegel의 연구 결과를 인용하고 있다. 아이의 정서가 발달하는 데는 시선의 마주침이 필요하다는 것이다. 시선을 마주치지 못하면 아이는 단절된 느낌이 지속되고 공감능력 형성에 어려움을 겪는다고 이야기한다.[162] 디지털 시대 인성이란 무엇인가?

미래의 인성교육

프리드리히 니체는 『차라투스트라는 이렇게 말했다』에서 신의 죽음을 선포하였다. 그런데 신과 결별한 인간은 어떤 상황에 놓여 있는가? 찰스 다윈은 『인간의 기원』에서 6개월 된 태아의 온몸이 빽빽하게 솜털로 덮여 있는 것에 주목하고, 이는 하등동물이 가지고 있던 체모의 흔적이라고 보았다. 또한 인간은 다른 동물과 마찬가지로 맹장을 가지고 있는데 맹장 충수가 매우 짧은 것은 인간의 식성이 변했기 때문이라고 보았다. 인간의 꼬리뼈는 다른 척추동물의 꼬리와 일치한다고 말한다. 다윈은 해부학적 증거들을 비추어볼 때 인간은 공통의 조상으로부터 유래했다는 것을 솔직하게 인정해야 된다고 말하고 있다.[163] 지그문트 프로이트는 인간행동의 근본 원인은 인간의 성적 충동이라고 주장하였다. 따라서 고상한 신사 숙녀라도 그들의 마음속에는 온갖 본능이 꿈틀거리고 있다고 이야기했다. 경제학은 사람을 욕망에 따라 재화를 선택하는 소비자로 간주함으로써 중세시대 동안 억누르고 있었던 욕망이라는 판도라의 상자를 개봉하였다. 20세기 중반 식민지에서 독립한 많은 개발도상국들이 경제 발전을 국가의 목표로 세우게 되었다. 경제가 발전하면 각 개인에게 돌아갈 기회가 많아지고 그렇게 되면 자신의 꿈을 실현할 가능성이 커지므로 긍정적인 효과가 있었다. 문제는 사람들이 더 이상 고상한 측면을 추구하려고 애쓰지 않아도 된다는 점이다. 일종의 면죄부를 받은 셈이다. 동물행동학은 인간의 많은 부분이 동물의 행동과 상당히 유사하다는 점을 보여주었다. 침팬지 무리를 연구한 프란스 드 발은 침팬지들이 마키아벨리 뺨칠 정도로 교묘한 정치적 수난을 구사하고[164], 우리에 떨어진 아기를 구해주는 등 공감능력을 가지고 있음을 생생하게 보여주었다. 동물행동학에서 바라본 인간은 동물과 큰 차이가 없었다. 여기에 2010년 이후 인공지능의 발전은 인간보다 학습능력이 우수한 기계적 존재의 출현을 알리고 있다. 왜 인성교육은 좌초되고 말았는가? 인간의 학문 안에서 인간의 지위가 날로 약화되기 때문이다.

생물학 → 심리학 → 경제학 → 동물행동학 → 인공지능

필자 생각에 이제 인성교육을 재건해야 한다. 어떻게 해야 인성교육을 재건할 수 있을까? 인성교육이 위기에 빠진 것은 17세기 이후 학문의 발전에 따른 불가피한 결과였다. 그러므로 인성교육을 제자리로 돌려놓기 위한 일도 학문에서 시작되어야 한다. 17세기에 유럽에서 과학혁명이 일어난 뒤 300년 동안 학문 공동체는 물리학, 화학, 지질학, 동물학, 식물학, 천문학에서 보듯이 인간의 물질적 환경을 이해하는 데 집중해 왔다. 그러나 21세기는 인간에 대한 새로운 이해에 디딤돌을 놓는 세기가 될 것으로 전망된다. 최근에는 캘리포니아대학 산타크루즈 캠퍼스의 리처드 그린Richard Green 교수 연구팀은 화석에서 추출한 게놈 비교 결과 현생 인류의 유전자 중에서 네안데르탈인이나 데니소바인과 구별되는 유전자는 1.5%에 불과하고 나머지 98.5%는 고인류들과 공유하고 있다는 연구 결과를 발표하였다.[165] 인류학에서 침팬지는 경쟁하는 존재인 반면에 인간은 협력하는 존재라는 견해가 나왔다.[166] 동물행동학에서 침팬지도 문화를 가지고 있다는 증거가 제시되는 등 인간의 친척에 대한 이해도 깊어지고 있다. 뇌과학은 기능성자기공명영상, 양전자방출단층촬영PET, 단일광자단층촬영SPECT 같은 혁신적인 도구로 뇌 영상을 처리하여 감정과 이성이 하나의 통합된 시스템이라는 것을 보여주고 있다. 이처럼 21세기 들어 고인류학, 인류학, 동물행동학, 뇌과학의 연구 성과들은 현생 인류의 기원과 인간 존재에 대해 보다 심오한 이해를 가져다 줄 것이다. 한편 2010년 이후 인공신경망 모델이 나오면서 인공지능은 비약적 성장을 하고 있으며 로봇 기술과 융합을 통해서 인공지능 로봇을 현실화할 전망이다. 인공지능 로봇의 출현은 과연 인간이란 어떤 존재여야 하는가에 대하여 많은 질문을 던지고 있다. 이제 고인류학, 영장류학, 동물행동학자들과 뇌과학자, 인공지능 및 로봇 연구자들이 학문 공동체를 구축하여 인간이란 존재에 대하여 대화를 나누어야 한다. 그리고 인성을 다시 정의해야 한다. 그 결과로부터 새로운 인성교육이 태동할 것으로 전망된다.

라. 거대한 성인교육 시장

조선시대 기근이 발생하여 식량이 모자라면 백성들은 초근목피草根木皮, 즉 풀의 뿌리와 나무껍질로 연명했다고 한다. 오늘날 대학 정원을 채우기 위한 대학 당국의 노력도 이와 유사하다. 입시철이 되면 대학 교수들은 학생 모집에 고심하고 있다. 이것도 모자라 국제교류 협력처의 교수와 직원들은 비행기를 타고 이 나라, 저 나라로 뛰고 있다. 해외 유학생들을 모셔오기 위해서이다. 부족한 학생을 채우기 위해서 말이다. 우리 속담에 "죽을 병 근처에는 반드시 살 약이 있다"라는 말이 있다. 대학들이 학생 감소로 신음하고 있다면 주위를 잘 살펴야 한다. 혹시 근처에 대학에 들어오고 싶어 하는 학생들이 있는지! 사실 우리 주위에는 거대한 교육 시장이 존재하고 있다. 이미 대학들은 그러한 시장에 발을 담가왔다. 무슨 시장인가? 바로 성인교육 시장이다. 우리들이 인식하고 있지 못하지만 이미 대학들은 그 시장에 노크해 왔다. 경영대학의 경우라면 어느 대학이나 최고경영자 과정이라는 이름으로 성인교육을 하고 있다. 사범대학에서는 오래전부터 교사들을 대상으로 교육대학원이라는 기관을 세워 별도로 보수교육을 해오고 있다. 필자 생각으로는 이러한 성인교육을 보다 심화시킬 필요가 있다는 것이다. 그리고 이러한 심화과정을 통하여 새로운 성인교육 시장을 창출해내야 대학이 산다. 필자가 말하고 싶은 것은 지금까지 해오던 것을 보다 견고한 철학을 토대로 성인교육을 새롭게 구축하자는 것이다.

대학에 몸담아 온 필자도 생각해본다. 학생 모집에 어떤 대안이 있을까? 필자 생각에 세 가지 대안이 있다. 첫째는 출산율을 높여서 고등학교 3학년 학생 수를 늘리는 방법이고, 둘째는 해외 유학생을 많이 받는 것이다. 그리고 셋째는 성인 학습자를 받는 것이다. 이 중에서 어떤 방법이 가장 타당할까? 하나씩 살펴보자! 먼저 출산율을 높이는 방법이다. 놀라운 점은 경제 성숙도가 높은 국가일수록 출산율이 낮다는 점이다. 2020년 통계자료를 보면 한국(0.9명)뿐만 아니라 대만(1.0명), 홍콩(1.1명), 싱가포르(1.1명) 등 산업화에 성공한 아시아 네 마리 호랑이 모두 세계 최저 수준의 출산율로 신음하고 있다는 점이다.[167] 그뿐만이 아니다. 중국(1.5명), 태국(1.5명), 말레이시아(1.8명) 등 경제 성숙도가 높은 다른 아시아 국가들도 출산율이 낮음을 알 수 있다. 인도도 둘째를 낳으면 불임 수술하는 경우가 많다고 한다.[168] 중국도 출산율이 1960년 6.2명에서 1979년 2.5명으로 급감하였다.[169] 출산율을 높이려면 왜 우리가 낮은 출산율에 빠져 있는지 살펴보아야 한다. 왜 저출산인가? 단기적으로는 결혼 연령이 늦어져서, 첫째 아이는 낳지만 두 번째 아이를 출산할 시기를 놓치기 때문이라고 한다. 남녀 모두 직장 생활을 하는 현대 사회의 특성에서 오는 문제이기도 하다.[170] 이미 우리 사회는 여성들의 사회 진출을 당연시하고 있는 방향으로 나아가고 있다. 이러한 문화적 추세를 돌이킬 수 있을까? 이는 대학 차원을 벗어나는 문화적 차원의 문제이다. 더구나 저출산은 도시화라는 현대 문명의 거대한 조류와 관련 있다. 도시화율이 높아질수록 출산율은 하락하고 있다.[171] 그렇다면 소수의 명문대학을 제외하고 다수의 대학들이 고3 학생으로 정원을 채운다는 것은 불가능한 일인 것이다. 인정할 것은 인정하자!

그러면 플랜 B는 무엇인가? 해외 유학생을 받는 것이다. 호주 대학 중에서는 전체 학생 중 외국 유학생 비중이 20%에 가까운 대학도 있다고 들었다. 어떻게 그것이 가능할까? 영어로 강의하기 때문에 세계 각지에서 유학생들을 받을 수 있기 때문이다. 우리 대학들도 호주 대학처럼 유학생을 대규모로 받기 위해서 각 학과에 원어 강의 과목을 많이 개설하고 홈페이지에 광고를 해야 한다. 원어 강의를 가능하게 하기 위해 외국인 교수들을 많이 초빙해야 한다. 이것이 가능할까? 어떤 학과 전체 교수가 열 명이라고 생각해보자. 그리고 그중에서 3~4명이 외국인 교수들이고 대부분 잘 웃어주지만 한국어를 전혀 못한다고 상상해보자. 그리고 동시에 한국인 교수들은 영어로 어느 정도 의사소통을 할 수 있지만 깊은 의미의 의사소통은 어렵다고 생각해보자! 학과 교수회의 때 어느 나라 말로 회의를 할 것인가? 필자가 유학 중 기숙사 생활을 할 때 식당에 가면 한국인 유학생들끼리 모여서 식사를 하였다. 모임의 변명은 "수업시간에 영어 강의 듣기도 힘들어 죽겠는데 밥이라도 편히 먹자!"였다. 해외 유학생을 많이 받으려면 소속 학과 교수 중 외국인 교수들이 전체의 30~40%는 되어야 한다고 본다. 그렇게 하기 위해서는 우리 대학의 조직 문화에 일대 변혁이 일어나야 할 것이다. 그러나 누구나 인정하듯 문화를 바꾸는 것은 쉽지 않은 문제이다.

필자는 제3의 방법을 제시하고자 한다. 이는 성인 학습자들을 발굴하는 방법이다. 이현청 박사에 의하면 우리나라에 대학 교육을 받는 것을 희망하는 성인 학습자는 1,800만 명에 달하고 있다.[172] 앞서 언급한 출산율 제고를 통한 고3 학생 수준의 회복이나 외국 유학생을 받는 방안에 비하여 성인 학습자들을 대학에 유치하는 방법의 장점은 문화를 많이 바꾸지 않아도 된다는 점이다. 그리고 기존의 교수들을 활용할 수 있다. 필요하다면 건물이나 기자재 등 기존 시설을 활용할 수 있다. 그런 점에서 실현 가능성이 가장 높은 방안이라고 할 수 있다. 성인 입장에서 보아도 100세 시대는 더 이상 한 번만의 대학 교육으로 건널 수 없다는 것은 자명하다. 현대 기술 문명에서 고3을 졸업하고 대학에 입학한 대학 졸업생이 대학에서 배운 지식으로 첫 번째 직장이 종료하는 쉰 살까지 20년 가까이 버티는 것 자체가 대단한 일이다. 100세 시대에 50살 이후 50년을 그냥 은퇴 생활만 할 것인가?

앞으로 우리 국민들을 위한 새로운 인생주기 모델을 수립해야 한다. 누구나 직장을 최소 두 번을 다니도록 설계해야 한다. 50세까지 한 곳 이상의 직장에 다니고 50세 이후에도 20년 가까이 직장 생활을 할 수 있도록 제도가 정비되어야 한다. 50세 이후 직장 생활을 위해서는 재교육이 필요하다. 이때 대학이 성인 학습자를 대상으로 두 번째 대학교육을 제공하는 것이 첫 번째 직장에서 나온 사람들을 구제하고 대학도 살리는 방법이다. 현재 우리 대학들은 전례 없는 위기 상황에 있음은 부인할 수 없다. 대학은 단순한 교육기관이 아니다. 오늘날 상품들이 기술혁신 제품이라는 사실에 비추어 볼 때 수출 진흥정책 차원에서도 연구를 받치고 있는 대학이 계속 붕괴하도록 방치하는 것은 국가전략 상 현명하지 못하다. 전 세계적으로 교육산업의 가치는 4조 6,000억 달러에 이를 것으로 추정하고 있다. 더구나 고령화 사회로 이행하는 사회는 우리만이 아니다. 유럽, 북미 대륙, 동아시아 등 대부분이 이 방향으로 움직이고 있다. 우리 대학들은 1948년 국가 건국 후 70여 년이 지난 지금 질적으로나 양적으로나 많은 발전을 하였다. 이제 적극적으로 성인교육을 발전시켜야 할 것이다.

3. 기술 : 직업의 위기

스스로 노동함으로써만 그대들은 진실로 삶을 사랑할 수 있다.

— 칼릴 지브란, 『예언자』

18세기 말 이후 인류는 끊임없이 직업의 위기에 시달려 왔다. 1차 산업혁명이 일어나자 방직 산업의 숙련근로자들이 직업을 잃을 위기에 처했다. 기계의 도움으로 비숙련근로자가 직물을 생산하니 자신의 손에 기술을 익혀온 전통 장인들에게 위기가 온 것이다. 2차 산업혁명이 일어나 기계가 증기기관에서 전기모터로 바뀌자 공장자동화가 진척되었고, 컨베이어 벨트를 중심으로 대량생산이 가능해졌다. 그러자 넘쳐나는 제품을 감당하지 못해 재고가 쌓이고 대공황은 1929년부터 1939년까지 장기간 지속되었다. 이때 실업률은 25%까지 치솟았다. 3차 산업혁명이 일어나자 공장에는 로봇이 도입되고, 사무실에는 컴퓨터가 도입되었다. 그러자 기업은 블루칼라 근로자를 감축하고, 그 자리는 전문지식으로 무장한 화이트칼라 근로자들의 몫이 되었다. 이제4차 산업혁명이 시작되고 있다. 리처드 서스킨드Richard Susskind와 대니얼 서스킨드Daniel Susskind가 『4차 산업혁명 시대, 전문직의 미래』에서 말한 것처럼 화이트칼라 전문직조차도 위기가 닥치고 있다.[173]

가. 기계의 시대

인간 vs 비인간

현대인은 기계를 떠나 살 수 없다. 기계는 천 가지 얼굴을 하고 있다. 그러나 사실은 하나의 기계이다.[174] 가장 대표적인 기계는 아파트이다. 아파트는 제2의 자궁이다. 아파트는 어머니 자궁이 태아를 보호하듯이 현대인을 감싸 안고 있다. 현대인은 그 안에서 태아와 같이 포근함을 누리고 있다. 아파트는 인체의 혈관같이 물을 공급하는 수도관, 가스와 전기선, 인터넷 케이블이 집 안 깊숙이 들어와 있다.[175] 그리고 뇌, 위, 폐, 간, 대장, 콩팥 등 인체의 장기와 같이 컴퓨터, TV, 가스레인지, 에어컨, 싱크대, 세탁기, 샤워부스, 변기 등 각종 장치들이 달려 있다. 그뿐인가? 엘리베이터는 고층 아파트와 지상을 연결한다. 30층을 계단으로 내려갈 수는 없지 않은가! 요약하면 아파트는 하나의 종합기계이다.

21세기 기술문명 시대의 특징은 우리 주변에서 전형적인 영웅들이 사라졌다는 점이다. 그리고 그 대신 다른 유형의 영웅들이 출현하기 시작하였다. SF 영화에서 정의를 실천하는 영웅들은 비제도권 출신들이다. 즉, 범죄자와 도망자가 주인공이 된다. 최근 방영된 "가디언스 오브 갤럭시"라는 영화를 보면 우주선의 선장인 인간 영웅은 도둑 신분이고 절대적 힘을 가진 물체를 팔려고 애쓴다. 오히려 식물인

그루트는 추락하는 우주선에서 동료들을 구하기 위해 자신을 희생함으로써 영웅적 모습을 보인다. 영화 "토탈 리콜"에서는 범죄 용의자가 대기가 사라진 행성에서 다시 대기를 가져오는 거대 프로젝트를 성공시키는 우주적 영웅으로 나온다. 이 영화들은 어쨌든 인간이 영웅으로 나타난다. 그러나 상당수 영화에서는 인간 대신 비非인간이 주인공으로 나온다. 영화 "블레이드 러너", "로보캅", "육백만 불의 사나이"라는 영화에서는 인간과 기계의 혼합적 존재인 사이보그가 영웅으로 나타난다. 이제는 아예 인간 대신 기계가 영웅으로 나오는 영화들도 나오고 있다. 영화 "터미네이터", "트랜스포머", "아이, 로봇", "에이 아이A.I"와 같은 영화들에서는 로봇이 주인공으로 등장하고 있다. 로봇 판 '엄마 찾아 삼만 리' 스토리인 스필버그 감독의 영화 "에이 아이"에서는 로봇 자체가 주인공이다. 비인간이 주인공인 또 다른 카테고리로는 인공지능이 주인공인 경우가 있다. 고전적인 작품인 "2001 스페이스 오디세이"에서는 인공지능 할 9000이 인간 우주비행사들을 저 세상으로 보낸다. 그 뒤를 이어 "니르바나", "트랜센던스" 같은 작품이 계보를 잇고 있다. 지금까지 소개한 SF 영화들은 모두 인간이 아닌 사이보그나 기계, 인공지능이 주인공으로 등장하고 있고 사람이 나오는 경우라면 범죄자나 도망자 등 제도권 밖의 인물이 주인공이다.[176]

기술의 부상

기술철학자 랭던 위너Langdon Winner는 『자율적 테크놀로지와 정치철학』에서 기술의 개념이 변천되는 것을 보여주었다. 처음에는 기술을 제조업에 필요한 지식으로 정의했지만, 나중에는 모든 물질 문화를 위한 수단으로 보았다. 지금은 절대적 효율성을 가진 합리적 방법의 총체로 파악하고 있다.[177] 과학은 인간에게 어떤 느낌을 주는가? 과학은 무언가 상상력을 자극하는 느낌이 있다. 기술은 어떤 느낌을 주는가? 무언가 대단한 일을 하면서 약간 감정과 괴리된 느낌이 든다. 현대 과학은 어디로 가고 있는가? 그 방향을 알기 위해 과학철학에게 물어보자. 현대 과학철학의 주류는 과학기술학Science Technology Studies이다. 이름부터 과학과 기술이 동등하게 나오고 있다. 기술이 부상하는 만큼 과학이 양보하고 있는 형상이다. 과학기술학은 과학이 자기 자신을 성찰하는 학문이다. 과학철학이 왜 중요한가? 현대를 움직이고 있는 것이 과학이고 그런 과학이 무엇인지 보여주는 학문이 과학철학이기 때문이다. 그런데 과학철학이 크게 바뀌었다. 필자가 대학원에 다니던 시절, 철학과의 과학철학을 청강해보면 카를 포퍼와 토머스 쿤Thomas Kuhn이 과학철학의 대표자였다. 그러나 이제 영국 에든버러 학파의 스트롱 프로그램과 행위자연결망 이론ANT이 전면에 부상하고 있다. 지금으로부터 100년 전인 20세기 초는 하나의 전환점이었다. 1905년 특수상대성이론이 나오고 1920년대 양자역학이 나오면서 뉴턴의 고전물리학은 왕좌의 자리에서 내려왔다. 그러자 과학과는 아무 관련이 없는 철학이 갑자기 과학을 분석하면서 과학철학이 생겨났다. 물론 철학도 할 말은 있다. 원래 과학은 그 명칭이 자연철학이었다. 자연철학이 과학으로 바뀐 건 얼마 되지 않았다. 뉴턴의 그 유명한 『프린키피아』도 책 이름을 번역하면 '자연철학의 수학적 원리'였다. 20세기 후반에 1970년대가 되자 철학뿐만 아니라 사회학도 끼어들었다. 이대로 있다가는 문과 학문이 도태될 것이라는 위기감 때문이었는지도 모른다. 사회학의 한 분과인 지식사회학은 과학지식도 지식이니 우리도 과학지식을 다루어야 한다고 학문적 연고권을 주장하였다.[178] 그들이 에든버러학파의 스트롱 프로그램이다. 이때까지만 해도 과학은 기세등등하였다.

그러나 행위자연결망 이론이 나와 새 조류들이 과학기술학으로 융합되면서 과학의 기세가 약해지고 있다. 왜 그런가? 스트롱 프로그램이 등장한 이후 지식을 진짜와 가짜로 구분할 필요가 없는 것처럼 과학의 발전을 가져온 원인이 인간인지 사물인지 구분할 필요가 없다는 것이 행위자연결망 이론의 핵심이다.[179] 왜 뜬금없이 사물을 끌어들이게 되었는가? 위대한 과학의 이론적 기초가 약해졌기 때문이다. 원래 과학은 과학 이론을 사실과 대조하여 진위를 판단해왔다. 아인슈타인의 일반 상대성이론도 나중에 이론을 뒷받침하는 현상이 관측되어 일반 상대성이론이 증명됨과 동시에 아인슈타인의 고전역학을 대체하는 이론으로 공인되었다. 그러나 과학철학의 연구 결과 더 이상 사실이 객관성을 가진다는 오랜 믿음이 흔들리고 있다. 즉, 사실마저도 관찰자의 견해에 의해 좌우되기 때문에 사실을 객관적이라고 보장할 수 없게 되었다.[180] 더구나 브루노 라투르의 『우리는 결코 근대인이었던 적이 없다』를 보면 실험 자체의 횟수가 많지 않음을 알 수 있다.[181] 이제 과학을 둘러싼 논쟁에서 이기기 위해서는 과학자 혼자만으로는 힘이 부치기 때문에 과학자, 실험기기, 연구비 지원 단체, 기타 관련 기관 등 동맹군 네트워크 전체를 하나의 과학 공동체로 간주한다.[182] 과학의 진리성을 보장하기 위해 축구처럼 벌떼 전략으로 나오게 된 것이다. 극단적으로 얘기하면 두 이론이 경쟁할 때 동맹군의 힘이 센 쪽이 승리한다는 것이다. 자동차 역사를 보자! 조지 바살라George Basalla의 『기술의 진화』를 읽어보면 20세기 초 증기 자동차와 전기 자동차, 내연기관 자동차가 경쟁하고 있었다. 1900년 4,192대의 자동차가 제조되었는데 그 가운데 1,681대는 증기 자동차, 1,575대는 전기 자동차였고, 936대만이 내연기관 자동차였다.[183] 그런데 20세기를 풍미한 자동차는 내연기관 자동차였다. 과학의 발전은 과학 이외의 요인에도 영향을 받는 것이 아닐까?

직선적 사고 vs 곡선적 사고

4차 산업혁명 시대에 인간은 어디로 갈지 방향을 잃었다. 숲은 아침 햇살이 비치는 숲속이든 해가 뉘엿뉘엿 저물어가는 저녁 무렵의 숲이든 뭔가 신비스러운 느낌을 준다. 숲에는 도시생활이 주지 못하는 여백의 미가 있다. 우리 주변에 무언가 숲 같은 공간의 여백이 있어야 마음이 편하다. 화가 폴 고갱은 타히티에서 "우리는 어디서 왔는가? 우리는 무엇인가? 우리는 어디로 가는가?"라는 그림을 남겼다.[184] 철학자 마르틴 하이데거Martin Heidegger는 『숲길』에서 "우리는 어디로 나아가고 있는가?"라고 질문했으며, 존재자 전체의 근본 구조는 감성적 세계와 초 감성적 세계로 구성되어 있고 초 감성적 세계가 감성적 세계에 대한 영향력을 잃어버렸다고 말했다.[185] 자끄 엘륄Jacques Elleul은 『기술체계』에서 인간세계에서 신비가 사라졌다고 말한다.[186] 시詩는 가장 오래된 문학 형식이다. 우리 문학의 시조나 호메로스의 『일리아드』, 밀턴의 『실낙원』 모두 시이다. 오늘날 시집을 사고 시를 읽는 사람이 얼마나 될까? 필자가 대학 다니던 시절, 영미문학개론 시간에 두꺼운 『노턴 앤솔로지』라는 책을 구내서점에서 구입하였다. 필자가 구입한 최초의 영어 원서였다. 거기에는 20세기 가장 중요한 시로 일컬어지는 T.S. 엘리엇Eliot의 "황무지"가 실려 있었다. 영문학 수업 시간에 그 시를 배우고 오랜 세월이 지난 뒤 하워드 가드너Howard Gardner가 쓴 『열정과 기질』에서 다시 그 시인과 시를 만날 수 있었다.[187]

> 나는 살지도 죽지도 않은 채, 아무것도 모른 채
> 빛의 핵심을, 그 고요를 들여다보았지.
> 바다는 텅 비었고 쓸쓸합니다.
>
> — 토마스 스턴스 엘리엇, "황무지"[188]

방향을 잡으려면 무엇이 중요한가? 직관과 통찰력이 필요하다. 직관을 활용한 경영자가 있다. 애플의 스티브 잡스이다. 스티브 잡스는 기존의 휴대폰과 컴퓨터를 결합하여 스마트폰이라는 혁신적인 제품을 내놓았다. 어떻게 그런 생각을 할 수 있었을까? 수많은 사람들이 휴대폰을 사용하였다. 수많은 사람들이 컴퓨터를 사용하였다. 그런데 왜 두 제품을 융합할 생각을 하지 못하였을까? 과거 우리 기업들은 해외 일류 기업을 따라가기만 하면 되었다. 이제 우리나라 글로벌 기업들은 선두에 서 있다. 흉내낼 기업이 없다! 이제 창의성과 지혜, 직관을 개발해야 한다. 직관을 개발하기 위해서는 무엇이 필요한가? 곡선적 사고방식이 필요하다. 천재 건축가 안토니 가우디는 "직선은 인간의 선이고, 곡선은 신神의 선이다."라는 명언을 남겼다. 대부분 인간의 사고방식은 직선적 사고방식에 근거한다. 경제학과 경영학을 비롯한 사회과학 분야 학문에서 주로 사용하는 방식은 회귀분석 모형이다. 회귀분석이란 전체 데이터를 대표할 직선을 한 개 긋는 것이다. 어떤 문제를 설명할 수 있는 설명변수 선정은 일차방정식으로 표현된 회귀분석 선이 얼마나 잘 그어지느냐에 달려 있다. 회귀분석 모형에서는 설명변수 간에는 서로 영향을 주지 않는다고 가정한다. 그러나 현실은 다르다! 설명변수 간에는 상호작용이 있다. 창의성, 지혜, 직관은 모두 곡선적 사고방식이다. 직선적 사고방식으로는 4차 산업혁명 시대에서 방향을 잡기 어렵다. 그래서 영국의 옥스퍼드대학은 철학과 정치학과 경제학을 하나로 묶은 PPE 학제 간 프로그램을 운영하고 있다.[189] 곡선적 사고방식을 갖도록 하기 위함이다. 철학은 인간의 정신 영역을 다루고 경제학은 물질 영역을 다룬다. 정치학은 제도를 다룬다. 언뜻 보면 서로 관련이 없는 전공들을 하나로 묶었다. 왜 하나로 묶었을까? 정치와 경제, 철학은 서로 영향을 주기 때문이다.

미국 예일대학의 로버트 스턴버그Robert Sternberg 교수는 『지혜, 지능 그리고 창의성의 종합』에서 창의성을 개발하기 위해서는 문제를 재정의하고, 당연하다고 설정했던 가정을 의심하고, 아이디어 내기를 장려하라고 말한다. 그리고 실수를 허락하고, 창의성에 보상을 해주라고 말한다.[190] 왜 그런가? 신화학자 조지프 캠벨이 말한 것처럼 직관과 창의성, 지혜에는 위대한 모순이 있기 때문이다. 힌두교의 칼리 여신은 무섭고도 자비로운 양면성을 지닌 여신이다. 칼리는 남편인 시바신을 짓밟고 있지만 사실은 시바신의 꿈에 지나지 않는다. 성 토마스 아퀴나스는 "우주의 끝을 헤아리고 그 끝이 시작임을 아는 자라야 현자라고 할 수 있다."라고 말한다.[191] 노자 『도덕경』은 "아는 사람은 말하지 않고, 말하는 사람은 알지 못한다."라고 말한다.[192] 빛의 본질은 파동이면서 입자이다. 모두 위대한 모순이라는 점에서 공통점이 있다. 이러한 모순을 해결하기 위해서는 지혜가 필요하다. 서양 문명에서 대표적 지혜의 사례로 솔로몬왕의 재판을 예로 든다.

솔로몬왕 앞에 두 여인이 나타나서 한 아기를 서로 자신의 아기라 우기고 있다. 솔로몬왕은 그 아기를 절반으로 나누어서 두 여인이 반씩 가지라고 판결을 내린다. 그러자 한 여인은 절반이라도 가지겠다고 하고, 다른 한 여인은 울면서 포기한다. 솔로몬왕은 "포기한 여인이 그 아기의 어머니"라고 선언한다. 정말 자신이 그 아기를 낳았다면 차마 아기가 죽는 것을 보려고 하지 않을 것이기 때문이다. 솔로몬왕은 어머니의 모성애에 대한 통찰과 아기에 대한 판결을 연결시키는 곡선적 사고를 한 것이다. 동양의 대표적 지혜 사례로는 새옹지마의 고사가 있다. 새옹塞翁은 국경의 요새 근처 마을에 사는 노인이라는 뜻이다. 새옹은 말 한 마리를 기르고 있었는데 그 말이 국경선 너머로 달아나버렸다. 마을 사람들이 찾아와서 새옹을 위로하였다. 그러자 새옹은 그 일이 좋은 일인지 나쁜 일인지 알 수 없다고 말한다. 얼마 되지 않아 달아났던 말이 다른 수컷 말을 데리고 나타났다. 마을 사람들은 새로운 말이 새옹을 찾아와 재산이 불어서 좋겠다고 말한다. 새옹은 그 일이 좋은 일인지 나쁜 일인지 알 수 없다고 말한다. 얼마 후 새옹의 아들이 말을 타다가 떨어져 다리가 부러졌다. 그러자 마을 사람들이 새옹의 불행을 위로하였다. 그러나 새옹은 그 일이 좋은 일인지 나쁜 일인지 알 수 없다고 말한다. 얼마 뒤에 전쟁이 나자 마을 젊은 이들은 모두 징집이 되었지만, 새옹의 아들은 부러진 다리 때문에 전쟁에 참여하지 않아 목숨을 건진다. 새옹은 하나의 사건이 독립적이지 않고 다른 사건과 상호작용한다는 곡선적 사고를 한 것이다. 남의 뒤를 좇아갈 때에는 직관이나 지혜, 통찰력이 필요 없다. 그러나 남의 앞에서 뛰려면 직선으로는 보이지 않는 곳 너머를 상상해야 한다.

나. 기술적 실업

미토콘드리아

필자 생각에 우리가 살고 있는 21세기 전반부는 '생각이 없는 기계' 시대에서 '생각이 있는 기계' 시대로 전환하는 과도기이다. 농업시대에는 생산구조가 동물을 중심으로 돌아갔다. 동물 중에서도 가장 중요한 동물은 소였다. 문명비평가 루이스 멈퍼드Lewis Mumford의 『기계의 신화 1』을 보면 이집트 문명에서 달의 여신 하토르가 암소였을 만큼 암소는 신성한 존재로 받들어졌다.[193] 황소는 육체적 힘과 생식능력의 화신으로 왕을 상징하였다.[194] 5,000년 전 인도 갠지스강가에 번성했던 인더스 문명의 모헨조다로, 하라파 같은 도시들에서 출토된 인장에는 소가 새겨져 있었다. 영화 "십계"를 보면 모세가 시온 산에서 열 가지 계명이 새겨진 석판을 받아 내려왔을 때 이스라엘 백성들은 금으로 송아지상을 만들고 숭배의식을 벌이고 있었다. 이처럼 농업사회에서 소가 중요한 생산수단이었다. 그러다가 '생각이 없는 기계' 시대가 되자 찰리 채플린이 연기를 펼쳤던 "모던 타임즈"와 같이 인간은 기계를 생산에 동원하였다. 이제 인공지능 시대에서는 '생각이 있는 기계'가 생산의 주역이 될 것이다.

필자는 인체의 세포가 미생물과 인간의 협업 장소라는 데 놀랐던 적이 있었다. 인체 세포 내 기관들 중에서 미토콘드리아의 DNA는 인

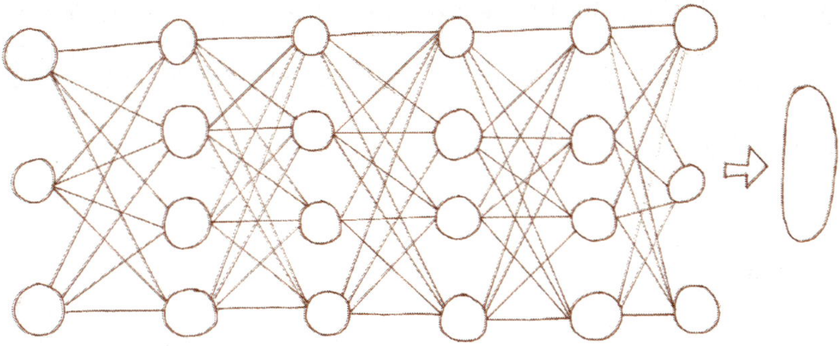

[그림 5] 인공신경망 모델

간 세포의 DNA와 다르다. 그것은 무엇을 말하는가? 미토콘드리아가 외부에서 인체 내부로 들어와 세포 내의 기관으로까지 진화한 것이다. 마치 미토콘드리아라는 미생물이 인체 내로 침투하여 아예 인체의 일부가 되어버린 것처럼 인공지능이 인간 사회 깊숙이 침투하게 되어 인간과 인공지능이 구분이 안 될 만큼 밀접해지는 단계가 올지도 모른다. 그런 논리를 적용한다면 미래 사회는 인간과 인공지능이 병존하는 사회가 될 것이라고 예측된다. 인공지능의 계산력은 인간 능력을 뛰어넘었다. 양자컴퓨터가 상용화되면 그리고 슈퍼컴퓨터의 성능이 올라간다면 인공지능의 성능도 따라서 올라갈 것이다. 결국 각 인류사회는 자기 사회의 생산력을 높이기 위해 경쟁적으로 인공지능의 도입을 가속화할 것이다. 22세기에 들어가면 인류사회는 많은 부문에서 변화가 발생할 것이다. 그리고 인류는 인공지능과의 협업의 정도를 훨씬 심화시킬 것이다. 현재 50세인 사람이 22세기를 볼 가능성은 적다고 본다. 그러나 22세기가 되기 전 많은 일이 21세기에 일어날 것이다. 현재 50세인 사람이 100세까지 산다면 아직도 50년이 남아 있다. 그렇다면 현재 50대인 사람들도 인공지능의 영향력을 충분히 실감하게 될 것이다.

예측

인공지능의 출현으로 말미암아 인공지능은 사회 곳곳에 침투하여 더 이상 인간의 삶과 인공지능이 분리될 수 없을 정도가 되고 있다. 이는 특히 직업에 심대한 영향을 주고 있다. 이미 인터넷에는 어떤 직업은 사라지고 어떤 직업은 위험해질 것이라는 살생부가 돌고 있다. 히브리대학의 역사학과 교수 유발 하라리 교수는 그의 저서 『호모 데우스』에서 앞으로 사라질 직업들을 열거하고 있으며,[195] 닉 보스트롬Nick Bostrom 역시 『슈퍼인텔리전스』에서 언제 초지능이 출현할 것인지 말하고 있다.[196] 제리 카플란 또한 저서 『제리 카플란 인공지능의 미래』에서 비슷한 주장을 되풀이하고 있다.[197] 이미 20세기 초반 기술변화로 인한 실업을 예견한 경제학자 존 메이너드 케인스는 이러한 종류의 실업을 기술적 실업이라고 명명하였다. 영국 옥스퍼드대학은 현재 전체 직업의 50% 정도는 인공지능의 영향을 받을 것이라고 전망하고 있다.[198] 이러한 내용이 언론에 발표되자 대중은 충격을 받았고 파급효과에 놀란 옥스퍼드대학교는 직업 자체가 없어지는 것이 아니고 각 직업을 구성하는 여러 직무에서 그런 변화가 있을 수 있다고 해명하는 데 진땀을 흘려야 했다. 그러나 그들의 해명이 어떻든 미래 직업의 상당 부분은 인공지능 기술의 도입으로 영향을 받는다는 예상은 지금도 설득력이 있다. 세계적 컨설팅 회사인 매킨지 글로벌경제연구소 제임스 매시나 소장은 기술과 노동의 미스매치가 심각할 것이라고 우려를 표명하고 있다.[199] 이는 막 첫 번째 직장을 나온 50대 이후 성인들에게는 안 좋은 소식이다. 변화가 너무 심하기 때문이다. 따라서 첫 번째 직장에서 나온 성인들은 다시 새로운 직장에 들어가기 위해서 기술적 실업이라는 난관을 극복해야 한다. 교육을 받아야 하는 이유도 그래서 존재한다. 아무 직업이나 선택할 수 없는 상황에 온 것이다. 힘들게 다음 직장을 구했는데 그 직장이 알고 보면 인공지능의 여파로 사라질 직장이라면 문제가 심각한 것이다.

그러나 본격적인 기술적 실업은 로봇의 출현과 더불어 시작될 것이다. 신체가 없는 소프트웨어 형태의 인공지능은 인간과 협업할 가능성이 높지만, 인간 대신에 육체노동을 하는 로봇은 궁극적으로 인간 노동을 대체할 가능성이 높기 때문이다. 경제학자 드 브리스De Vries와 동료들이 2005년부터 2015년 기간 동안 19개 국가들의 자료를 종합하여 시행한 연구에 의하면 일상적이지 않은 분석적인 직업의 경우 로봇 사용이 증가하면 고용이 증가하는 것으로 나타나고 있다. 그러나 일상적인 육체노동 직업의 경우에는 로봇 사용이 증가하면 고용이 감소한 것으로 나타나고 있다.[200] 따라서 육체 근로자들은 로봇의 출현에 상당한 영향을 받을 것으로 전망되고 있다. 대런 애쓰모글루Daron Acemoglu와 파스쿠알 레스트레포Pascual Restrepo 두 연구자가 1990년부터 2009년까지 미국 자료를 사용하여 분석한 2020년 발표 논문에서도 신기술은 고용과 임금에 부정적 영향을 미칠 수 있음을 보여주고 있다.[201]

예측 실패

1969년 인류문명은 하나의 전환점을 통과하였다. 지구에서 태어난 닐 암스트롱이 지구를 벗어나서 외계 행성인 달에 착륙한 것이다. 그런데 이 달 여행을 100년 전에 예측한 소설이 있었다. 1865년 10월 발간된 프랑스 소설가 쥘 베른의 『지구에서 달까지』이다. 이 소설을 읽어보면 인간의 예측력이 얼마나 뛰어난지 알게 된다.[202] 소설에서는 로켓 추진 아폴로우주선 대신 300m 길이의 거대한 대포를 발사해서 달로 인간을 보낸다. 그리고 달 착륙선이 아니라 길이 4m, 3m 직경의 포탄 안에 인간 3명이 개 두 마리와 타고 있다. 심지어 발사 장소도 미국 플로리다주로 나온다.[203] 미국의 우주선 발사 기지가 플로리다주에 있는 것을 생각하면 얼마나 놀라운 예측력인가?[204] 그뿐이 아니다. 영국의 SF 작가 H.G. 웰스는 1914년 출간된 『해방된 세계』에서 육상철갑차와 원자폭탄이라는 신무기를 선보였다.[205] 육상철갑차는 탱크가 되었고, 원자폭탄은 핵무기가 되었다. 아이작 아시모프는 소설에서 로봇의 출현을 그렸는데 이제 로봇의 출현이 눈앞에 다가오고 있다.

이처럼 인간은 미래를 예측하는 데 탁월한 성과를 보이고 있다.

그러나 우리의 삶은 예측 성공 못지않게 예측 실패로 가득 차 있다! 필자는 대표적인 예측 실패 사례 세 가지를 언급하고자 한다. 첫 번째 사례는 1930년대 대공황 예측 실패 사례이다. 경제학자 어빙 피셔는 금융전문가로서 화폐수량방정식을 제시한 탁월한 학자였다.[206] 화폐수량방정식은 나중에 화폐량과 국민소득 간의 관계를 나타내는 함수로 변해서 시카고학파를 세운 밀턴 프리드먼 교수의 통화이론의 기초가 되었다.[207] 피셔는 당시 주식 투자의 큰 손이었다. 그러나 그는 주식과 화폐라는 두 금융상품이 그렇게 다른지 몰랐다. 어빙 피셔는 1929년 검은 금요일이 오기 직전에도 주가가 떨어지지 않을 것이라고 공언하였다. 그러나 그의 주장이 있은 후 얼마 안 되어서 미국 주식시장은 크게 폭락하였다. 어빙 피셔만 틀린 것이 아니었다. 경영학의 창시자인 피터 드러커 역시 『피터 드러커 나의 이력서』에서 진솔하게 고백하고 있다. 피터 드러커는 프랑크푸르트에서 미국계 투자은행의 증권분석가로 일하고 있을 때 뉴욕 주식 시장의 폭락은 일시적이며, 시장은 상향조정될 것이라는 논문을 독일의 경제계간지에 게재하였다고 한다. 논문이 게재된 직후 주식시장은 폭락하였다.[208]

예측 실패의 또 다른 유명한 사례로는 인구 예측이 있다. "인구는 기하급수적으로 증가하나 식량은 산술급수적으로 증가한다."라는 유명한 말이 나오는 맬서스의 『인구론』 이래 모두 인구 폭발을 걱정하였다. 비관론의 절정은 스탠퍼드대학의 유명한 학자인 폴 에얼릭Paul Ehrlich이 저술한 『인구 폭탄』이다.[209] 에얼릭은 1968년에 저술한 그 책에서 1970년대와 1980년대에는 수 억 명의 사람들이 굶어죽을 것이라고 예측하였다.[210] 그는 해법으로 출산율을 낮추는 방안을 제시하였다. 국제기구인 UN 역시 2100년이면 전 세계인구가 112억 명에 이를 것으로 전망하였다. 그러나 대럴 브리커Darrell Bricker와 존 이빗슨John Ibbitson의 『텅 빈 지구』은 다른 모습을 보여준다. 이들은 전 세계적 차원에서 진행되고 있는 여성 교육의 확산과 도시화에 주목한다. 여성이 교육을 받을수록 결혼연령은 늦어지며 출산율은 하락하게 된다. 인구가 폭증할 것이라는 전망에는 아시아나 유럽의 출산율은 하락하지만, 아프리카 대륙의 출산율은 하락하지 않을 것이라는 전제가 깔려 있다. 그러나 두 저자가 인터뷰한 아프리카 대륙의 케냐 여성은 "요즈음은 보통 30세에 결혼합니다."라고 말했다.[211] 최근 아프리카는 높은 경제성장을 자랑하고 있다. 이는 교육의 확대로 이어질 것이다. 한편 농촌에서는 자녀가 농사일에 도움이 되는 소중한 자산이지만 도시에서의 자녀는 높은 교육비로 인해 부채로 여겨진다. 따라서 도시화가 진행될수록 자녀 수는 줄어들 수밖에 없다. 일례로 브라질의 도시화는 80%에 달한다.[212] 미래학자 제임스 마틴James Martin은 2040년에서 2050년 사이에 지구 인구는 89억 명에서 정점에 도달한 뒤 서서히 감소할 것으로 전망하고 있다.[213] 우리도 마찬가지였다. 1960년대와 1970년대만 하더라도 우리 사회는 인구과밀로 고생할 것이라고 생각하였다. 불과 20여 년 전까지만 해도 우리가 인구절벽에 도달할 것이라는 상상하지 못했다! 얼마나 놀라운 사실인가? 5,000만 국민 대다수가 공개적으로 의심을 표명하지 않았던 것이다. 일종의 금과옥조였다. 국가 전체가 나서서 출산을 하락시키기 위한 조치가 취해졌으며, 산아제한 기념우표도 발행되었다. 그러나 1990년대 초 저출산 상황을 인지한 후 20년간 수십 조 돈을 쏟아부었다. 그러나 출산율은 매우 낮은 수준에 머물고 있다. 지나고 보니 한 쪽에서 인구과밀을 걱정하는 그 순간에도 이미 가구당 희망 자녀 수는 감소하고 있었다. 희망자녀 수는 3남 2녀 → 2남 2녀 → 2남 1녀 → 1남 1녀로 계속 감소하고 있었다. 그러나 누구도 여기에 확실하게 이의를 제기한 사람은 없었다. 왜 예측에 실패하였을까?

미래학자 리처드 왓슨Richard Watson은 『퓨처 파일』에서 또 다른 예측 실패 사례를 언급한다. 왓슨에 의하면 많은 사람들이 2000년대가 되면 여가시간이 획기적으로 늘어날 것으로 예측했다는 것이다. 존 메이너드 케인스 역시 예외가 아니다. 그는 「우리 손자들 손녀들이 누리게 될 경제적 가능성」이란 논문에서 100년 후인 2030년이 되면 인류는 경제적 걱정에서 벗어나고, 주당 노동시간은 15시간이면 충분할 것이라고 예측하였다.[214] 1950년대 저명한 사상가들은 1990년대가 되면 미국인들의 경우 주당 22시간을 일하고 38세에 은퇴할 것이라고 보았다. 브리짓 슐트Brigid Schulte의 『타임 푸어』를 보면 현실은 정반대이다. 오늘날 우리는 어느 때보다도 더 많은 업무량과 긴 업무시간에 시달리고 있다. 봉급생활자만 그런 것이 아니다. 요즘에는 부자와 권력을 가진 사람들도 눈코 뜰 새 없이 바쁘다. 저명한 노동경제학자 다니엘 해머매쉬Daniel Hammermesh는 부유할수록 더욱 시간에 쪼들린다는 사실을 발견하였다. 이러한 현상은 미국, 독일, 한국, 호주 모두에서 발견되었다.[215] 기술혁신의 진원지인 미국 실리콘 밸리에서는 "저 사람은 진짜 사나이야. 일주일에 90시간 일한대. 저 사람은 게으름뱅이야. 일주일에 50시간만 일한대."라는 말이 오갈 정도로 사람들은 일중독증에 빠져 있다.[216] 그 결과 집에서 아침식사를 하지 못하고 좀처럼 여가시간을 내지 못하고 있다.[217] 예측에 실패한 것이다. 왜 이렇게 현대인들은 분초를 다투며 살아갈까? 결론은 인간의 예측이 완벽하지 않다는 것이다!

다. 예측 실패의 원인

제한된 합리성

필자 생각에 예측이 실패하는 것은 실수가 아니라 본질적인 문제 때문이다. 예측의 실패는 구조적으로 세 가지 이유에서 비롯된다. 한 가지는 인간이라는 동물의 구조 자체의 문제이며 다른 하나는 인간의 성향 문제이다. 마지막으로는 인간의 외부 환경 문제, 즉 시간적 제약의 문제이다. 이 세 가지 요인들 어느 하나가 작용해도 예측 실패가 일어난다. 그러나 현실은 이 모두가 일어나고 있다. '유럽의 황금 30

년'은 어느 때를 의미하는가? 1945년부터 1975년까지이다. 제2차 세계대전이 끝난 후 오일쇼크가 발생하기 전까지를 말한다. 미국 사람들이 가장 그리워하는 시절이 언제인가? 마찬가지다. 이때 높은 경제성장 덕분에 선진국들은 엄청난 번영을 구가하였다. 제트여객기의 출현과 구매력이 강한 자국 화폐 덕분에 해외 여행은 유행이 되었다. 여름철에는 바캉스를 가는 것이 문화로 자리 잡았다. 이 모든 것에 종지부를 찍은 것이 1974년 발생한 오일쇼크였다. 오일쇼크는 단숨에 세계경제 전체를 불황으로 몰아넣었다. 갑자기 하루아침에 석유 가격이 배럴당 10 배 이상 뛰는 바람에 당시 우리나라 에너지 정책도 혼선을 빚었다. 대기오염을 줄이기 위해 석탄에서 석유로 에너지를 바꾸는 것으로 추진하다 갑자기 불어 닥친 오일쇼크로 광에 처박아놓았던 연탄 난로를 다시 꺼내 들었다. 왜 똑똑한 인간이 석유가격이 폭등할 가능성을 생각하지 못했을까? 그 외에도 각종 건설공사는 왜 처음 예측한 건설비용보다 많이 드는 것이 일상적인 일일까? 최근 글로벌건설프로젝트에서 각광받고 있는 민관협력사업PPP을 보면 상당수가 초기 예상 건설공사 비용과 최종 건설공사 비용에 차이가 많은 것으로 밝혀지고 있다.[218]

왜 인간은 그리도 많이 예측에 실패하는가? 아마 가장 큰 문제는 인간 자신의 한계이다. 노벨경제학상 수상자인 허버트 사이먼Herbert Simon이 제시한 제한된 합리성Bounded Rationality 개념은 왜 예측이 어려운지 보여준다. 허버트 사이먼에 의하면 인간의 두뇌 용량은 제한적이기 때문에 의사결정에 필요한 정보를 효율적으로 처리하는 데는 한계가 있다. 따라서 인간에게는 인간을 둘러싼 환경 자체가 본질적으로 불확실하다. 미래가 불확실하다는 말은 무엇을 의미하는가? 프랭크 나이트Frank Knight는 『위험, 불확실성, 이윤Risk Uncertainty and Profit』이라는 저서에서 불확실하다는 것이 어떤 것인지 명쾌하게 보여주었다.[219] 그가 생각한 불확실성은 예상 자체를 할 수 없는 사건이 발생하는 경우를 의미한다. 이는 위험과는 다르다고 보았다. 우리가 생활하다 마주치는 일상적인 위험은 측정 가능하기 때문에 보험과 같은 제도를 활용하여 위험을 회피할 수 있다. 그러나 불확실성은 아예 그런 일이 일어날 것이라고 생각하지 못하는 경우이다. 통계학으로 설명하면 고려 대상 자체에 없기 때문에 확률분포에 포함이 되지 않는 경우이다. 따라서 그 사건이 발생할 확률 자체가 계산되지 않는다. 필자는 예전에 허버트 사이먼의 제한된 합리성이 이해되지 않았다. 인간은 똑똑하기 그지없는데 왜 합리성이 제한되었다고 말하였을까? 인공지능이 출현하자 비로소 이해되기 시작하고 있다. 현재 인공지능 변호사는 수십만 건의 서류를 귀신같이 뒤져서 필요한 판례를 찾아낸다.[220]

앞에서 예로 든 대공황은 미국의 경우 1929년부터 1939년까지 10년 동안이나 경제활동을 위축시킨 전무후무한 경제 대사건이었다. 어빙 피셔, 피터 드러커와 같은 당대 최고의 학자들이 대공황 예측에 실패한 것은 무엇 때문일까? 필자는 허버트 사이먼의 제한된 합리성 개념으로 설명이 가능하다고 생각한다. 사실 경제활동에 있어서 경기

변동이 뚜렷하게 나타나기 시작한 것은 제조업의 등장 이후부터이다. 제조업은 2차 산업혁명을 가져온 신산업이었다. 제조업의 특징은 공장자동화를 통한 대량생산이었다. 제조업이 나타나기 전에는 대량생산이란 불가능하였다. 따라서 상품이나 물자는 기본적으로 부족 상태였다. 그러나 제조업이 출현하자 누구도 경험한 적 없는 상황이 대규모로 발생했다. 대량생산된 물건들이 팔리지 않고 재고만 늘어나는 초유의 사태가 발생한 것이다. 즉, 경제 환경 자체가 바뀌었다. 상상할 수 없는 일이 벌어진 것이다. 프랭크 나이트의 용어로 말하자면 예측이 불가능한 상황이 발생한 것이다. 1930년대는 경제 전체에서 아직도 농업 부문이 적지 않았던 때였다. 당시 한 번도 경험해보지 못했던 대공황이라는 환경 변화에 대하여 제한된 합리성을 가지고 있는 인간이 상황을 정확하게 예측하기란 근본적으로 어려운 것이었다. 지금도 마찬가지이다. 4차 산업혁명이 시작하였지만 4차 산업혁명이 정확하게 어떻게 전개될지는 아무도 모른다.

섬의 우화

예측 실패의 두 번째 이유로는 전문가가 빠지는 함정이다. 노벨경제학상 수상자인 에드먼드 펠프스Edmund Phelps 교수의 유명한 '섬의 우화'를 활용하면 전문가의 함정을 설명할 수 있다. 누구나 정보가 제한되어 있는 섬에 살고 있다는 것이 그의 사유의 출발점이다. 어떤 국가

[그림 6] 섬의 우화

가 여러 섬으로 이루어져 있고, 한 섬에서 상품 가격이 상승했다고 가정하자. 다른 섬에 가보지 않고서는 가격 상승이 경제 전체의 물가 상승인지 단지 그 섬만의 가격 상승인지 알기 어렵다. 이와 마찬가지로 전문가는 지식의 섬에 갇혀 있을 뿐만 아니라 그 섬에서 보고 들은 것만 믿는 경향이 있다. 예를 들어보자. 우리나라 바둑계의 토대를 놓은 사람은 조남철 국수國手이다. 그는 일본에 바둑 유학을 떠나 신 포석을 배워와 1960년대 당시 국내 바둑계를 평정하고 정상에 올랐다. 그러자 전국 각지의 바둑 고수들이 너도 나도 조남철 국수에게 도전하였다. 그 바둑 고수 중 한 사람은 자신이 바둑의 모든 수에 통달했다고 확신했었다. 자신이 오랜 기간 바둑을 연구한 결과 더 이상의 수는 없다고! 조남철 국수는 그 바둑 고수와 대국하였다. 결과는 조남철 국수의 승리였다. 패자는 망연자실하였다고 한다. 천외천天外天을 만난 것이다.

인구예측 실패는 전문가들이 빠지는 함정에서 그 이유를 찾아볼 수 있다. 전문가들이란 문자 그대로 어떤 특정 분야에서의 전문가이다. 다른 말로 하면 그 외의 분야에 대해서는 일자무식일 가능성이 있는 것이다. 에얼릭을 비롯한 전문가들이 미래 인구가 너무 많을 것이라고 예측한 데는 인구 증가와 도시화라는 거대한 문명의 조류를 연결시키지 못했기 때문이다. 만약 인도를 비롯한 개발도상국의 인구가 지금도 대부분 농촌에 살고 있다면 인구 증가는 계속되었을 것이다. 그러나 농촌인구의 상당 부분이 도시로 이동하게 되면서 출산율에 커다란 변화가 오게 된다. 왜냐하면 도시와 농촌은 출산율에 차이가 있기 때문이다. 농촌에서는 대가족제도의 도움으로 애를 키우는 일에 지원부대가 있으며 여성이 별도의 직업을 가지지 않아도 된다. 그러나 도시는 다르다. 혼자서 애를 키워야 하고 생활비를 벌기 위해 여성도 일하는 경우가 많다. 근본적으로 애를 키우기 어려운 환경인 것이다. 따라서 인구 증가와 도시화를 같이 고려하게 되면 출산율은 하락하게 된다.

세상 밖에는 또 다른 세상이 있을 수 있다. 노벨경제학상을 수상한 심리학자들인 다니엘 카네만Daniel Kahneman과 아모스 트버스키Amos Tversky는 우리 인간들이 판단을 내릴 때 주로 당면한 과제의 세세한 사항에 초점을 맞추어 내부 관점에서 판단을 내릴 때가 많다고 지적하고 있다. 특히 문제 자체가 정의되지 않는 과제의 경우 내부관점에 몰입하게 되면 잘못된 판단을 내릴 경우가 많다고 지적한다. 일례로 카네만이 의사결정에 관한 고등학교 교과과정을 저술할 집필진을 꾸리고 참여한 전문가들에게 얼마나 걸릴 것인지 물어보았다. 그 결과 소요기간은 평균 2년으로 나왔다. 그러나 실제로는 8년이 걸렸다.[221]

대부분 예상은 내부관점에 토대를 둔다. 누구나 자신만의 섬에서 살기 때문에 그 섬을 벗어나기 어렵다. 현대는 전문가의 시대이다. 모두들 자기만의 전문분야에 종사하고 있다. 그 외 다른 분야는 잘 모른다고 말하는 것이 더 정확할 것이다. 따라서 섬의 기준만을 가지고 예측하면 실패할 가능성이 크다. 수학의 천재 괴델은 불완전성의 원리를 발표했다. 괴델이 제시한 불완전성 원리는 수학을 형식화할 수 있다는 주장을 깨뜨린 이론이다. 인공지능은 일종의 알고리즘이고 알고리즘은 내부적으로 모순이 없다. 어떻게 보면 형식화의 정점에 있는지 모른다. 그러나 괴델의 불완전성 원리에서는 인간 정신의 합리성에는 한계가 있음을 나타내고 있다. 우리는 합리성이라는 섬에 갇혀 있는지 모른다.[222]

제한된 예상

예측 실패의 세 번째 이유로는 인간의 제한된 예상Bounded Expectation 때문이다. 아이작 뉴턴에게 누군가 어떻게 위대한 업적을 남길 수 있었는지 묻자 그는 유명한 말을 하였다. "거인의 등에 탔기 때문에 최고의 과학자가 될 수 있었다." 그러나 어떨 때는 그 거인으로 인하여 상상력의 제약을 받게 된다. 인간이 아무리 뛰어난 존재라고 하여도 모두 시대의 아들이다. 물리학의 거인 아이작 뉴턴은 연금술에 심취했었다고 전해지며 행성 궤도를 발견한 요하네스 케플러는 점성술사였다. 왜 뉴턴이라는 천재가 오늘날의 기준으로 보면 사이비과학인 연금술에 매달렸는가? 정답은 그가 살던 시대의 화학 수준이 연금술 단계에 있었기 때문이다. 이처럼 인간의 예상이란 그가 사는 시대의 과학 수준, 예술 수준, 가치관에 달려 있으며 만약 뉴턴이 21세기의 대한민국에서 활동했다면 그는 카이스트나 포항공과대학 등에서 전기 자동차에 들어갈 배터리를 연구하고 있거나 양자컴퓨터 제작에 몰두하고 있을지 모른다.[223] 알베르트 아인슈타인은 일반상대성 이론에서 행성의 중력 영향으로 우주 공간이 휘어져 있다는 유명한 결론을 내렸다. 그런데 그의 결론은 당시 비유클리드 기하학, 즉 비선형기하학의 대두와 관련이 있다. 만약 비선형기하학이 출현하지 않았더라면 일반상대성 이론이 나올 수 있었을까? 우리는 시대의 굴레를 벗어날 수 없다. 존 메이너드 케인스는 일찍이 물질과는 관련 없는 심리적 요인이 대표적 물질순환인 경제활동에 영향을 준다고 주장하였다. 그의 저서 『고용, 이자 및 화폐에 관한 일반이론』에서 그는 인간의 예상은 미인선발대회와 같다고 말했다. 미인선발대회에서는 어떤 절대적 미인이 선발되는 것이 아니라 사람들이 미인이라고 생각한 사람이 미인으로 선발되는 것이다.[224] 그런데 사람들의 생각은 그가 살고 있는 당시의 미적 기준에 달려 있다. 미적 기준이란 시대의 산물이므로 시대가 바뀌지 않으면 미적 기준도 요지부동일 것이다. 인공지능의 대두로 인한 기술적 실업은 기술 변화의 깊이와 폭을 예측하기 어려운 상황이기 때문에 정의 자체가 어려운 질문이다.

예측 실패의 세 번째 요인으로 제시된 '제한된 예상'은 21세기 들어 물적 여유가 있는 부자들마저도 왜 모두 바쁘게 사는지, 다른 말로 하면 노동공급을 줄일 것이라고 예측한 것이 왜 실패했는지에 대해 일부 설명을 해주고 있다. 왜 대다수가 노동공급을 줄일 것이라고 예측했는가? 누구의 실수도 아니다! 고통을 싫어하고, 놀기 좋아하는 인간의 자연스러운 성향을 토대로 그렇게 예상한 것이다. 과학기술의 발달로 소득이 증가하면 당연히 사람들은 땀과 인내를 수반하는 노동공급을 줄이고, 그 대신에 레저를 통하여 노는 시간을 늘릴 것이라고 예상한 것은 지극히 타당해 보인다. 이러한 예상의 근저에는 미시경제학의 효용함수가 숨어 있다. 효용함수 이론은 그 전제가 인간은 고통을 싫어하고, 안락을 좋아한다는 것이다. 더구나 과학기술의 발달로 말미암아 노동투입이 줄어들어도 같은 생산량에 도달할 수 있으므로 전문가들은 기업 역시 노동수요를 감소시킬 것이라고 보았다. 그러나 현실은 달랐다! 오히려 대부분 자발적으로 노동공급을 더 늘리고 더 바빠졌다. 21세기에 들어서 노동공급을 줄일 것이라는 예상이 실패한 데는 여러 가지 요인들이 작용한 것으로 보인다. 첫 번째 생각할 수 있는 이유로는 개인의 노동공급에는 소득효과뿐만 아니라 대체효과도 있다는 사실이다. 소득효과는 방금 얘기한 대로 개인들은 소득이 늘어나면 여가시간을 증가시키기 위해 노동공급을 줄인다는 것이다. 그러나 대체효과는 소득이 상승하면 노동포기에 대한 기회비용이 너무 커지기 때문에 노동을 포기하지 못해 노동공급 감소가 일어나지 않는 것이다. 더 깊은 이야기도 있다. 독일에 거주하는 철학자 한병철의 『피로사회』를 보면 한병철은 21세기를 성과사회로 규정하고 있다. 20세기에서는 타자나 외부 상사가 나를 감독했다면 21세기 성과사회에서는 내 자신이 나를 감독하는 상황이다. 현대인이 자신의 정체성을 확인하는 방법으로 능력만이 남았으며, 현대인은 자신을 과시하기 위해 더욱 열심히 일한다는 것이다. 또 다른 설명으로는 기술 자동화가 오히려 인간이 일해야 하는 부분을 늘어나게 만든다는 것이다. 50년 전만 해도 서울의 시내버스 한 대에는 운전기사 1명과 버스 차장 2명이 배치되었었다. 그때만 해도 버스 출입문은 두 개였다. 그러나 얼마 가지 않아 버스 출입문이 하나로 줄면서 버스는 버스 기사와 버스 차장, 총 2명이 운행하였다. 그 후 결국 버스는 버스 기사 혼자 운행하는 형태로 변모하였다. 이제는 버스 기사는 운전뿐만 아니라 버스차장 일까지 하고 있다. 그만큼 바빠진 것이다.

시간의 저항

예측 실패가 발생할 경우 시차 문제가 있어 상황을 더욱 악화시킨다. 시차 문제를 처음 제시한 사람은 노벨경제학상 수상자 밀턴 프리드먼Milton Friedman이었다. 그는 경제정책의 시행과 효과를 연결하여 제시하였다. 밀턴 프리드먼은 미국의 금융정책의 역사를 개관하는 책을 쓰고 아무리 좋은 정책이 있어도 실현되는 데 시차가 있다는 것을 주장하였다.[225] 앞에서 언급한 인구정책 문제를 예를 들어보자. 어떤 정책이 시행되려면 먼저 정부 관료가 움직여야 한다. 정부 관료는 정책을 수립하는 데 있어서 해당 분야 전문가들의 도움을 받는다. 전문가 집단, 예를 들어 학계는 정책 시안을 정부 관료에게 제안하기 전에 치열한 내부 조정을 거친다. 인구정책의 경우에도 오랫동안 유지되어 온 산아제한 정책을 바꾸려면 어떻게 해야 하는가? 어떤 전문가가 인구가 감소하기 시작한 것을 알아채고 인구정책의 문제점을 발견했다고 생각해보자. 그러면 그는 먼저 학회에서 그에 대한 견해를 낼 것이고 기존의 견해와 싸워야 한다. 학자는 논문을 학술지에 게재해야 의견 개진이 된다. 그러나 학술지에 기존의 통설과 다른 견해를 싣는다는 것은 만만한 일이 아니다. 먼저 최소 두 명의 심사위원들의 심사를 통과해야 한다. 그런데 심사의 기준은 무엇일까? 대부분 통설이다. 따라서 통설과 다른 견해가 통과되는 일은 쉬운 일이 아니다. 그러나 드디어 논문이 통과되어 학술지에 게재되고, 학계에서 문제의 심각성을 인정했다고 하자. 그러면 학계는 기존 정책과 다른 의견을 정부 관료에게 전달해야 한다. 다시 정부 관료들은 정책변경을 위해서 많은 회의를 거쳐야 한다. 따라서 최초 용기 있는 한 명이 이의 제기를 한 뒤에 실제로 정책이 바뀔 때까지는 상당한 시차가 들어간다. 시차가 해소되는 동안 예측은 실패한 채로 남아 있을 것이다.

라. 미래 직업

미래 직업의 모습이 어떠할지 예측하기 위해서 세 가지 개념을 융합하여 적용해 보자. 첫째, 어떤 문제에 가깝게 있는 사람은 상황을 과대평가하는 경향이 있고, 문제로부터 멀리 떨어져 있는 사람은 상황을 과소평가하기 쉽다는 것이다. 둘째로는 노벨경제학상 수상자인 에드먼드 펠프스의 '섬의 우화'를 적용해 보자.[226] 셋째, 제한된 예상의 논리를 적용해 보자! 기술적 실업에 대하여 생각해보면 미래에 기술적 실업이 심각할 것이라고 생각하는 전문가가 있다고 했을 때 이러한 예측은 해당 전문가의 미래 예상에 달려 있는 것이다. 그리고 전문가의 미래 예상은 그가 속한 공동체의 시대적 가치기준에 달려 있다. 예를 들어 그가 실리콘 밸리에 속한 사람이라고 하자. 그럴 경우 그 사람은 로봇과 인공지능이 발전하는 모습을 다른 공동체보다 더 많이 목격할 것이다.[227] 그러면 기술적 실업에 대한 그들의 예상은 실업을 증가시키는 방향으로 영향받게 될 것이다. 그러나 사실 그가 속한 공동체는 매우 특별한 공동체일 수 있다. 다른 공동체는 그러하지 않을 수 있다. 다른 공동체에 가보지 않고서는 알 수 없다.

좀 더 차분하게 상황을 바라볼 필요가 있다. 사라질 직업 명단을 열거한 어떤 언론 기사에서는 농부를 사라질 직업으로 보았다. 그러나 필자의 생각은 다르다. 수경재배를 근간으로 하는 새로운 형태의 농업이 출현하면 농업은 오히려 중요한 산업으로 자리매김할 것이다. 그렇게 본다면 농부야말로 친환경시대에 첨단제조업을 운영하는 기업가로 각광을 받을 것이다. 이때 농장은 인공지능과 협업이 이루어질 것이다. 지금도 네덜란드는 이 분야에서 선두를 달리고 있다.[228] 제조업 생산직 근로자도 사라질 직업 살생부에 이름을 올렸는데 이 역시 필자의 생각은 다르다. 인더스트리 4.0 시대의 스마트 공장에서 오히려 제조업 근로자들은 새로운 유형의 근로자로 거듭날 것이다. 이들은 인공지능과 빅데이터를 이해하고, 사물인터넷을 활용하는 근로자가 될 것이다. 따라서 새롭게 신지식을 장착한다면 여성이나 노인들은 체력이 없어도 직무수행에 문제가 없을 것이다. 여행사 직원도 사라질 직업의 명단에 들어가 있는데, 인공지능 시대에도 이들의 일자리는 각광을 받을 것으로 보인다. 이제 증강현실AR과 같은 신기술로 여행사는 고객들을 여행하고 싶은 곳으로 보낼 수도 있다. 영화 "토탈리콜"에서 주인공 역의 아놀드 슈월츠네거는 화성으로 여행하는 상품을 구매한다. 그 상품은 직접 화성으로 여행가는 것이 아니라 상품 구매자에게 화성 관련 기억을 주입하는 방식이다. 영화 "매트릭스"의 네오도 마찬가지이다. 네오의 육체는 네브카드네자르호에 있고 가상세계인 매트릭스에는 머릿속으로만 접근할 수 있다. 미래 가상현실에서 새로운 경험을 제공하는 여행사가 망하리란 법은 없다. 여행사는 본질적으로 현실을 도피할 이탈 기회를 제공하는 것이 주목적이다. 증강현실상에서라도 꿈처럼 생생하게 경험을 제공할 수 있다면 더구나 비용도 저렴하다면 새로운 개념의 여행상품을 찾지 말라는 법이 없을 것이다. 회계사와 세무사도 사라질 직업으로 등재되어 있다. 그러나 아무리 시대가 바뀌어도 적어도 기업이 존재한다면 누군가에게는 감사, 회계 문제, 세무 문제는 없어지지 않을 것이다. 다만 지루한 계산 문제는 인공지능이 대신할 것이다. 회계사나 세무사는 전체 직무의 앞 부분, 즉 고객 면담 및 세무 회계 상담 등 고객문제에 대해 판단을 내려줄 역할을 담당할 것이다. 교사들은 어떠한가? 한 리스트에는 교사를 사라질 직업으로 분류해놓기도 하였다. 그러나 린다 그래튼과 앤드루 스콧은 공감능력, 사교성, 판단력, 창의력 등 인간 고유 역량의 중요성을 강조하고 있다.[229] 특히 공감능력이나 사교성, 판단력은 대상을 인간으로 전제하는 개념들이다. 따라서 인공지능보다는 인간이 가르치기 쉬운 분야이다. 그렇게 본다면 인간 고유의 역량을 가르치는 교사는 사라지지 않을 가능성이 크다. 다만 현재의 직종을 유지하기 위해서는 새로운 지식으로 무장하여 변신을 해야 할 것이다.

제2장 세 가지 질문

소득이 받쳐주는 수요가 구매력을 창출한다.

— 존 메이너드 케인스

왜 성인들은 50세 무렵 직장을 떠나야 하는가? 왜 기업, 연구소, 정부기관 할 거 없이 모두 일정 나이가 되면 성인들을 내보내려 하는가? 가장 큰 이유는 가성비가 떨어지기 때문이다. 다른 말로 하면 근로자가 받는 연봉에 비하여 생산성이 떨어지기 때문이다. 2020년 고려대학교 김진영 교수와 아시아개발은행의 박신영 박사가 공동으로 쓴 논문을 보면 근로자들은 나이가 들수록 생산성이 하락하고 있다.[1] 그 주장이 사실이라면 성인이 50세 이후에도 직장에서 환영받을 방법은 있다. 즉, 연봉에 비하여 생산성을 계속 높게 유지할 수 있다면 기업은 그 사람을 놓치려 하지 않을 것이다.[2] 따라서 핵심적인 문제는 성인의 노동생산성을 증대시키는 것이다. 인간은 노화하는데 무슨 수로 성인의 생산성을 올릴 수 있을까? 정답은 성인교육이다. 성인은 50세 이후에도 교육을 받기 위해 다음의 세 가지 질문에 대답해야 된다.[3]

Why : 왜 교육을 받아야 하는가?

What : 무엇을 교육 받아야 하는가?

How : 어떻게 교육을 받아야 하는가?

먼저 '왜Why'와 관련된 질문이다. 즉, 왜 성인교육을 받아야 하는가에 대한 질문이다. 보편적인 대학 교육이 시행되는 현재 상황에서 고등학교 3학년 학생은 대부분 대학은 꼭 가야 할 곳으로 여긴다. 그러나 성인교육은 선택사항이다. 성인은 자기 선택에 따라 교육을 받을 수도 있고 받지 않을 수도 있다. 그들은 왜 교육을 받아야 하는지에 대해서 스스로 물어보아야 한다.[4] 즉, 동기부여가 있어야 한다. 그 다음 질문은 '무엇What'에 관한 질문이다. 성인은 어떤 지식을 얼마만큼 교육받아야 할지 결정해야 한다. 다시 말해서 미래 전공분야를 선택하고, 얼마만큼 교육에 시간과 돈을 투자할지 교육량을 결정해야 한다. 마지막 세 번째 질문은 '어떻게How'에 관한 질문이다. 즉, 어떤 방식으로 교육을 받을지 선택해야 한다. 이제 성인들은 직접 교육기관에 한 주에 몇 번씩 방문해서 오프라인 방식으로 교육을 받을지, 아니면 온라인으로 사이버공간을 활용해서 교육을 받을지, 온라인 교육과 오프라인 교육을 병행한 블렌디드 러닝 방식으로 교육을 받을지 결정해야 한다.

교육유효수요 모델

교육자원

필자는 위에서 언급한 세 가지 질문에 응답하기 위해서 교육을 자원배분의 관점에서 바라보고자 한다. 보통 자원resource은 주로 경제학에서 사용하는 용어이다. 우리는 구리, 석유, 희토류 같은 물질을 천연자원이라고 한다. 천연자원은 물건을 생산하는 데 사용된다. 필자는 희토류나 석유와 같이 교육을 하나의 자원으로 간주하기로 한다. 어떤 의미에서는 신성하기도 한 교육을 왜 경제적 자원으로 보아야 하는가? 21세기의 인간수명연장 결과로 교육을 하나의 자원으로 보아야 하기 때문이다. 먼저 100세 시대를 맞이한 성인은 여러 차례 교육을 받아야 한다. 왜 그런가?

과거 교육-직장-퇴직의 인생 3단계 모델에서는 고등교육을 받는 시기가 고등학교를 졸업하고 대학에 진학하는 기간으로 고정되어 있었다. 고등교육을 받는 횟수도 단 한 번이었고 모든 사람들이 거의 동일한 시기에 교육을 받았다. 그러나 100세 시대에 적합한 다단계인생 모델에서는 사람은 평생 여러 번 직업을 가져야 하므로 새 직업에 필요한 전문지식을 갖기 위해서 여러 차례 고등교육을 받아야 한다. 그리고 그 시기는 사람마다 다를 것이다. 따라서 성인은 각자 자기만의 장기 계획을 가지고 교육이라는 경제적 자원의 투입 시기와 투입량을 본인 의지로 조절해야 한다. 교육을 하나의 경제적 자원으로 간주해야 할 두 번째 이유는 디지털혁명의 결과, 교육콘텐츠를 나누고 저장하고 사고파는 것이 가능해졌기 때문이다. 과거에는 유명한 학자, 예술가, 문인이 강연할 때 그 자리에 참석하지 않을 경우 그 강연을 들을 수 없었다. 이제는 모두 디지털 재화로 바뀌어 저장이 가능하다. 유명한 가수의 노래도 디지털 재화로 저장되어 그가 20대, 40대, 60대에 같은 곡을 어떻게 부르는지도 들을 수 있게 되었다. 과거에는 교육이라는 자원이 매우 희소하였다. 교재도 부족하였고 가르쳐 줄 스승은 더욱 부족하였다. 불교 선종의 2대조인 혜가 선사는 스승 달마 대사에게 팔 하나를 절단해서 자기 의지를 표명하였다. 왜 그랬는가? 그만큼 걸출한 스승이 부족했기 때문이다. 그러나 디지털 시대가 되면서 교육콘텐츠는 디지털 형태로 저장되고 가공되기에 이르렀다. 이제 교육소비자들은 다양한 교육기관이 제공하는 다양한 품질의 교육자원을 선택하고, 수량을 고를 수 있는 시대가 오고 있다.[5]

천연자원이 있어야 물건이 생산되는 것처럼 인간에게는 교육이라는 자원이 투입되어야 노동의 품질이 상승한다.[6] 교육이라는 자원의 투입이 적으면 노동 품질은 하락한다. 왜 그런가? 교육이 없으면 생산성 향상도 없기 때문이다. 노벨경제학상 수상자 3인은 경제성장의 핵심동인은 교육이라고 입을 모으고 있다. 로버트 루카스Robert Lucas 교수[7]와 에즈라 보겔Ezra Vogel 교수 모두 아시아의 지속적인 경제성장 원인을 교육으로 보았다.[8] 게리 베커Gary Beccker 교수는 인간의 노동을 인적자본이라고 부른다.[9] 왜냐하면 인적자본의 수량과 품질이 좋을수록 생산에 대한 기여도가 높으며, 근로자에게 높은 연봉을 보장하기 때문이다. 이때 인적자본은 교육을 통하여 축적된다. 태어나자마자 바로 일어나서 뛰어다니는 세렝게티 초원의 '누우'와는 달리 인간은 오랜 기간 동안 교육받고 나서야 비로소 직장을 잡는다. 유치원, 초등학교, 중학교, 고등학교, 대학교를 거친 현대인의 가공과정은 끝이 없다! 생산과정에 천연자원을 투입하여 물건을 생산하듯이 사람이란 존재에 교육이라는 자원이 투입됨으로써 인간의 생산성이 올라간다. 따라서 교육도 천연자원과 마찬가지로 '교육자원'인 것이다.

수요의 시대

2020년 상당수의 대학에서 정원미달이 발생하는 초유의 사태가 발생하였다. 언론에는 4년제 대학의 상황만 보도되었지만, 2년제 대학의 상황은 낙관적일까? 지방만 그러한가? 그렇게 본다면 상황을 너무 긍정적으로 본 것이다. 경제문제로 비유하자면 대공황이 발생한 것이다. 필자 생각에 이번 정원미달 사태는 고등교육에 있어 하나의 전환점이며 우리 고등교육 역사상 가장 큰 사건이라고 본다. 금번 대규모 정원미달 사태를 수요공급 원리로 보자면 고등교육에 대한 초과공급 사태가 발생한 것이다. 이에 대하여 대학 구조조정 정책은 역대 여러 정부에 걸쳐서 시행되어 왔으며 핵심은 한마디로 요약할 수 있다. 대학교육에 대한 수요가 줄었으니 대학 정원도 줄이라는 것이다! 그러나 달리 생각해보자. 모두들 고등학교 졸업생 숫자 감소에만 눈이 가있다. 그러나 놓치고 있는 부분은 베이비부머들이 직장에서 쏟아져 나와 재교육을 통한 고등교육 자원에 대한 수요는 오히려 늘어나고 있는 점이다. 따라서 전체 고등교육에 대한 수요는 줄어들지 않는다!

필자는 잠재적 성인 학습자들을 고등교육으로 이끌기 위하여 '교육 유효수요 이론'을 전개하고자 한다. 원래 유효수요 이론은 위대한 경제학자 존 메이너드 케인스가 1930년대 전 세계를 강타한 대공황에 대처하기 위하여 『고용, 이자 및 화폐에 관한 일반이론』에서 전개한 이론이다.[10] 대공황이 상품의 초과공급이라면 현재의 정원미달 사태는 교육에 대한 초과 공급이다. 당시 문제가 된 것이 '물건의 과잉' 현상이라면 현재 문제가 되고 있는 것은 '고등교육의 과잉' 현상이다. 공통점은 둘 다 초과공급 현상이라는 점이다. 즉, 팔려고 내놓아도 사는 사람이 없다는 것이다. 우리 사회가 당면한 대학 위기도 마찬가지이다. 현재 대학의 위기는 1930년대 대공황과 마찬가지로 대학 정원보다 대학 지원자가 모자라는 전형적인 교육의 초과공급 상태이다. 대량 정원미달 사태 이전에는 프랑스 경제학자 장 바티스트 세이가 제시한 세이의 법칙Say's Law이 교육현장에도 통용되었다. 즉, 공급은 스스로 수요를 창출하였다. 다시 말해서 대

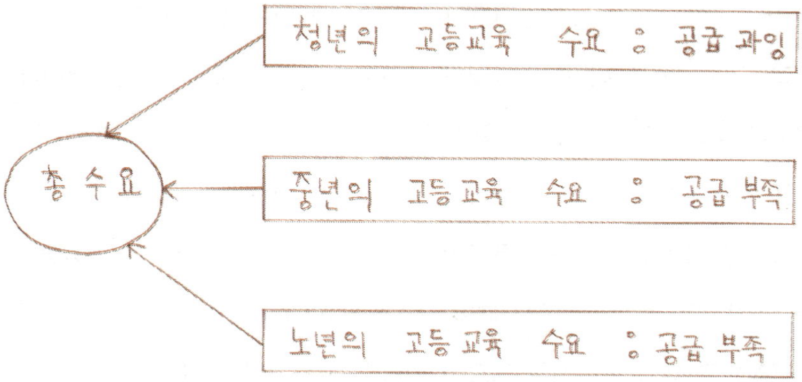

[그림 1] 고등교육 자원의 총수요 모델

학을 설립하기만 하면 학생들이 스스로 모여들어 정원을 채워주었다.

그러나 이제는 다르다! 대학이 멋있는 학과 간판을 내걸고 전액 장학금을 내걸어도 학생은 오지 않고 있다. 게임의 룰이 바뀐 것이다! 이제는 반대로 수요가 공급을 창출하는 때가 온 것이다. 따라서 교육부문에서 대학의 위기를 극복하기 위해서는 교육수요를 창출해야 한다. 그러면 어디서 부족한 교육수요를 창출할 수 있을까? [그림 1]에서 보다시피 고등교육에 대한 총수요는 세 부분으로 구성되어 있다. 첫째 구성요소는 고등학교를 졸업한 청년들의 고등교육에 대한 수요이다. 둘째 구성요소는 30~40대, 50~60대 중장년 성인 학습자들의 고등교육에 대한 수요이다. 그들은 본서의 사계절 인생지도에 의하면 여름 시기 후반과 가을 시기 초반에 있는 사람들이다. 이들은 대부분 직장에서 나왔거나 머지않아 나올 사람들이다. 그러나 이들 대부분은 자신의 희소한 자원을 자녀 교육에 투입하는 바람에 자신의 노후 준비가 충분하지 않다. 따라서 새 직장이 필요한 사람들이다. 이현청 교수가 『왜 대학은 사라지는가』에서 추정한 바로는 1,800만 명의 성인들이 고등교육에 대한 잠재적 수요자이며[11] 우리나라의 1차 베이비부머와 2차 베이비부머를 합해도 1,685만 명이다. 더구나 잃어버린 20%의 고등학교 졸업자에 대한 수요도 있다. 현재 전체 고등학교 졸업자의 80%가 대학에 입학한다고 하면, 나머지 20%는 대학에 입학하지 않고 고등학교를 졸업한 뒤 바로 직장에 들어가는 사람들이다. 이들 중 상당수는 다시 대학교육을 받고 싶어 한다. 따라서 이들을 적극적으로 대학에 유치할 필요가 있다.[12] 고등교육 자원에 대한 총수요의 세 번째 구성요소는 사계절 인생지도에서 가을 후반기와 겨울 시기에 이른 노인 학습자들의 고등교육 자원에 대한 수요이다. 왜 성인 학습자를 다시 중년세대와 노년세대로 나누는가? 그것은 일본 사례에서 보듯이 초고령사회에 진입하면 노년층의 고령화 현상이 뚜렷하게 나타날 것이기 때문이다.[13] 다시 말해 노인 집단 중에서 나이가 많은 노인들이 증가하고 있어 일할 가능성이 있는 젊은 노인과 부양받을 가능성이 높은 나이 많은 노인 집단으로 구분된다. 그리고 젊은 노인들은 여전히 무언가를 더 하고 싶어 한다. 이미 성공적 노화의 개념이 바뀌고 있다. 노인교육 전문가인 존 로우 John Low 교수와 로버트 칸 Robert Kahn 교수는 최근 논문에서 성공적 노화를 재정의하였고, 노인 세대도 직업을 가져야 한다는 견해를 밝혔다.[14] 그러나 현재 노인교육을 담당하는 노인교실, 노인복지관은 노인복지법에 따른 노인여가복지시설임에도 불구하고 평생교육 시설의 범위에 포함되어 있지 않다.[15] 그만큼 노인교육에 대한 분명한 계획이 아직 미비한 상태이다. 그러나 새로운 실버세대의 대두로 미래 노인의 고등교육 자원 구입 행위는 커질 것이다.

전체 고등교육 자원에 대한 총수요 중 저출산으로 인해 100만 명에서 40만 명까지 하락한 청년의 고등교육 자원에 대한 수요는 분명 초과 공급 상태이다.[16] 그러나 중년 성인 학습자들의 상황은 정반대이다. 이들은 교육을 받고 싶으나 여러 이유로 성인교육 시장에 충분히 진입하지 못하고 있다. 더구나 노인 성인 학습자들의 성인교육 시장은 아직 개발 초기 단계라 할 수 있다. 그러나 사계절 인생지도에서 가을 시기 후반, 즉 70대 중반 노년층의 잠재적 성인 학습자도 무시할 수 없다. 문제는 이 잠재적 성인 학습자들을 어떻게 고등교육 현장으로 이끌 수 있느냐이다. 성인교육 시장의 규모는 거대하다! 교육행정가 케빈 케리Kevin Carey는 『대학의 미래』에서 2020년 전 세계 중산층의 수는 33억 명이 될 것이고, 2030년 전 세계 중산층의 수는 48억 명으로 더욱 증가한다고 예측했다.[17] 미래 소득이 높은 중산층이 증가하므로 향후 대학교육을 원하는 인구가 크게 증가할 것으로 예상한다. 저명한 경영사상가 롤프 옌센Rolf Jensen과 미카 알토넨Mika Aaltonen은 『르네상스 소사이어티』에서 아시아지역을 눈여겨 보았다. 그는 아시아지역 경제 발전으로 미래 중산층이 크게 확대될 것이며, 아시아인들은 특히 교육에 대한 수요가 증가해 미래 교육시장이 블루오션이 될 것이라고 전망했다.[18] 그렇다면 어떤 연령대가 블루오션 시장인가? 여기에 시사점을 던져준 사람이 펜실베이니아 대학의 마우로 기옌 교수이다. 최근 마우로 기옌 교수는 『2030 축의 전환』에서 2030년에는 전 세계 인구 중 60세 이상 인구가 30억 명이 될 것이라고 설명한다. 따라서 성인교육 시장이 미래 블루오션임은 명확하다.[19] 성인교육의 선구자로 추앙받는 에두아르드 린드만은 『성인교육의 의미』에서 교육의 목적은 삶 전체에 의미를 부여하는 것이라고 말하였다.[20] 따라서 미래 성인교육 수요도 중년층에 대한 성인교육과 노인층에 대한 성인교육을 모두 포괄해야 한다.

공급정책에서 수요정책으로

지금까지의 고등교육 정책은 공급관리 정책이라고 해석할 수 있다. 고등교육에 대한 수요가 줄었으니 줄어든 수요에 맞춰 공급도 줄이는 정책이었다. 이는 과거 이십여 년 가까이 유지되어온 정책이었다. 그러나 이제 거대한 성인교육 시장의 존재를 고려한다면 이제 고등교육 정책은 공급량을 줄이는 공급관리 정책에서 수요를 창출하는 교육수요창출 정책으로 전환해야 살길이 있다. 특히 교육수요창출 정책은 성인교육 시장에 초점을 맞추어야 한다. 왜 그런가? 현재 우리 사회의 성인 노동시장은 양극화되어 있다. 한 쪽에서는 시장 자체가 포화되어 도산 위험성이 높은 자영업 창업이 이루어지고 있으며 다른 한 쪽에서는 소득이 낮은 취로사업이나 육체노동을 주로 하는 직종에 몰려 있다. 즉, 중간시장이 없는 것이다. 그러나 직장에서 밀려나오는 상당수 사람들은 지식근로자들이다. 이들에게 적합한 지식근로 유형의 직종이 없는 것이 사실이다. 성인들은 소득이 일정 수준 발생하고, 파산 위험이 적으며 육체노동보다는 사무직 노동에서 새로운 직종을 찾으려 하고 있다. 새로운 직종에서 직업을 가지려면 해당 전문지식이 있어야 하며, 그러한 지식을 갖추려면 새로운 교육을 받아야 한다. 성인들은 교육받을 동기가 존재한다. 문제는 이러한 명

목적인 수요를 구매력이 있는 유효수요로 전환시켜야 하는 것이다. 케인스는 대공황 당시 사람들이 아무리 물건을 사고 싶어도 호주머니에 돈이 없다면 물건을 살 수 없다는 데 착안하여 유효수요 이론을 만들었다. 유효수요란 무엇인가? 구매력이 뒷받침된 수요를 유효수요라고 한다.[21] 유효수요는 구매력이 없는 명목수요와 대조되는 개념이다. 따라서 원하는 과목을 수강할 자금이 있는 유효교육 수요가 창출되어야 한다.

거대한 성인교육 시장을 형성하기 위해서는 두 가지 준비가 필요하다. 한 가지는 교육기관의 준비이고 다른 한 가지는 정부의 역할이다. 먼저 정부의 역할을 보기로 하자! 한 가지 유념할 사항이 있다. 성인교육수요는 거대한 규모이지만 명목수요이다. 유효수요는 아닌 것이다! 따라서 교육을 받고 싶지만 교육받을 돈이 없는 명목수요를 교육서비스를 구입할 수 있는 유효수요로 전환해야 한다. 1930년대 대공황 시절 빵 가게 쇼윈도우에 전시되어 있는 빵을 먹고 싶어도 돈이 없어 사 먹을 수 없던 것처럼 성인이 아무리 교육을 받고 싶어도 교육비가 마련되지 없으면 교육을 받을 수 없다. 우리의 현실은 어떠한가? 알다시피 40대와 50대 성인들은 부모 부양과 자식 교육, 생활비 조달이라는 3중고에 시달리고 있다. 정작 자기 자신의 교육을 위한 충분한 소득이 없는 것이 성인들의 현실이다. 따라서 현재 상황에서는 성인들이 스스로 교육수요를 창출하기 어렵다. 어디선가 성인교육을 받을 수 있는 교육비를 조달해야 한다. 그럴 경우 교육에 대한 유효수요가 창출될 것이다.

대공황 당시 정부는 어떻게 불황에 대처하였는가? 케인스의 처방은 유효수요 부족 상황에서 정부가 나서는 것이다. 당시 대량실업으로 수요를 창출할 여지가 없는 민간 대신 정부가 재정정책으로 부족한 유효수요를 해결하였다. 미국의 경우 테네시강 하곡 개발공사와 같은 대규모 토목공사를 벌려서 민간부문의 부족한 유효수요를 보충하였다. 마찬가지로 민간부문의 교육 유효수요 부족을 보완하기 위하여 정부는 교육부분에 재정정책을 시행해야 한다. 즉, 정부는 성인들에게 성인 대신 교육비를 제공함으로써 성인들이 재교육을 받도록 해야 한다. 거대한 성인교육 시장을 형성하기 위해서는 고등교육 기관인 대학 차원의 준비가 필요하다. 여기서 필자는 린다 그래튼과 앤드루 스콧이 『뉴 롱 라이프』에서 제시한 견해를 보완한다. 린다 그래튼과 앤드루 스콧은 다단계인생 모델의 교육을 짧은 시간에 수시로 받는 교육으로 상정하였다.[22] 필자는 다양한 길이의 교육 프로그램이 필요하다는 입장이다. 말콤 글래드웰Malcolm Gladwell에 의하면 어떤 한 분야에 전문가가 되기 위해서는 1만 시간의 법칙이 존재하며, 1만 시간은 10년에 해당한다고 말한다.[23] 과연 대학을 비롯한 고등교육 기관에 1만 시간의 법칙을 달성할 수 있는 교과과정이 있는가?[24] 미래 어느 시점에 거대한 성인교육 수요가 생겨난다고 상상해보자. 그때 과연 대학들은 그 엄청난 교육수요를 만족시킬 준비가 되어 있을까? 다시 말해서 충분히 품질 좋은 교육서비스를 제공할 준비가 되어 있을까? 전 장에서 여러 전문가들이 대학교육의 위기 원인을 교육 품질 저하로 보고 있음을 상기하라! 대학은 성인들이 직장에 재도전할 만큼 품질 좋은 교육자원을 충분히 준비하고 있는가? 노인을 위한 별도의 강좌는 품질 좋은 콘텐츠로 충분히 마련되어 있는가?

1. Why : 성인은 왜 교육을 받아야 하는가?

성공적 노화를 위해서는 노인도 직업을 가져야 한다.

— 존 로우 · 로버트 칸, 『성공적인 노화』

TV 프로그램 중에서 연령에 관계없이 시청자들이 꾸준히 즐겨본 장수 프로그램에는 어떤 것들이 있는가? 필자는 그중 하나가 "동물의 왕국"이라고 생각한다. 동물의 왕국에서 방영된 많은 장면 중에서도 가장 인상적인 장면은 어떤 장면인가? 필자에게 묻는다면 아프리카 대륙 세렝게티 평원에 서식하는 누우 떼가 강을 건너는 장면이라고 생각한다. 세렝게티 평원은 번식을 마치고 다음 단계를 기다리고 있는 누우들로 가득하다. 때가 되면 누우들은 강을 향해 달리기 시작한다. 그런데 강에는 이미 누우들을 기다리고 있는 존재들이 있다. 악어다. 악어들은 세렝게티 초원의 풀로 몸을 한껏 살찌운 누우를 학수고대하고 있다가 강을 건너는 순간 어디든 물어 걸리기만 하면 억센 이빨로 누우를 잡아 물 속으로 끌어들인다. 일단 누우를 물 속으로 데려가기만 하면 만사 끝이다. 사람도 일생을 사노라면 물살이 거세게 흐르는 인생의 강을 건너게 된다. 중간에 요절하지만 않는다면 누구나 '중년의 위기'라는 강을 건너야 한다.

가. 큐비즘

왜 교육을 받아야 하는가? 파블로 피카소는 큐비즘, 즉 입체파 화풍으로 유명하다. 피카소는 3차원의 대상을 2차원의 화폭 안에 그려 넣기 위해 여러 각도에서 대상을 바라본 부분들을 종합하여 완성하는 기법을 활용하였다. 큐비즘 그림처럼 교육을 받아야 할 이유를 찾기 위해 동물행동학과 뇌과학, 기술이라는 세 대의 카메라로 입체적 그림을 얻어 보자. 인간은 어떤 존재인가? 프란스 드 발은 인간이 뼛속까지 무리를 짓는 동물이라고 말한다. 왜 그런가? 침팬지와 보노보, 호모 사피엔스의 공통조상은 무리를 짓고 있었고 지금도 침팬지와 보노보, 인간 모두 무리를 지어 살기 때문이다. 무리지어 사는 행동은 물려받은 본능이다. 쉽게 없어진다면 본능이라고 할 수도 없다. 그런데 현실은 정반대로 가고 있다. 전 세계적으로 1인 가구의 수가 갈수록 증가하고 있다. 2030년에 프랑스는 전체 가구의 절반인 50%, 일본과 영국은 전체 가구의 40%, 미국은 30%가 1인 가구일 것으로 전망한다.[25] 놀랍게도 2021년 한국은 1인 가구 비중이 이미 40%를 넘어섰다는 기사가 나왔다.[26] 인간의 원초적 속성은 무리 동물인데 우리는 개체로 떨어져 나가고 있는 것이다. 그러면 인간의 무리 짓는 본능은 약해지고 있는가? 아니다. 최근 정년을 한 사람들 중에서는 원격 교육기관에 등록하는 사람들이 늘어나고 있다고 한다. 왜 그럴까? 소속감을 가지기 위해서이다. 즉, 무리에 들어가기 위함이다. 성인교육은 사회를 떠난 성인에게 또 다른 사회에 소속될 기회를 제공한다.

뇌과학의 카메라로 인간 학습 잠재력을 살펴보자. 에드워드 윌슨의 『창의성의 기원』을 보면 인간의 두뇌 용량은 초기 인류에서 호모 하빌리스, 호모 에렉투스, 현생 인류에 이르기까지 400cc → 600cc → 900cc → 1300cc로 세 배 이상 확장되었다.[27] 그러면 두뇌의 역할은 무엇인가? 스티븐 쿼츠Steven Quartz와 티렌스 세지노브스키Terrence Sejnowski의 『거짓말쟁이, 연인 그리고 영웅』을 보면 작은 바다 생물인 우렁쉥이는 태어나면 곧바로 자신이 살 장소를 찾아 바다를 여행한다. 우렁쉥이가 산호 틈에 자신이 살 곳을 발견하면 곧 그곳에 들어가 영구히 정착한다. 정착한 후 우렁쉥이는 놀랍게도 자신의 뇌를 먹어치워 버린다. 더 이상 뇌가 필요하지 않기 때문이다.[28] 우렁쉥이는 어떤 의미를 말해주는가? 뇌는 변화무쌍한 환경에서 목숨을 보전하기 위해 만들어진 기관인 것이다. 두 번째 질문으로 우렁쉥이는 두뇌를 먹어치우는데 왜 인간은 반대로 두뇌 용량을 세 배 이상으로 키워왔는가? 인간이 그만큼 변화가 심한 환경에서 생존해왔다는 의미이다. 현대는 기술 변화가 가속적으로 이루어지고 있는 변화무쌍한 시대이다. 따라서 성인에게도 더욱 뇌의 역할이 중요하다. 뇌과학은 성인들에게 기쁜 소식을 전해주고 있다. 최근 뇌과학 연구에 의하면 인간의 두뇌는 새로운 것을 경험할 때 배선구조가 달라진다. 이는 성인들에게 희망을 주는 메시지이다. 영국 런던은 오래된 도시이고 골목길도 많아 택시 운전사가 승객을 원하는 장소로 데려다 주는 일이 매우 어렵다고 한다. 런던 택시 기사가 되기 위한 시험은 엄청난 난이도를 자랑한다. 런던 택시 기사 시험을 치루는 응모자들은 처절하게 런던의 복잡한 골목들을 외우려고 애쓸 것이다. 뇌과학자들이 런던 택시 기사들의 두뇌를 기능성자기공명영상으로 조사해 보았더니 놀랍게도 택시 운전사들의 두뇌 부분 중에서 기억력을 관장하는 부분인 해마가 다른 사람들보다 많이 발달해 있는 것이다. 그리고 택시 운전사가 되기 전 두뇌 구조와 택시 운전사로 오래 일한 다음 두뇌 구조를 영상 촬영해 보았더니 운전 기사가 되기 전보다 운전 기사가 된 후의 해마가 더 커져 있었다고 한다.[29] 즉, 인간의 두뇌는 태어날 때부터 고정된 것이 아니고 학습하면 두뇌 구조가 변화한다는 것이다. 교육을 받으면 문자 그대로 새사람이 되는 것이다.

복엽기 → 단엽기 → 제트기 → 화학연료추진 우주선 → 원자력추진 우주선

이번에는 기술이라는 카메라로 촬영해보자. 철학자 마르틴 하이데거는 기술이 우리 시대의 숙명이라고 말했다.[30] 수명이 연장된 50대, 60대, 70대뿐만 아니라 80대, 90대 노인들 역시 기술변화가 가속되고 있는 세상에 살아야 하는 것이다.[31] 로빈 던바의 『멸종하거나, 진화하거나』를 보면 인류의 가장 큰 특징은 두발보행을 한다는 점이다. 인류의 두발보행은 동아프리카 케냐의 투겐 힐스에서 발견한 흔적으로 봤을 때 오로린 투게넨시스가 출현한 무렵 시작된 것으로 보인다.

대퇴부와 고관절 각도를 보면 오로린은 나무에 기어올랐을 가능성도 있지만 의심의 여지없이 두발보행을 한 것으로 보인다.[32] 그 이후 인류는 오스트랄로피테쿠스 → 호모 하빌리스 → 호모 에렉투스 → 호모 하이델베르겐시스 → 네안데르탈인 → 호모 사피엔스로 진화하기까지 600만 년이 걸렸다.[33] 600만 년 사이에 인간은 나무가 빽빽하게 들어찬 정글을 떠나 사바나 초원으로 거주지를 옮겼고, 아프리카를 떠나 유럽과 전 세계로 진출하였다. 그러나 인간은 하늘을 날기 시작한 지 불과 60년 만에 우주로 진출하였다. 인간은 1905년 인류 최초로 미국 라이트 형제가 엔진을 단 비행기로 하늘을 나는 데 성공한 뒤, 불과 10년도 안 된 1914년 제1차 세계대전에서 주 날개가 두 개로 겹쳐 있는 복엽기로 공중전을 벌였다. 1939년 발발한 제2차 세계대전에서는 주 날개가 하나인 단엽기가 해전의 판도를 바꾸어 놓았다.[34] 위용을 자랑했던 거대한 전함들은 벌떼같이 날아드는 폭격기 공격을 당해내지 못하였다. 전쟁 말에는 제트 전투기가 출현하였다. 그리고 1969년에는 지구를 벗어난 화학연료 우주선이 달에 도착하였다. 지금은 화성 등 심해 우주를 탐험하기 위해 보다 속도가 빠른 원자력엔진 탑재 로켓을 개발할 것으로 전망된다. 조지 바살라의 『기술의 진화』를 보면 물리학자 프리먼 다이슨은 이미 60년 전에 우주를 시속 10만 마일로 날아갈 수 있는 원자력엔진 개발을 시도한 바 있다.[35] 노인들과 장년 세대들에게 따뜻한 국밥 한 그릇 대접하는 것 이상으로 필요한 일은 가속화하고 있는 기술 문명에 대한 교육이다!

나. 직업

노벨문학상에 빛나는 어니스트 헤밍웨이의 대표작은 『노인과 바다』이다. 어부인 노인이 큰 물고기와 사투를 벌이는 내용이다. 『노인과 바다』의 노인처럼 마지막 순간까지도 큰 물고기와 사투를 벌이고 싶은 것이 노인의 마음이다. 비록 노인이 사투 끝에 잡은 물고기는 귀환 도중 상어의 밥이 되고 말았지만 그래도 노인은 단꿈을 꾸며 잔다. 무엇이 성공적 노화일까? 노인학 전문가 중에서 성공적 노화라는 개념을 처음 세운 사람들이 존 로우 교수와 로버트 칸 교수이다. 이들은 1997년에 발표한 논문에서 성공적 노화란 질병이 없고 육체적·정신적으로 건강하며 사회활동에 왕성하게 참여하고 있는 상태라고 말하였다.[36] 그러나 그들은 2015년에 발표한 최근 논문에서 성공적 노화를 위해서는 노년층도 적합한 직업을 가져야 한다는 의견을 피력하였다.[37]

100세 시대를 맞이하여 성인들은 불가피하게 여러 직장을 다닐 수밖에 없게 되었다. 2015년 3월 미국노동 통계국의 자료에 따르면 50대 미국인들은 평균적으로 11.3번 직업을 바꾼 것으로 조사되었다.[38] 린다 그래튼의 다단계인생 모델이 보여주듯이 교육-직장-퇴직의 인생 3단계 모델은 더 이상 유효하지 않다.[39] 대부분 직장인들은 직장에 들어간 날이 엊그제 같지만 어느덧 50세를 바라보고 있을 것이다. 현재 우리나라 직장인들의 실제 퇴직연령은 평균 49.2세로 알려져 있다. 남성 회사원의 경우 20대 후반에 입사하여 20년을 쉬지 않고 뛰어온 것이다. 50세라면 첫 번째 직장을 퇴직했거나 이미 두 번째나 세 번째 직장을 퇴직한 상황일 수 있다. 인생 100세 시대에서 50세가 된 것을 마라톤에 비유하자면 반환점을 돈 것이다. 아직도 남은 50년이 기다리고 있는 것이다. 필자가 50세 즈음에서 맞이할 직장에 의미를 부여하는 이유는 이때부터는 체력이 많이 달리는 시기로 이전의 직장 생활과는 다를 것이기 때문이다. 그리고 50세 이후의 선택은 미래 50년에 지대한 영향을 끼칠 것이다. 왜냐하면 20대와는 달리 역전할 기회가 많지 않기 때문이다.

영국의 경영사상가 찰스 핸디는 포트폴리오 인생을 살고 있는 사람이다. 찰스 핸디는 로열 더치 셸이라는 다국적 석유회사에서 근무하다가 미국에서 경영학을 공부하고 경영대학원 교수를 거쳐 정규직을 나온 뒤 프리에이전트의 삶을 살고 있다. 그가 제안한 직업선택 모델을 확장하면 훌륭한 다단계인생 모델이 될 수 있다. 찰스 핸디의 조언에 의하면 자신의 직업 경력을 제대로 관리하기 위해서는 하나의 단계를 종료하기 전에 다음 단계를 시작해야 한다. 다른 말로 하면 현재 다니고 있는 직장에서 경력의 정점에 오르기 전에 다음 직장을 알아보아야 한다. 찰스 핸디는 기업의 성장과 쇠퇴를 설명하기 위해 시그모이드, 즉 S자 곡선을 상정하였다. 기업 초기에는 투입이 산출보다 많다. 투자가 성공을 거두고 저점을 통과하게 되면 기업은 잘 돌아가기 시작한다. 생산이 증가하고 회사 규모도 커지며 성공이 눈앞에 와 있다. 하지만 초기에 잘 나가던 기업도 경쟁기업이 품질 좋은 물건을

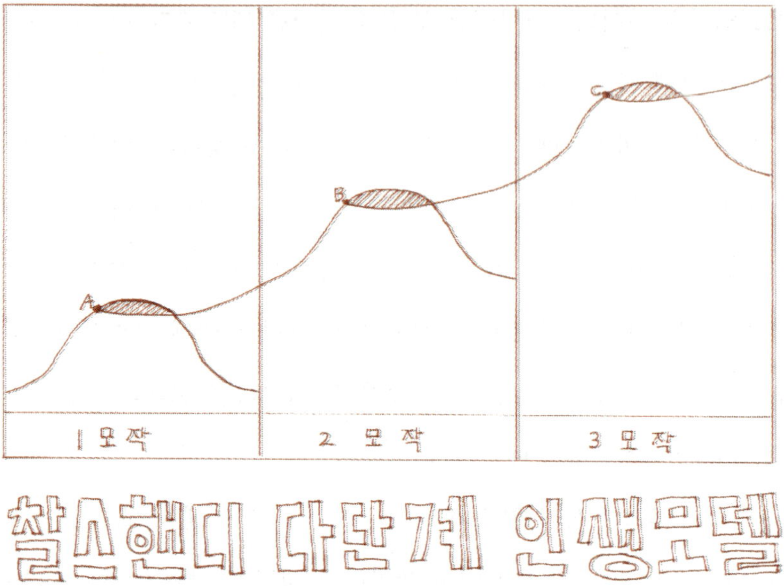

[그림 2] 찰스 핸디 다단계인생 모델

더 싼 가격으로 공급하면 실적이 주춤하게 된다. 이때 곡선은 정점을 지나 하향길에 들어서 있다. 이러한 함정을 피하기 위해서 첫 번째 곡선이 정점에 오르기 전에 두 번째 곡선을 시작하는 것이다. 그림에서 A지점은 아직 정점에 도달하지 않은 위치이기 때문에 유리한 상황이다. 바로 이때 다시 준비를 시작해야 한다.[40] 언제 다시 시작해야 하는가? 찰스 핸디는 현재의 삶이 너무 편안하고 마음대로 된다는 생각이 들면 그때가 다시 시작할 때라고 말한다. 우리의 다단계인생 모델에서는 적어도 두 번 새로운 시도를 해야 한다.

다. 조력자

왜 성인교육이 필요한가? 조력자가 필요하기 때문이다. 신화학자 조지프 캠벨은 영웅의 여정 모델에서 조력자의 역할을 강조하고 있다.[41] 신화적 영웅들조차 조력자가 필요하다. 더구나 체력이 약해지고 지력과 민첩성이 떨어진 중년 이후 세대에게는 더욱 조력자가 필요하다. 조력자에는 다양한 유형이 있다. 부모도 있고, 스승도 있고, 친척도 있고, 배우자도 있다. 부모의 영향은 두 가지로 분류할 수 있다. 한 가지는 부모가 목표를 가지고 직접 자식의 교육에 개입하는 경우이고, 다른 한 가지는 부모의 영향을 받는 것이다. 부모가 직접 교육에 개입한 천재들로는 『자유론』으로 유명한 존 스튜어트 밀을 들 수 있다. 존 스튜어트 밀의 자서전을 읽어보면 존 스튜어트 밀의 아버지 제임스 밀은 에듀 파파였다. 제임스 밀은 아들인 존 스튜어트 밀이 3세 때 그리스어 단어집을 만들어주었으며, 아들이 7세 때 헤로도토스, 크세노폰, 플라톤의 책들을 그리스 원전原典으로 읽게 하였다. 8세 때는 라틴어 문법을 배우게 하고 라틴어를 원전으로 한 율리우스 카이사르의 『갈리아 정복기』를 읽게 하였다. 그때 즈음 아버지는 대수학, 유클리드 기하학을 가르치고 아들에게 영어로 시를 짓도록 하였다.[42] 13세 때는 경제학을 직접 가르치기 시작하였다. 아버지의 친구 중에는 유명한 경제학자 데이비드 리카도와 공리주의 이론가 제러미 벤담이 있었다.[43]

부모가 영향을 끼친 두 번째 유형으로는 아버지와 아들이 나란히 노벨물리학상을 수상한 덴마크 물리학자 닐스 보어와 아들 오게 닐스 보어를 들 수 있다. 아들은 제2차 세계대전 혼란 중에 아버지의 비서이자 조수 역할을 했다. 퀴리 부인의 딸 졸리오 퀴리는 제2차 세계대전이 발발했을 때 어머니와 함께 부상병들에게 X선 촬영기를 가져가 상처가 어느 부위인지 촬영하는 일을 같이하였다. 졸리오 퀴리는 어머니의 조수이자 동료였다. 그 후 어머니의 연구를 이어받아 인공방사능을 발견하였으며, 부모의 뒤를 이어 노벨물리학상을 받았다.[44] 로렌스 크라우스Lawrence Krauss의 『퀀텀맨』에 의하면 아인슈타인 이후 최고의 천재라 불리는 리처드 파인만은 그의 아버지가 두 번이나 직접 담당 교수를 찾아가 파인만의 인생 진로를 상담할 만큼 부모가 조력자의 역할을 다하였다.[45]

스승이 조력자인 경우도 있다. 대표적 사례는 찰스 다윈의 경우이다. 찰스 다윈을 진화론의 창시자로 만들어준 사람은 존 스티븐스 헨슬로 교수이다. 헨슬로 교수가 비글호에 승선할 과학자로 찰스 다윈을 추천하지 않았다면 오늘날 진화론이 빛을 볼 수 있었을까? 원래 다윈은 케임브리지대학을 졸업하고 성직자가 되려고 했었다.[46] 그러나 비글호를 타고 5년간 지질학과 박물학에 전념함으로써 다윈의 인생은 바뀌었다. 다윈은 '헨슬로 교수와 산책하는 사람'으로 알려질 만큼 헨슬로 교수와 친했다. 사실 식물학 전공인 헨슬로 교수는 비글호를 타고 남아메리카와 여러 지역의 식물을 연구하려 했다. 그러나 부득이하게 아내가 병중에 있어 포기한 후 그 자리에 다윈을 추천하였던 것이다.[47] 다윈은 5년간 비글호를 타고 갈라파고스 군도를 방문하면서 진화론의 단서를 얻었다. 영국 케임브리지대학교 캐번디시연구소 러더퍼드 소장의 제자 사랑은 대단하였다. 러더퍼드는 자신만 노벨상을 받은 것이 아니라 본인의 지도를 받은 제자 13명 모두 노벨상 수상자로 만들어준 전무후무한 인물이다.

배우자가 조력자인 경우도 있다. 마리 퀴리의 배우자인 피에르 퀴리는 조력자로서 중요한 역할을 했다. 대학 교수였던 피에르 퀴리는 외국인이었던 퀴리 부인에게 든든한 방어막이었으며, 부부의 공동연구를 통해 라듐을 발견했다. 존 스튜어트 밀은 현숙한 부인의 조력을 받았던 것으로 밝혀졌다. 밀은 자서전에서 부인이 그의 대표작 『자유론』을 쓰는 데 큰 역할을 했다고 말했다.[48] 20세기 파블로 피카소와 쌍벽을 이루는 화가가 있다. 초현실주의 화가 마르크 샤갈이다. 그는 몽환적인 그림으로 유명하다. 샤갈이 화가로 성장하는 데는 부인인 벨라 로젠펠트의 조력이 있었다. 샤갈은 "내 약혼녀에게"라는 작품을 남기면서 부인을 마음에 담았다. 영국 빅토리아 왕조 대표적 시인인 로버트 브라우닝은 생전에 시인으로서 자신보다 명성이 높았던 6살 연상의 부인 엘리스베스 브라우닝에게 자극을 받았다.

현대 기술문명 사회의 지식은 양과 질에서 인간이 혼자 감당하기에는 너무 커졌다. 조금이라도 새로운 지식에 접근하기 위해서는 누군가 조력자가 필요하다. 더구나 독학으로 새로운 지식을 흡수한다는 것은 사실 매우 어려운 일이다. 성인 학습자 역시 조력자가 필요하다. 성인교육 기관은 성인들에게 이러한 조력자를 소개해주는 역할을 담당한다. 조력자는 지식을 제공할 뿐만 아니라 자신의 인적 네트워크를 활용하여 재취업에 도움을 줄 수도 있다. 그렇게 본다면 성인교육 기관의 교육자들은 인생 제2막을 여는 데 있어 너무 중요한 존재이다.

라. 노인교육

침묵의 세대

길을 가다가 마주친 노인들은 대체로 말없이 자기 길을 걸어간다. 왜 노인들은 침묵하고 있는가? 전통사회에서 지혜의 전수자로 존경을 받았던 노인들이 산업사회에서는 발언권을 상실했기 때문이다. 그러나 마우로 기옌 교수는 저서 『2030 축의 전환』에서 미래 실버세대를 앞으로 가장 주목받을 세대로 보았다. 왜 그런가? 통계수치가 말해주고 있다. 2030년이 되면 전 세계의 60세 이상 인구가 35억 명에 도달할 것이기 때문이다.[49] 더 이상 무슨 말이 필요한가? 매일경제신문사가 발간한 『욜드 이코노미』에서 보듯이 젊은 노인(young + old)들은 구매력을 갖춘 세대이다.[50] 이제 나이키 같은 글로벌기업도 80세 이상 고객을 향한 홍보에 관심을 보이고 있다. 한 세대 전에는 길거리에 고령인들이 잘 보이지 않았다. 자녀들이 대신 일을 봐주었기 때문이다.

그러나 요즈음에는 마트나 지하철, 길거리에서 노인을 마주치는 일이 어색하지 않다. 이러한 현상은 무엇을 말하는가? 이제 노인이 하나의 독립된 개체로 거듭나고 있다는 의미이다. 고령인은 더 이상 자식에게 얹혀사는 존재가 아니다. 독자 중에는 70대에 일한다는 개념이 낯선 분이 계실지 모른다. 평균수명이 70세인 시절에는 그 말이 맞다. 그러나 100세 시대에는 70대 뒤에도 20여 년이 남아 있다. 지금 나이가 65세 이상인 분들도 미국의 "이글스", 영국의 "롤링 스톤스", 아일랜드의 "U2", 독일의 "스콜피온" 등의 연주가 친숙할 것이다. 왜냐하면 이 록 밴드들은 1970년대에 이름을 알리기 시작했기 때문이다. 현재도 활동하고 있는 록 스타들의 나이를 생각해보라!

1차 베이비부머들은 내년이면 모두 60세 이상이 된다. 이들은 5년 뒤면 65세 이상의 노인인구에 속한다. 이들 중에는 재력과 건강이 남다른 사람들도 많을 것이다. 이들은 분명 새로운 노인 이미지를 만들어낼 것이다. 베이비부머 중 상당수는 활발하게 사회활동을 할 것이다. 그중에는 교육이 빠질 수 없다. 이들은 지칠 줄 모르고 교육에 투자할 것이다. 분명 현재 50대, 60대 중 상당수는 90세 이상까지 생존하여 20년 뒤에도 활동할 것이다. 그리고 교육에 관심을 돌릴 것이다. 따라서 미래 성인교육 시장에서 노인교육 시장 역시 크게 성장할 것으로 예상한다. 대학도 중년시장에만 관심을 둘 것이 아니라 노인만을 위한 교육시장도 별도로 구상하고 노인들의 교육수요 또한 별도로 개발해야 한다. 그것이 대학과 국가를 위한 일이다.

소속감

왜 노인은 교육을 받아야 하는가? 마음에 떠오르는 이유 한 가지는 외로움을 극복하기 위함이다. 대니얼 레버틴Daniel Levitin의 『석세스 에이징』을 보면 미국 뉴욕에서 108세로 사망할 때까지 이발사로 일했던 안토니 마이넬리를 소개하고 있다. 그는 108세까지 이발소에 매일 출근하여 젊은 이발사들과 함께 손님의 머리를 손질하였다. 이발소 점장은 마이넬리가 결코 아픈 적이 없었다고 증언한다. 2017년 인터뷰에서 그는 배우자가 먼저 떠난 뒤 매일 바쁘게 일하면서 자신을 다독일 수 있었다고 말한다. 매일 머리를 자르면서 손님과 대화하는 특권을 누렸던 것이다.[51] 필자의 지인 몇 사람은 정년퇴임한 뒤 고등교육 기관에 신입생으로 등록하였다. 왜 그랬을까? 소속감을 가지기 위해서였을 것이다. 외로움은 사람을 좀먹는다. 대니얼 레버틴의 저서 『석세스 에이징』에 의하면 외로움은 알츠하이머 병 발병률을 두 배로 높일 가능성이 있다고 한다. 외로움은 스트레스 호르몬을 증가시켜 치매의 원인이 될 수도 있다. 심지어 외로움은 하루에 담배 15개를 피는 것보다 더 건강에 나쁘다.[52] 사람은 혼자서 살 수 없다. 아무리 평판이 나쁜 사람이라도 대부분 자기 나름의 가족과 친구들을 가지고 있다. 특히 남자의 경우는 직업을 중심으로 인간관계가 형성되기 때문에 오랜 시간 직장을 통해 구축한 인간관계는 직장을 퇴직하면서 서서히 빛이 바래게 된다. 직장에서 만난 사람들 중에는 퇴직 후에 계속 만나는 경우도 있지만, 이전 직장의 동료를 다시 만나게 되면 대부분 서먹서먹해질 것이다. 따라서 직장을 나와서도 삶을 유지하기 위해서 인간관계의 복원이 필요하다. 이때 교육을 다시 받게 되면 그곳에서 자연스럽게 새로운 인간관계가 형성된다.

여기서 필자가 말하는 새로운 인간관계는 친구와 같이 긴밀한 사이의 인간관계만을 의미하지 않는다. 우리 인생은 그처럼 가까운 사이가 아니어도 관계 맺는 사람들과의 상호작용으로 대부분의 시간을 보내게 된다. 그렇다면 그런 인간관계는 중요하지 않은 인간관계인가? 아니다! 마크 그라노베터Mark Granovetter라는 학자의 「약한 연결의 힘」이라는 논문에서 보면 실제 사람들은 직업을 얻을 때 친구나 가까운 사람의 도움을 받기보다 그저 아는 사이 정도의 2선급 사람들로부터 도움받는 경우가 더 많은 것으로 밝혀졌다.[53] 그런 관점에서 보면 사소해 보이는 인간관계라 할지라도 사소하지 않는 것이다. 더구나 법정스님의 책, 『살아 있는 것은 다 행복하라』에서 친구 사이는 오히려 거리를 유지해야 오래간다고 되어 있다.[54] 결국 우리의 만남은 대부분 친하지 않고 깊은 인간적 교류를 하지 않으면서 만나는 경우가 대부분이라는 것이다! 그것이 진실이다. 사실은 그런 사소한 인간관계가 필요하다. 재교육은 노인을 새로운 인간관계의 세계로 초대한다.

가까운 미래

왜 정년퇴임한 성인이 일자리로 귀환해야 하는가? 왜 50대, 60대가 일자리를 가져야 하고 심지어 70대 연령집단까지도 일자리로 귀환하는 것을 고민해야 하는가? 미래에는 노동력이 부족해지기 때문이다. 현재 전 세계적으로 베이비부머들이 은퇴하고 있다. 일부에서는 로봇과 같은 자동화기기를 도입하여 노동력 부족을 해소하려 할 것이다. 그러나 자동화가 가능한 분야가 있는가 하면 자동화가 어려운 분야도 있다. 미국 50대 경영학자 중 한 사람인 토마스 데이븐포트Thomas Davenport는 『IT경영전략』에서 기업 경영자들이 정보의 3분의 2를 직접 대면이나 전화로 얻고 있으며, 나머지 3분의 1도 회사 밖에서 가져온 문서에서 얻고 있다고 말한다.[55] 린다 그래튼과 앤드루 스콧은 『뉴 롱 라이프』에서 일본의 사례를 직시하고 있다. 2012년 이후 일본의 생산가능 인구는 500만 명 이상 감소했지만 같은 시기에 고용은 450만 명 이상 증가했다. 이는 여성과 65세 이상 노동자 고용이 늘었기 때문이다. 이러한 추세로 볼 때 고령화사회에서는 기존에는 고용 우선순위가 아니었던 인력을 채용하거나 유지하는 데 성공한 기업이 핵심 경쟁우위를 차지할 것으로 전망한다.[56]

정년퇴임한 노인이 일자리로 귀환해야 하는 또 다른 이유는 세계 1위를 기록한 저출산이다. 얼마 전 여론조사 결과 우리나라 사람들이 가장 심각한 문제로 꼽고 있는 것이 저출산 문제였다. 그 와중에 의료기술이 발달함에 따라 노인들은 장수하게 되었다. 이제 100세 시대가 열리고 있다. 이제 우리 인구구조는 1960년대 초 피라미드 형태에서 종모양을 거쳐 미래에는 역삼각형 모습으로 바뀔 전망이다. 인구구조가 피라미드 형태인 경우는 노인들이 일찍 사망하여 노인 인구가 전체 인구에서 상대적으로 매우 적고 왕성한 출산율로 말미암아 1세에서 14세까지 연령집단은 매우 많은 인구구조를 말한다. 이때는 일할 사람, 즉 15세부터 64세까지 연령집단은 중간 정도 인구 비중을 차지한다. 그러다 인구구조가 종모양이 되면 15세부터 64세까지의 근로자층의 비중이 가장 많아지고, 1세부터 14세까지의 젊은 연령층 인구가 2위를 차지하며 노인 인구는 가장 적은 형태가 된다. 이 종모양 형태는 그 사회에서 일할 사람이 가장 많은 형태이므로 이들이 어린이층과 노년층을 먹여 살릴 수 있어 사회적으로는 바람직한 형태이다. 그러나 이제 우리가 제동을 걸지 않으면 최저 출산율과 초장수로 인해 인구구조가 역삼각형 형태로 변화할 것이다. 인구구조 그림에서 근로자층을 15세부터 64세까지로 상정하였지만 문제의 심각성은 실제로는 보통 25세 정도부터 일하기 시작하며, 50세가 되면 1차 직장에서 퇴직하는 경우가 대부분이라는 것이다. 따라서 양질의 직장에서 자부심을 가지고 안정적으로 일하는 기간은 20여 년에 불과하다. 미래 인구구조가 역삼각형 형태가 되면 적은 수의 근로자들이 많은 수의 미취학 아동과 노인들을 부양해야 하는 상황이 발생하게 되는 것이다. 이제 부족한 노동력을 누군가 채워야 한다. 실버세대가 능력이 된다면 마다할 이유가 없다.

2. What : 성인은 무엇을 배워야 하는가?

변화될 수 있는 것은 변화시키고 변화될 수 없는 것은 받아들인다.

— 리처드 칼슨, 『우리는 사소한 것에 목숨을 건다』

성인교육의 주요 대상은 자신의 능력을 향상시키고자 하는 성인 학습자들이다. 청년들을 위한 교육이 사계절 인생지도에서 여름 시기를 준비하기 위한 교육이었다면 성인교육은 인생의 가을과 겨울 시기인 50대 이후 50년을 대비하기 위한 교육이다. 20대 중반부터 40대 후반까지는 건강하고 체력적이고 에너지가 넘치는 시기이다. 그러나 50대 초부터는 눈이 침침하고 수면이 부족해지는 등 노화가 시작된다. 또한 직장에 다니고 있을 가능성이 많아 학습에 많은 시간을 내기 어려운 때이다. 그럼에도 불구하고 배워야 한다면 무엇을 배워야 하는가? 이제 알아보기로 하자.

가. 변하지 않는 것들

인류의 스승은 누구인가? 2,500년 전인 기원전 500년경 인간사회 여러 곳에서 동시다발적으로 우주적 영웅들이 나타났다. 그리스에서는 소크라테스와 플라톤이 태어나고 근동지방에서는 유대교 선지자 예레미야가 태어났다. 인도에서는 불교와 자이나교의 창시자 부처와 마하비라가 태어나고[57] 중국에서는 유교와 도교의 창시자인 공자와 노자가 활동하기 시작했다. 인류는 우주개척 시대인 현대에 와서도 이 우주적 영웅들의 가르침을 인생의 지침으로 삼고 있다. 그런데 에드워드 윌슨이 『창의성의 기원』에서 말한 바와 같이 장대한 인류의 역사에 비추어 볼 때 인류를 극히 최근인 2,500년 안에만 가두어 두는 것은 인간 활동을 너무 좁게 해석하는 것이다.[58] 우리는 과학의 시대에 살고 있다. 과학이 어떻게 변하는지 살펴보자.

미국의 시사주간지 『타임』지는 20세기 가장 위대한 과학자로 물리학자인 알베르트 아인슈타인을 선정하였다. 20세기는 물리학의 시대였다. 그러면 21세기 들어 가장 핫한 과학은 어떤 분야일까? 필자는 고인류학, 고고유전학, 진화생물학, 동물행동학, 뇌과학이라고 본다. 이들의 공통점은 모두 인간에 대한 연구이다. 동물행동학은 동물을 연구하여 인간에 대한 시사점을 찾아내며, 고인류학과 고고유전학은 네안데르탈인과 같은 사라진 고인류를 추적하면서 인류의 기원을 캐고 있다. 인류는 전체 역사의 대부분을 수렵·채집사회에 살고 있었다. 그래서 인류학자들은 칼라하리 사막의 쿵족과 같이 현존하는 수렵·채집사회를 연구하고 있다. 고인류학에서는 인류의 직계 조상을 200만 년 전 출현한 호모 에렉투스로 보고 있다. 이때부터 인간은 완전히 나무와 결별하고 땅 위에서 생활했기 때문이다. 나무를 붙들고 있을 필요가 없으니 다른 유인원에 비해 팔근육이 줄어들고 짧아졌으며, 걸어 다녀야 했으니 다리는 길어지고 발가락 다섯 개는 모두 같은 방향을 바라보게 되었다. 인류의 조상인 호모 에렉투스는 어떻게 생활하였을까? 안타깝게도 화석밖에 남지 않아 우리는 그들의 일상생활을 추적하기 어렵다. 대안으로 떠오르는 것은 가장 가까운 친척인 유인원이다. 고인류학에 의하면 인류와 침팬지는 대략 600만 년 전에 분리되었다. 다른 말로 하면 600만 년 이전에는 인간과 침팬지에게는 공통의 조상이 있었다는 이야기다. 학자들이 충격받은 것은 일반적으로 수억 년, 수십억 년 차원에서 펼쳐지는 생명의 파노라마에서 600만 년은 극히 짧은 시간이고, 그 짧은 시간 동안에 동물인 침팬지와 만물의 영장인 인간의 구별이 이루어졌다는 점이다. 더욱 놀라운 점은 침팬지와 인간은 DNA 98.6%가 일치한다고 하니 도대체 무엇이 인간을 침팬지와 차이 나게 만들었냐는 말이다. 크리스토퍼 보엠은 『도덕의 탄생』에서 만약 침팬지와 인간의 공통된 성질이 있다면 이는 침팬지와 인간의 공통조상에서 내려온 것이라고 말한다. 따라서 그 공통된 특성은 우리의 본성을 구성하는 부분이다.[59] 이는 쉽사리 변할 수 없는 것이다. 성인들은 우리의 본성을 인정하고 미래를 개척할 필요가 있다.

문화

침팬지는 문화를 가졌다. 침팬지뿐만 아니라 대부분의 영장류들은 서로 털 고르기를 해준다. 그런데 마할레 침팬지들은 자신들만의 풍습을 가지고 있다. 마할레 침팬지들은 털 고르기를 해줄 때 다른 지역 침팬지와는 달리 서로 손을 잡고 털 고르기를 한다는 것이 관찰되었다. 연구자들은 이를 침팬지의 사회적 풍습이라고 불렀다.[60] 침팬지들은 인간처럼 상대에게 감사할 줄 안다고 한다. 프란스 드 발 연구진의 관찰에 의하면 먹이 획득과 털 고르기 사이에 상관관계가 있는 것으로 나타났다. 7천 건이 넘는 관찰 결과, 침팬지 한 마리가 다른 침팬지의 털을 골라주는 서비스를 베풀어준 날에 털 고르기를 해준 침팬지는 털 고르기를 받은 침팬지로부터 침팬지 사회의 상품인 나뭇가지를 받는 횟수가 눈에 띄게 증가했나는 것을 볼 수 있었다.[61] 놀라운 일은 침팬지들이 약을 제조해 복용한다는 사실이다. 침팬지들은 기생충 감염에 시달리고 있을 때 스스로 구충제를 제조해 먹으며 기생충을 퇴치한다. 가장 유명한 사례는 리처드 랭햄Richard Wrangham 박사가 곰베와 마할레 지역에서 발견한 사례이다. 이 지역 침팬지들은 아스페라속의 잎사귀를 입에 넣고 혀와 입천장을 사용해서 접은 다음 잎사귀를 씹지 않고 통째로 삼킨다. 침팬지의 똥을 살펴본 결과 이 잎사귀가 침팬지 몸 속에 있는 기생충을 배출하는 기능이 있다고 한다. 아프리카 대륙에서 이처럼 침팬지가 삼키는 잎사귀 종류만 30여 가지나 된다고 한다.[62] 침팬지들이 약을 처방하여 기생충에 대처하는 것처럼 성인들도 스스로를 교육함으로써 생산력을 강화시키는 유연성을 발휘해야 한다.

도구

누군가 "인간도 동물이다."라고 이야기할 때는 동물을 본능에만 충실한 하급 생명체라고 생각하면서도 인간 역시 어쩔 수 없는 본능적 측면의 일부를 가지고 있다는 심리를 나타낸다. 그러나 동물행동학의 연구 결과, 인간만이 가지고 있다고 생각한 특성이 사실은 동물의 특성에서 나왔다는 것이 알려졌다. 프란스 드 발, 리처드 랭햄, 윌리엄 맥그루William McGrew 같은 학자들은 침팬지가 자신들만의 문화를 가지고 있다는 견해를 제시한다.[63] 첫째, 인간과 마찬가지로 침팬지들은 도구를 사용한다. 프란스 드 발의 『동물의 생각에 관한 생각』을 보면 콩고 공화국의 구알루고 삼각지에 사는 침팬지들은 도구를 사용한 군대개미 낚시를 즐긴다고 한다. 이들은 두 개의 낚싯대를 사용하는데 하나는 길이 1미터의 튼튼한 묘목이고 다른 하나는 유연하고 가느다란 허브나무 줄기이다. 침팬지는 먼저 튼튼한 막대를 땅에 박아서 개미집에 구멍을 뚫는다. 그런 다음 허브나무 줄기를 개미집에 넣는다. 그러면 개미들이 허브나무 줄기에 마구 달라붙는다. 침팬지는 나뭇가지를 꺼내어 개미를 먹는다. 미국 영장류 학자 크리케트 샌

[그림 3] 침팬지 문화

즈Crickette Sanz와 동료 연구자들은 이런 낚싯대를 1,000개 넘게 수집했다고 한다.[64] 뿐만 아니라 윌리엄 맥그루의 저서 『침팬지 물질 문화 Chimpanzee Material Culture』에 의하면 침팬지는 군대개미뿐만 아니라 흰개미도 이런 방식으로 사냥한다고 한다.[65] 둘째, 침팬지는 매우 다양한 종류의 도구를 사용하고 있는 것이 밝혀졌다. 예를 들어 암컷 침팬지는 나무 속에 들어 있는 벌통에서 최고의 영양식인 벌꿀을 채취하기 위하여 견고한 끌, 세밀한 끌, 송곳바늘, 이쑤시개 네 종류의 정교한 도구를 사용하고 있는 것이 관찰되었다.[66] 침팬지는 먼저 견고한 끌로 벌통이 있음직한 나무부분을 파낸다. 그런 다음 세밀한 끌을 사용해서 벌통에의 접근성을 높인다. 벌통을 확보하면 송곳바늘과 섬세한 이쑤시개를 사용하여 벌통으로부터 벌꿀을 채취한다. 셋째, 기니비사우 지역에 사는 침팬지들은 축축한 땅에 앉지 않기 위하여 땅 바닥에 나뭇잎으로 만든 나무 방석을 깐다고 한다.[67] 시에라리온 지역의 침팬지는 판야나무에 올라가 열매를 따 먹는데 그 나무에는 가시가 많다.

그 지역의 침팬지들은 가시가 없는 나뭇가지를 손과 발로 쥔 채 걸어 다닌다. 그래서 현장 연구자는 그것을 신발이라고 불렀다.[68] 성인들도 도구를 활용하여 상황을 개척해 나가야 한다. 교육을 하나의 도구로 삼아야 한다.

권력투쟁

침팬지를 수십 년 동안 관찰해온 여러 동물행동학자들에 의하면 침팬지 사회의 수컷들은 권력투쟁이 일상화되어 있다. 일찍이 제인 구달은 『인간의 그늘에서』에서 침팬지 사회의 권력투쟁을 관찰하고 보고하였다.[69] 리처드 랭햄과 데일 피터슨Dale Peterson의 저서 『악마 같은 남성』에 의하면 침팬지 집단의 우두머리 자리를 차지하려는 선거철이 오면 적당한 때가 오기를 기다리던 젊은 수컷은 최선의 작전을 고르려고 노력한다. 기존 우두머리에 대한 젊은 수컷의 공격은 물불 가리지 않는 분노의 질주가 아니라 사전에 계획되고 놀랄 만큼 신중히 고려된 공격이다.[70] 이러한 공격의 결과 우두머리는 교체된다. 그러나 이것이 스토리의 끝이 아니다. 프란스 드 발은 『침팬지 폴리티스』에서 권력투쟁의 2막을 보여준다. 프란스 드 발이 관찰해온 네덜란드 아른험 동물원의 침팬지 집단은 원래 이에룬이 알파수컷이었다. 알파수컷이란 용어는 무리의 우두머리를 지칭한다. 1차 권력투쟁에서 이에룬은 다른 수컷 라윗의 공격으로 결국 왕좌에서 내려와야 했다. 그러나 왕좌에서 내려온 이에룬은 젊은 수컷 니키와 연합전선 구축에 성공함으로써 2차 권력투쟁에서 결국 라윗을 왕좌의 자리에서 끌어내린다. 젊은 수컷 니키는 이에른의 지지 하에 알파수컷 자리에 오른다.[71] 두 차례 정권교체 과정에서 중요한 것은 수컷의 완력만이 아니다. 암컷들을 포함한 침팬지 사회의 여론이 중요한 역할을 하고 있다. 이에른은 여론을 자기편으로 만들기 위하여 침팬지 집단의 동정심을 유발하는 전략을 구사하는 것이 목격되었다. 젊은 수컷과의 싸움에서 손을 다친 이에룬은 상처가 심하지 않았음에도 아픈 척을 하였다. 이에룬은 정상적으로 걸어 다니다가도 다른 수컷이 자신를 쳐다보는 것 같으면 멀쩡한 다리를 절기 시작했다.[72] 2차 권력투쟁에서 늙은 수컷 이에른은 정권교체에는 성공했지만 자신이 왕좌에 복귀하지는 않는다. 킹메이커 역할을 한 것이다. 앤 이니스 대그Anne Innis Degg의 『동물에게 배우는 노년의 삶』은 침팬지 사회 권력투쟁의 끝을 보여준다. 과거의 알파수컷 라윗이 권좌에서 물러나는 것으로 모든 일이 마무리되지 않았다. 권좌에서 물러난 라윗은 이에른과 니키의 공격으로 사망에 이르고 만다.[73] 침팬지 사회의 권력투쟁은 인간사회의 권력투쟁과 공격성이 매우 오래된 속성이라는 점을 가르쳐 준다.

나. 배워야 하는 것들

건강교육

지금은 하나의 큰 전환기임이 틀림없다. 외적으로는 지구온난화로 환경이 바뀌고 있고 문명 내부적으로는 인공지능과 로봇이 인간 자체의 능력에 의문을 제기하는 시대이다. 이와 아울러 인간의 수명이 극적으로 증가해 100세 시대를 맞이하고 있다. 이처럼 모든 것이 흔들리는 시대에 필요한 것은 먼저 자신이 어디에 있는지 파악하는 일이다. 자신의 위치를 파악하기 위해서 건강, 관계, 마음, 기술, 미래 트렌드 다섯 가지를 배워야 한다. 이 다섯 가지는 성공적인 후반전 삶을 위해 필수적이다. 혹자는 이렇게 말할지도 모른다. 이미 알고 있다. 배운 것을 또 배워야 하느냐? 경제학에 내려오는 전설 같은 이야기가 있다. 경제학 전공 학생들은 학부에서부터 박사과정까지 단 하나, 수요공급 원리만을 배운다. 경제학 학사학위를 받은 사람은 수요공급 원리를 배웠지만 믿지 않는다. 석사학위를 받은 사람은 수요공급 원리에 대하여 반쯤 믿고 반쯤은 믿지 않는다. 경제학 박사학위를 받은 사람은 수요공급 원리를 확신한다. 결국 긴 세월 동안 똑같은 수요공급 원리를 배우는 것이다! 문제는 지식의 넓이가 아니고 깊이인 것이다.

유교의 창시자 공자는 음식을 가려서 먹었다고 한다. 공자는 70

세 넘게 생존하였다. 옛 기준으로 보면 상당히 장수하였다. 필자는 공자의 장수 원인이 음식에 있지 않은가 생각해 본다. 체력이 약해지는 50대 이후 어떻게 50년을 버텨낼 수 있을까? 사실 우리 몸 안으로 들어오는 것은 단 두 가지뿐이다. 공기와 음식 둘뿐이다. 건강에 좋은 음식을 먹어야 한다. 미국 유학 시절 필자는 여러 사람을 만났다. 유학에 성공한 사람이 있는가 하면 실패한 사람도 있었다. 왜 유학에 실패하는가? 원인은 여러 가지이다. 장학금을 받지 못해서, 돈을 벌기 위해 다른 도시로 떠나서, 가정불화로, 교수와 사이가 안 좋아져서, 유학생끼리 싸워서 등등 여러 가지 이유가 있었다. 그러나 유학이 실패하는 데는 반드시 거치는 지점이 있다. 그것은 어떤 이유에서든지 결국 공부를 소홀하게 된다는 것이다. 공부 소홀은 나쁜 성적으로 연결되어 유학의 막을 내린다. 필자 생각에 인생의 후반전도 비슷하다. 얼마 전 자기 개발 관련 유튜브 채널 한 곳에 들렀다. 그 유튜브는 퇴직 후 여러 사람의 실패 사례를 보여주었다. 대부분 퇴직자들은 퇴직 후 마치 덫에 걸린 짐승처럼 나이의 덫에서 빠져나오려고 몸부림을 치게 된다. 이때 대부분의 사람들이 중간에 꼭 들르는 곳이 있다. 그것은 건강 악화이다.

노인파산의 주범은 의료비로 알려져 있다. 우리보다 앞선 2007년에 초고령사회로 진입한 일본의 사례는 우리에게 많은 것을 알려준다. 연령대별 생애의료비 통계를 보면 70세 이후에 들어가는 의료비가 생애 총 의료비의 절반인 것으로 나타났다.[74] 우리는 시장에서 물건 값은 깎을 수 있지만 병원에서 의료비는 깎지 못한다.[75] 무리하게 일을 나가다가도 건강이 악화되면 더 이상 일을 못하게 되니 바로 경제적 궁핍으로 연결된다. 더구나 부모의 건강 악화는 2차적 피해를 가져온다. 일본 NHK스페셜 제작팀이 편집한 『가족의 파산』을 보면 부모의 건강에 이상이 생겨 직장을 그만두고 간병하는 자식이 10만 명에 이르고 있다.[76] 일본의 사례를 보면 가족파산의 상당부분은 무거운 의료비 때문인 것으로 보인다.[77] 경제적 궁핍은 병원에 가기를 꺼려하게 만드니 건강이 더욱 악화되는 퇴직-질병-무직의 악순환에 빠지게 되고, 일단 이 늪에 빠지면 헤쳐 나오기 어렵다. 따라서 건강관리야말로 후반생의 최우선 과제이다. 새로운 직장을 구하기 위한 직업교육에 앞서서 건강교육이야말로 가장 중요한 교육이라고 생각한다. 95세까지 장수한 미국 역사학자 윌 듀런트Will Durant는 『노년에 대하여』에서 건강과목을 개설해야 한다는 견해를 밝혔다.[78] 즉, 성인교육 프로그램을 운영한다면 건강 관련 교육과목을 교과과정에 포함시켜야 한다는 것이다. 왜 그런가? 어떤 교육보다도 실제로 도움이 되는 교육은 건강교육일 것이기 때문이다. 만약 성인 학습자가 건강교육 과목을 수강하면서 자기 건강관리에 힘쓰게 된다면 이는 가장 큰 이익이 되는 것이다.

사회관계 교육

동물행동학에 의하면 인간의 조상들은 무리를 지어 살던 동물이다. 우리 인간도 무리를 지어 생활하는 습성을 물려받았다. 따라서 무리를 짓는다는 특성은 교육의 차원을 넘어서 없어지지 않을 특성이다. 이것은 무엇을 의미하는가? 모든 것이 무리 내에서 이루어진다는 의미이다. 따라서 인간의 성공과 실패 모두 어떤 형태이든 무리 안에 일어난다. 1차 직장에서 나와 두 번째 직장을 잡는다는 것도 결국 하나의 무리에서 나와 다른 무리로 들어간다는 의미이다. 아프리카에 건너가 고릴라 관찰에 일생을 바쳤던 다이앤 포시Dian Fossey의 『안개 속의 고릴라』를 읽어보면 고릴라 가족은 우두머리 수컷인 실버백을 중심으로 생활한다. 그러나 암컷들은 원래 태어난 고릴라 집단에서 다른 고릴라 집단으로 이주하는 것이 관찰된다.[79] 아프리카 세렝게티에서 30년간 개코 원숭이를 관찰한 스탠퍼드대학의 로버트 새폴스키Robert Sapolsky 교수의 『Dr. 영장류 개코원숭이로 살다』를 읽어보면 개코원숭이는 60마리 정도가 무리를 이루는데 암컷은 오랫동안 한 무리에 속하지만 수컷은 다른 무리로 이동하는 것이 관찰되었다.[80] 결국 영장류의 일생은 대부분 무리와 집단 안에서 이루어진다. 따라서 집단 내 동료들과의 관계가 중요하다.

독일 막스플랑크 진화인류학연구소 공동소장인 마이클 토마셀로는 『생각의 기원』에서 침팬지와 인간은 둘 다 무리동물이지만 차이점은 침팬지는 경쟁하는 동물이고 인간은 협력하는 동물이라고 말한다. 침팬지는 과일도 먹지만 고기도 먹는다. 침팬지는 고기를 조달하기 위하여 붉은콜로부스 원숭이를 단체 사냥한다. 그러나 각각의 침팬지는 자신이 먹이를 잡기 원하며 다른 침팬지들에게 먹이를 빼앗길까봐 다른 침팬지의 행동을 관찰한다. 따라서 토마셀로 교수에 의하면 침팬지들의 원숭이사냥은 각자의 목표를 추구하는 개체들의 공동작업이다. 그런 반면 인간은 훨씬 근본적으로 협력적이다. 인간은 날마다 식량의 상당수를 다른 사람들과 함께 공동생산하고 중앙저장소에 공유한다.[81] 영국 옥스퍼드대학의 진화생물학자인 로빈 던바는 『멸종하거나, 진화하거나』에서 인류가 멸종을 피하고 생존할 수 있었던 것은 주위 공동체와 관계를 구축하고, 유사시에 도움을 받았던 데에서 기인한다고 말한다. 밥 레이튼Bob Layton과 션 오하라Sean O'Hara가 수집한 열대 수렵·채집사회 모집단의 경우 150명 규모의 공동체를 형성하고 있다. 그러나 그들은 반경 5만 킬로미터 영역에 그들과 같은 공동체가 9개 또는 10개 정도 흩어져 살면서 상황이 열악해질 때마다 도움을 주고받는다고 알려져 있다.[82] 이처럼 무리 내에서 협력을 하려면 사회관계가 매우 중요해진다. 공자는 2,500년 전에 무리 내에서 생존하는 비결로 극기복례克己復禮를 제시하였다. 자기 자신을 극복하고 집단 구성원 간 예절을 지키라는 의미이다. 공자가 강조한 예절은 인간 무리 내에서 생존에 필요한 사회적 기술이다. 린다 그래튼과 앤드루 스콧의 『100세 인생』에서도 과도기를 건너는 과정에서의 네트워크 중요성에 대해 이야기하고 있다.[83] 그리고 무리에 들어가려면 사회관계에 대한 기술을 익혀야 한다. 첫 번째 직장을 나왔을 때 다음 직장을 구하는 데 도움이 되는 것은 평소의 인적 네트워크이다. 또한 새로운 세계에 정착하려면 새로운 인적 네트워크가 필요한 것이다.

그러나 사회관계는 단순한 무리 내의 윤활유 역할을 넘어서 보다 적극적인 의미가 있다. 『이코노미스트』의 수석 편집자 라이언 아벤트 Ryan Avent는 『노동의 미래』에서 천문학의 개념을 빌려와 기업의 변화상을 설명한다. 1970년대 대기업은 건물, 기계, 기술노하우, 노동자 등 가시적 요소가 기업가치의 80% 이상을 차지하고 나머지 20%가 외부에서 사올 수 없는 암흑물질, 즉 무형자산으로 구성되었다고 보았다. 그러나 21세기에 들어서자 가시적 요소와 암흑물질 간의 비율이 역전되었다. 이제 대기업 기업가치의 80% 이상이 암흑물질로 구성되고 있다. 아벤트는 자신이 재직하고 있는 직장을 예를 들어 현대 기업의 핵심을 설명하고 있다. 알다시피 『이코노미스트』는 격조 높은 글로 유명한 시사주간지이다. 많고도 많은 시사주간지 중에서 무엇이 『이코노미스트』를 여타 주간지들과 차별화할까? 아벤트는 수많은 과정으로 구성된 일을 수행하는 방식에 차이점이 있다고 보았다. 라이언 아벤트는 이 독특한 수행방식이 바로 암흑물질, 즉 무형자산이며 일을 수행방식에 대한 일반적 감각인 무형자산은 고참 직원들의 머릿속에 있다는 것이다.[84] 세계의 선두기업 애플도 마찬가지이다. 애플은 주로 대륙 건너편의 중국에서 완제품을 생산하고 있다. 이처럼 제조과정을 아웃소싱하고 난 뒤 남아 있는 기업의 핵심부분은 주로 암흑물질인 무형자산으로 구성된다. 애플의 엔지니어들의 머릿속에 신비한 마법이 존재하는 것이다.[85] 신입사원이 생산과정에 참여하기 위해서는 고참 직원들과의 교류를 통해서 이 무형자산을 습득하는 것이 필수적이다. 따라서 21세기 기업은 인간관계 구축 기술이 보다 절실한 것이다. 성인은 전무후무한 새로운 시대를 맞이하고 있다. 50세 이후의 세계를 탐험해야 하는 것이다. 물론 그 전에도 50세가 넘어 활동하는 사람은 많았다. 그러나 대부분 예전의 삶은 보통 잔여 시기였다. 그러나 지금은 50세를 넘어 50년이 남아 있다. 미지의 세계이다. 이제 인간관계를 새로운 시각에서 바라보아야 한다.

마음교육

성인에게 왜 마음교육이 필요한가? 독자 여러분에게 마음교육을 받으라고 하면 "우리는 산전, 수전, 공중전 모두 경험한 역전의 용사들인데 구태여 따로 배워야 합니까?"라고 반문할지 모른다. 그러나 필자는 1차 직장 퇴직자에게 가장 필요한 것은 마음을 다스리는 일이라고 확신한다. 리처드 칼슨Richard Carlson 박사의 『우리는 사소한 것에 목숨을 건다』라는 책에서 "당신의 일감 바구니는 절대로 텅 비는 법이 없다."라는 제목의 짧은 스토리가 인상적이다.[86] 이를 재구성해보면 다음과 같다. 부모는 자식이 유치원과 초등, 중등, 고등학교를 다니는 십여 년 동안 수고를 아끼지 않는다. 모든 노력은 오직 좋은 대학에 들어가는 것에 맞추어져 있다. 천신만고 끝에 좋은 대학에 들어가면 이제는 "좋은 직장에 들어가면 얼마나 좋을까?"라고 걱정한다. 좋은 직장에 들어가면 이제는 "좋은 배우자를 만나야 할 터인데"라고 노심초사하며 자식의 결혼에 개입한다. 그러면 끝인가? 아니다. 결혼 후에는 "자식을 잘 낳아야 할 터인데"라며 새로운 걱정이 등장한다. 그러면서 세월은 간다. 필자의 지인 한 명은 이 전체를 "endless service!"라고 요약하였다. 이 책의 저자 리처드 칼슨 박사는 외치고 있다. 그러면 언제가 행복할 때인가? 바로 지금이 행복해야 할 때라고 말한다. 이제 걱정을 멈추고 생각해봐야 한다.

특히 남성들은 1차 직장에서 퇴직하게 되면 어떤 것을 느끼는가? 가장 먼저 느끼는 감정은 당혹감일 것이다. 일단 퇴직하면 전화 오는 횟수가 크게 감소하며 모든 것이 조용해진다. 이전까지 친하게 지냈던 사람들의 태도가 어딘가 달라진 것을 느낄 것이다. 그래서 퇴직 후 무엇을 위해 노력해야 하는지 모른다. 그러니 후반생은 먼저 마음부터 다스려야 한다. 예전에 "사랑과 영혼"이라는 영화가 있었다. 주제곡인 '언체인드 멜로디'가 인상적인 영화로 원 제목은 '고스트'였다. 남자 주인공이 억울하게 죽어서 귀신이 된다. 그리고 자기 몸에서 벗어나 자기 자신과 주위 사람들을 보게 된다. 그런데 영화와는 달리 살아서 자기 자신을 돌아보는 것은 명상이다. 명상이란 무엇인가? 자신을 벗어나 자신을 바라보는 것이다.

성인들이 마음공부를 해야 하는 또 다른 이유가 있다. 우리가 살고 있는 기술 문명은 인터넷과 로봇이 출현하는 새로운 단계로 접어들고 있다. 기술과 인공지능, 로봇에 노출될수록 인간의 정신에 문제가 발생하기 쉽다. 미래 사회는 인간이 인공지능과 일상적으로 접촉하는 시대일 것이다. 또한 로봇이 많이 양산될 것이고 인류는 불가피하게 로봇과 함께 공존해야 할 것이다. 미래 스마트 공장에서도 이제 협동로봇인 코봇cobot과 협력하며 작업해야 할 것이다.[87] 인간과 로봇이 접촉하는 빈도수가 많아지면 인간의 마음은 어떤 영향을 받을까? 이 문제에 실마리를 주는 것이 기분 불쾌한 골짜기uncanny valley 문제이다. 로봇의 형상이 인간 모습과 너무 닮게 되면 인간은 로봇에 친근한 느낌을 가지기보다는 오히려 불편함이나 두려움을 느낀다는 것이다.[88] 뇌과학자 수전 그린필드가 『마인드 체인지』에서 말한 것처럼 현대 젊은이들의 공감능력이 저하되고 있다.[89] 공감능력이 저하되면 사회관계를 하는 데 어려움을 겪는 사람이 많아질 것이다. 미국 매사추세츠공과대학 셰리 터클 교수의 『외로워지는 사람들』을 보면 터클이 인터뷰한 학생들은 '친구 맺기'를 통하여 알게 된 페이스북 이용자들과 시간을 보내느라 진짜 친구들과 교류가 뜸하다고 털어놓았다.[90] 최근 미국 사회를 연구한 사회학자 로버트 퍼트넘Robert Putnam은 『나 홀로 볼링』에서 전반적으로 미국인들의 사회참여가 줄어들고 있으며 중산층이 많이 이동해간 교외지역은 출입제한 주택단지에서 보듯이 개인화되고 있다고 말한다.[91] 그래서인지 현대인들은 마음의 병으로 고생하고 있다. 미래학자 리처드 왓슨의 최근작 『인공지능 시대가 두려운 사람들에게』를 보면 2009년 영국에서 정신병을 사유로 낸 병가가 50만 건이고, 2013년에는 그 수가 100만 건으로 늘었다. 마찬가지로 미국에서 불안장애가 질병으로 공인된 1980년에는 불안장애 진단건수가 미국 전체 인구의 2~4%였던 데 비해서 2014년에는 그 비율이 거의 20%에 육박하고 있다.[92] 세계보건기구도 2030년에는 전 세계적으로 우울증이 질병 관련 부담이 가장 큰 질병이 될 것으로 전망했다.[93] 그들은 미래 의학이 신체적 질병보다는 정신적 질병 치료에 전념해야 될 것으로 전망하고 있다. 미래에는 마음의 문제가 물질의 문제를 넘어서 중요한 해결과제로 부상할 것이다. 더구나 다모작 사회를 살아야 하는 성인은 더욱 마음공부에 힘써야 한다.

기술교육

인류문명은 이미 인공지능 시대로 진입하였다. 그리고 멀지 않아 인공지능 로봇 시대로 진입할 것이다. 그것은 불가피하다. 왜냐하면 현재의 인공지능은 스스로 움직이지 못하는 컴퓨터 내에 갇혀 있기 때문이다. 인공지능이 돌아다니기 위해서는 몸이 필요하고, 결국 몸은 로봇이 줄 것이다. 이러한 시대가 인공지능 시대이다. 따라서 미래사회는 지금까지 인류가 경험하지 못했던 시대일 것이다. 인공지능 시대에서 살아남기 위해서는 배워야 한다. 직업교육은 두 부분으로 나누어 받아야 한다. 하나는 우리를 둘러싼 환경과 세계관에 대한 교육이다. 환경이 바뀌면 세계관도 바뀌어야 한다. 세계관은 중요하다. 왜냐하면 모든 의사결정이 우리의 세계관에 기초하여 내려지기 때문이다. 사실 우리 누구나 무의식 속에 "현재 세계는 이렇게 돌아간다."라고 하는 세계관을 가지고 있다. 우리는 기술 문명에 살고 있다. 기술이 바뀌면 환경도 당연히 바뀌게 된다.[94] 인공지능이라는 새로운 기술이 들어오는 시대에서 살려면 기술에 대해 이해해야 한다. 항상 새로운 기술이 출현하면 인류문명은 모든 제도와 삶의 방식이 변하였다.[95] 이제 인공지능 시대가 도래하고 있다. 따라서 성인 학습자들은 자신이 살고 있는 사회의 기술변화를 이해해야 한다.

디지털 리터러시라는 용어가 있다. 디지털 문해력을 의미한다. 마크 프렌스키 Marc Prensky 교수는 일찍이 사람을 디지털 원주민과 디지털 이주민으로 구분하였다.[96] 사실 50대, 60대는 디지털 이주민에 속한다. 문제는 기술이 계속적으로 변화하고 있다는 점이다. 오늘날 어르신들이 고통을 받고 있다. 은행은 사라지고 있고, 병원을 가면 키오스크에서 처방전을 출력해야 한다. 시장에 가서 장을 보고 싶어도 인터넷으로 보아야 한다. 음악을 다운받아 듣고 싶으면 앱을 깔아야 한다. 사이버대학에서 강의를 듣고 싶어도 온라인 교육을 활용하는 실무능력이 필요하다. 해외에 있는 아들, 딸과 통화하려면 인터넷 전화나 새로운 기술수단을 활용해야 화상으로 얼굴을 볼 수 있다. 이 모든 것들이 디지털 리터러시와 관련이 있다. 그러므로 성인들은 기술에 대한 이해와 기술을 실무적으로 활용할 교육을 받아야 한다.

한편 성인이 배워야 할 다른 차원의 기술이 있다. 이는 소프트 스킬 또는 휴먼스킬이다. 휴먼스킬이란 무엇인가? 앞으로 인간은 숫자를 다루거나 반복적으로 행하는 종류의 직업에서는 인공지능과 경쟁할 수 없다. 심지어 창조적인 일 또한 일부는 인공지능이 담당할지 모른다. 왜냐하면 창조과정조차도 형식화할 수 있기 때문이다. 창의성 연구로 유명한 에드워드 드 보노Edward de Bono의 『드 보노의 수평적 사고』를 보면 창의성이란 옆도 쳐다보면서 많은 대안을 생성하는 데 있다.[97] 역발상을 하는 것, 후진 기어를 넣어 뒤로 가보는 것 등을 활용하는 것이다. 이러한 창의성 개발과정을 알고리즘으로 만들어 인공지능에 장착하면 인공지능도 창의적 결과를 내놓을지 모른다. 따라서 미래의 가장 확실한 기술은 인공지능이 베낄 수 없고 인간만이 할 수 있는 기술일 것이다. 싱가포르국립대학의 크리스털 림 랭Crystal Lim-Lange과 그레고르 림 랭Gregor Lim-Lange 교수는 『휴먼 스킬』에서 디지털사회 속 인간은 주의산만, 관계 단절, 다양성 부족, 끊임없는 행위로 고통받고 있다고 지적하고 있다.[98] 현대인은 휴대폰을 보느라 누구와 대화하면서도 항상 주의가 산만하다. 인간관계는 대부분 문자메시지로 대신한다. 따라서 관계의 질이 좋지 않다. 알고리즘이 제공하는 것만 보기 때문에 다양성이 부족하다. 그리고 끊임없이 일하고 있다. 수십억 원을 번다는 일타강사도 너무 바빠 식사 시간을 내기 어려운 형편이다. 따라서 그들은 마음 챙김, 자기인식, 공감, 다양한 의사소통, 적응회복력을 휴먼스킬로 제안하고 있다. 성인들은 휴먼스킬 교육을 받아 자신을 강화시켜야 하며, 미래 휴먼스킬 전문가로 직업을 창출할 수도 있다.

미래 트렌드 교육

현대는 몇백 년에 걸쳐서 일어날 혁신적인 기술들이 동시에 터져 나오고 있는 4차 산업혁명이 진행되고 있는 시대이다. 인공지능, 로봇, 사물인터넷, 3D 프린팅, 유전자가위 기술 어느 하나 혁신적이지 않은 것이 없다! 페드로 도밍고스Pedro Domingos가 『마스터 알고리즘』에서 말한 것처럼 2010년경부터 캐나다 토론토대학의 3총사, 제프리 힌튼, 요수아 벤지오, 얀 르쿤이 개발한 인공신경망 모델은 세상을 바꾸어 놓았다![99] 현재는 4차 산업혁명이 막 시작되는 시기이다. 앞으로 이 기술혁명이 얼마만큼 인간의 삶을 바꾸어 놓을지 아무도 모른다. 또 근로자의 지위가 어떻게 변할지 아무도 모른다. 기껏해야 10년 뒤인 2030년에 대해 예측한 책들만 나온다. 왜 그런가? 당장 인공지능만 해도 현재의 인공지능은 약 인공지능으로 분류되며 AGIArtificial General Intelligence, 즉 강 인공지능이 출현하면 어떤 일이 벌어질지 누구도 모른다.[100] 마틴 포드Martin Ford가 『AI 마인드』에서 23명의 세계 최고의 인공지능 전문가들에게 인간 수준의 인공지능이 만들어질 시기에 대한 예측을 부탁하였다. 23명 중 18명이 응답하였으며, 평균시기는 80년 후인 2099년으로 나타났다.[101] 인간의 지능을 완전히 능가하는 초지능의 출현에 대해서 전문가들은 입을 닫을 것이다.[102] 어떤 이는 초지능이 출현해서 우리 인간이 초지능의 애완동물이 된다면 인간이 지금 개나 소에게 밥을 주듯이 물질생활은 보장되지 않겠느냐는 말도 조심스럽게 하고 있다. 그러고 자의식이 있는 인간이 그런 생활을 받아들이기 어려울 것이라고 덧붙이고 있다. 현재 강 인공지능이 언제 출현할지 아무도 모른다. 빠르면 당장 내년에 올지도 모른다. 늦으면 100년 뒤? 누가 알겠는가. 아무도 모른다. 자율주행차를 보더라도 금방 도로를 달릴 것 같았지만 의외로 상용화에 많은 어려움이 있는 것으로 나타나고 있다.[103] 페니실린이 나왔을 때 이제 모든 질병은 퇴치될 것으로 보았다. 그러나 항생제 남용으로 새로운 질병이 나타나고 있다. 예측이란 어려운 것이다. 인간은 누구나 보고 싶은 것만 본다. 예전에 들은 이야기가 있다. 제2차 세계대전이 한창일 때 천문대에 근무하던 연구원은 별을 관찰하는 데 푹 빠져서 제2차 세계대전이 끝난 지도 모르고 있더라는 이야기다. 인간은 누구나 자기만의 섬에 갇혀 산다. 그러나 50세 이후에도 다시 50년을 생존하기 위해서는 미래 트렌드를 알아야 한다. 특히 직장에서 나온 성인들은 인공지능이 가져오는 직업의 변화, 즉 사라질 직업과 출현할 직업, 남아 있을 직업을 구분해야 한다. 그리고 남아 있을 직업도 변화가 불가피할 것이다. 따라서 남아 있는 직업에서 자신이 해야 할 일의 영역을 찾아야 한다. 그리고 사라질 직업에서 탈출해야 한다. 미래 출현할 직업에 대비해야 한다. 변화 속에서도 살아남은 직업들도 직무의 성격이 많이 변할 것으로 보인다. 즉, 이름은 남아 있지만 일의 내용에는 변화가 있을 것이다. 그리고 남아 있는 직업에서는 인공지능과의 협업을 가속화할 것이다.

다. 배움의 크기

다중지능과 신경가소성

성인 학습자가 스스로 해야 할 질문은 도대체 내가 배울 능력이 있는가? 하는 질문이다. 하워드 가드너 교수의 『다중지능』 책에 의하면 인간의 지능은 다양하다.[104] 음악지능, 신체운동지능, 논리수학지능, 언어지능, 공간지능, 인간친화지능, 자기성찰지능 등 다양한 지능을 가지고 있다.[105] 대부분 1차 직장 생활하는 중에는 자신이 가지고 있는 지능 중 일부만 활용했을 가능성도 크다. 따라서 인생 후반부에 그동안 잠재되어 있던 다른 지능을 활용할 기회가 생긴다. 성인은 숨어 있던 지능을 활용하여 인생을 다시 꽃피울 수 있는 것이다. 뇌과학 연구에 따르면 성인은 평생 학습이 가능하다. 뇌과학은 인지, 감정, 의식에 대해 연구해오고 있다. 이 중에서 인지분야에 한 획을 그은 개념이 신경가소성이다. 미국 캘리포니아대학 신경과학과 교수 호아킨 푸스테르Joaquin Fuster의 『신경과학으로 보는 마음의 지도』를 따라 신경가소성의 역사를 간략히 살펴보자. 뇌를 연구하여 노벨상을 받은 산티아고 라몬 이 카할이 19세기 말 최초로 신경세포인 뉴런과 다른 뉴런 사이의 시냅스가 중요한 역할을 한다는 견해를 제시하였다. 1949년 캐나다의 도날드 헵Donald Hebb은 한 세포가 다른 세포의 발화과정에 반복적으로 참여하면 세포에 변화가 발생해 첫 번째 세포가 두 번째 세포를 발화시키는 효율이 커진다는 신경가소성 원리를 제시하였다. 1976년 또 다른 노벨상 수상자 에릭 캔델Eric Kandel은 연체동물인 군소에서 시냅스 전 발화와 시냅스 후 발화가 동시에 발생하면 시냅스의 효능이 커지고, 학습에 도움이 된다는 사실을 실험적으로 증명하였다.[106] 인공지능 전문가인 레이 커즈와일Ray Kurzweil은 저서 『마음의 탄생』에서 이 원리를 "함께 활성화되는 신경세포는 연결된다."라는 문장으로 요약한다.[107]

뇌의 신경가소성에 대한 증거는 2011년 미국 신경과학자 마리나 베드니Marina Bedny가 동료 연구자들과 함께 선천적 맹인들의 시각피질에 대한 연구에서 찾아냈다. 전통적 견해로는 인간만이 가지고 있는 언어능력은 두뇌의 왼쪽 전두엽과 측두엽 피질에서 처리하는 것으로 알려졌다. 그러나 연구 결과 선천적인 맹인들의 경우 언어기능을 수행할 때 시각피질이 작동하는 것으로 나타났다.[108] 결국 시각처리를 담당하던 기관도 상황에 따라서는 언어를 처리할 수 있는 융통성을 발휘하는 것이다. 뇌의 신경가소성이 확인되자 그 다음에는 "뇌의 어떤 구조가 신경가소성을 뒷받침하는가?"라는 질문이 뒤따라 나왔다. 이 질문에 대하여 두뇌 피질은 전통한옥의 문처럼 격자구조 형태로

[그림 4] 신경 격자구조

서로 연결되어 있는 것으로 밝혀졌다. 2012년 하버드대학 신경과학자 밴 웨딘이 주도한 연구에서 자기공명영상 기기를 동원한 결과 뇌의 연결망이 무계획적으로 만들어진 것이 아니라 마치 신도시 도로처럼 지극히 단순한 단일구조로 규칙적인 배열로 되어 있다는 것이 관찰되었다.[109] 이미 도로망이 깔려 있다는 것이다. 운전자가 시원하게 뚫린 도로에 자동차를 타고 달리기만 하면 되듯이 신경세포는 언제든지 연결될 수 있는 상태라는 것이다.

교육은 치매 예방책도 된다는 연구 결과가 있다. 치매의 주 원인인 알츠하이머병은 장기적으로 기억, 언어, 의사소통, 학습능력이 퇴보되기 때문에 당사자나 가족들에게 큰 부담을 주는 질병이다. 미국인 중 450만 명이 이 병으로 고통받고 있으며 치료비로 매년 850억 달러가 소요되고 있다.[110] 데이비드 스노든David Snowdon은 700명의 노틀담수녀학교 학생들을 대상으로 연구한 결과 학력이 높고 남을 가르치는 등 뇌를 자극하는 활동을 하는 수녀는 그렇지 않은 수녀보다 지적능력을 더 오래 유지하고 평균적으로 수명이 4년 더 길었다. 사실 과학자들은 많은 실증연구 결과를 내놓지만 대조군과 실험군이 "다른 모든 조건은 동일ceteris paribus해야 한다."라는 과학검증의 기준을 충족시키기가 쉽지 않다. 수녀집단은 경제적 상황 등 여타 조건이 동일하기 때문에 대조군과 실험군 사이에 명확한 분리가 가능하다는 점에서 연구 결과의 신뢰성이 높다고 볼 수 있다. 셰리 윌리스Sherry Willis와 워너 샤이Wanner Shaie가 행한 연구는 지적 능력이 상당히 퇴보된 사람도 지적환경을 바꿀 경우 정신활동이 다시 활발해질 수 있다는 연구 결과를 제시한다. 그들은 65세 이상 사람 200명을 대상으로 실험을 하였는데 표본의 절반은 상당히 지적 퇴보가 일어난 상태였다. 그러나 40%가 훈련을 통해서 지적 수준을 회복하였다.[111] 뇌과학자들은 두뇌가 학습과정에 따라서 변할 수 있다는 사실을 보여주었다.[112] 그러므로 배움에는 절대 늦음이 없다.

평생교육

두 번째 질문인 "도대체 얼마 동안 배워야 하는가"에 대한 답은 목표에 따라 다르다. 에두아르드 린드만은 『성인교육의 의미』에서 성인

교육의 목적은 삶 자체에 의미를 부여하는 것이라고 말하였다.[113] 즉, 평생 배워야 한다. 성인학습의 대부 말콤 노울즈Malcolm Knowses는 저서 『성인 학습자』에서 성인 학습자의 가장 큰 특징으로 자기주도학습을 거론하였다.[114] 성인 학습자들은 누가 공부하라고 시키지 않지만 스스로 계획을 세우고 실행한다. 그것도 평생! 1,300년 전 그런 성인 학습자들이 있었다. 신라 스님 혜초는 일찍 당나라로 유학을 가서 스승 금강지에게 배웠다. 그는 해외 유학생이었다. 그러나 진리에 목이 말랐던 혜초는 다시 불교의 발상지인 인도 대륙으로 건너가 다섯 나라를 여행하고 『왕오천축국전』을 썼다.[115] 당나라 현장법사는 인도에 가서 불경 원서를 구하기 위하여 스스로 외국어를 배우고 여행에 필요한 말을 구입하고 돌궐인을 제자로 받아들이는 등 만반의 준비를 하였다.[116] 현장법사는 당시 동양에서 가장 큰 대학이었던 인도 나란타사寺에서 5년간 불법을 공부하고 귀국한 뒤 『대당서역기』를 집필하였다.[117] 나란타사는 전 세계에서 유학생이 몰려드는 오늘의 하버드대학이었다. 해상왕 장보고와 인연이 깊은 일본의 자각대사 엔닌은 1,200년 전 45세에 당나라로 해외유학을 감행하였다. 당시 일본에서 당나라로 가는 해상여행은 오늘날 우주여행만큼 목숨을 건 프로젝트였다. 일본은 선진문물을 습득하기 위하여 수나라 때는 견수사, 당나라 때는 견당사를 파견하는 데 국가적 역량을 총동원하였다. 미국 하버드대학 에드윈 라이샤워Edwin Reischauer 교수가 쓴 『중국 중세사회로의 여행』을 보면 엔닌이 합류한 견당사 사절단은 834년 1월 19일 결성되었는데 당시 사절단 대표는 일본 황실 전체에 지배권이 미치고 있었던 후지와라 가문의 후지와라 추네츠구였다. 견당사 일행은 836년 8월 17일 중국으로 출발하였으나 다수의 사람이 실종되는 해난사고를 만나 실패하였다. 결국 838년 세 번째 도전 끝에 엔닌을 포함한 견당사 일행이 당나라로 가는 데 성공했다.[118] 그는 9년간의 해외유학 경험을 『입당구법순례행기』로 남겼다. [119] 윌리엄 패리스William Farris의 『고대일본의 일상생활과 인구통계Daily Life and Demographics in Ancent Japan』를 보면 8세기 경 일본 북 큐슈지역의 남성 평균수명은 30.5세였고 5세 이후 생존자의 평균수명은 40세인 것으로 나타나고 있다.[120] 따라서 45세에 불법을 배우러 당나라로 건너간 엔닌은 문자 그대로 초고령학습자였다. 요즈음 식으로 말하면 환갑을 지나 공부하러 외국으로 떠난 것이다!

그들은 평생 학습을 멈추지 않은 성인 학습자의 전형이라고 할 수 있다. 성인의 학습기간은 자기 인생 수명을 몇 살로 보느냐에 따라 달라진다. 자기 인생을 80세로 볼 수도 있고 100세로 볼 수도 있고 120세로 볼 수도 있다. 거기에 따라서 남은 기간이 결정된다. 남은 시간이 길다고 예상하면 오래 버틸 수 있는 전문가가 되기를 희망할 것이다. 남은 시간이 길지 않다면 준전문가로 충분할 것이다. 전문가로 안내하는 유명한 법칙이 있다. 다들 들어보았을 것이다. 안데르스 에릭슨Anders Ericsson과 로버트 풀Robert Pool의 『1만 시간의 재발견』이라는 책을 보면 전문가가 되기 위해 최소한 1만 시간은 투자해야 한다고 말한다.[121] 인생을 100년이라고 본다면 전문가가 될 충분한 시간이 있다고 볼 수 있다.

직장 고르기

만약 본서의 인생지도대로 앞으로 100세 인생이라면 적어도 50세에서 75세까지는 추가로 일을 해야 할 것이다. 그리고 75세 이후 겨울 시기라 할지라도 무언가 해야 한다. 그렇다면 50세 이후 30년 가까이 근로기간이 남아 있는 것이다. 더구나 지금은 4차 산업혁명이 막 시작하고 있다. 앞으로 어떻게 진행이 될지는 어떤 전문가도 잘 모른다고 말하는 것이 솔직한 대답일 것이다. 현재 대부분의 베이비부머 세대 사람들이 바라 마지않는 재취업은 기존의 직장에 다시 들어가는 것이다. 여기서 오류는 현재의 직장이 미래에도 계속 변하지 않고 그대로 있을 것이라 예상한다는 점이다. 이는 오류이다. 왜 그런가? 이미 앞으로 사라질 직장 살생부들이 돌아다니고 있다. 인공지능의 도래로 말미암아 살아남을 직장도 현재의 직무를 그대로 이어간다는 보장이 없다고 봐야 할 것이다. 따라서 기존 직장에 다니고 있는 30대, 40대마저도 기술적 실업의 위험에 노출되어 있는 것이다. 아무래도 30대와 40대는 50대 이상 세대보다는 새로운 디지털 환경에 많이 노출된 세대이다. 그럼에도 기술적 실업의 위험이 있으며 그 50대 이후 세대는 기술적 실업의 영향력이 더 크다고 할 수 있다. 성인 학습자들 중에서도 연령이 많은 경우는 이미 체력이 저하되어 있기 때문에 주 5일 정규직을 가지는 것이 어려울 수 있다. 준전문가 자리를 노리는 것도 하나의 방법이다. 앞에서 말한 것처럼 이제 근로자 유형도 제2세대 근로자에서 3세대 근로자로 바뀔 것이다. 스마트 공장에서 일하기 위해서는 필요한 전문지식을 배워야 한다. 미래 스마트 공장 노동은 두 가지 유형으로 나눌 수 있다. 한 가지는 직접 공장에 출근하여 AI 로봇과 협업하는 것이고 다른 한 가지는 재택근무로 원격제어를 활용해 스마트 공장에서 일하는 것이다. 원격으로 공장에서 일하는 것은 체력이 약한 사람들도 가능한 종류의 노동이다. 50세 이후 삶에 하나의 등불이 되어 줄지 모른다.

라. 교육비 조달

교육유효수요 이론에 의하면 성인교육에 대한 유효수요를 위해서는 성인교육 수업을 수강할 수 있도록 등록금을 내야 하고, 그러기 위해서 소득이 뒷받침되어야 한다. 소득 없이는 성인교육 시장이 형성되지 않는다. 베이비부머는 유례가 없는 세대이다. 왜 그런가? 보통 동물은 부모의 둥지에서 독립한 뒤 부모를 봉양하는 사례가 흔치 않다. 그러나 베이비부머들은 오랜 기간 동안 묵묵히 그렇게 해왔다. 그리고 보통 동물들은 자식을 정성들여 키우지만 일정 나이가 되면 자식을 독립시킨다. 그러나 베이비부머들은 오랜 기간 동안 묵묵히 자신의 노후비용을 자식 교육에 투입해 왔다. 베이비부머는 대학 입시가 끝난 뒤에도 대학등록금을 못 내주어서 안타까워한다. 거기다가 자식 결혼비용, 심지어 결혼한 자식의 주택구입 비용까지 대주는 경우도 적지 않다. 한마디로 한국의 베이비부머는 전체 동물 중에서 가장 칭송받을 만한 이타적인 동물이며, 인간 중에서도 가장 빼어난 우주적 영웅에 가깝다. 베이비부머는 헬리콥터 맘, 타이거 맘, 에듀 파파로 활약하며, 학원가를 종횡무진 누비고 인터넷으로 각 대학 입시를 꿰고 살았지만 퇴직 후 손에 쥔 것이 없다. 이제 정신을 차려야 한다. 앞으로 50년이 남아 있다!

현재 우리 국민의 실제 은퇴연령은 73세로 나타나고 있으며, 최근 인구조사에 의하면 응답자 중에서는 80세가 넘어서도 일하고 싶다는 의견이 나오고 있다. 따라서 고령화가 진행될수록 은퇴연령은 더 길어질 가능성이 크다고 할 수 있다. 그러나 대부분 1차 직장을 퇴직한 이후에는 1차 직장만큼의 대우를 받는 경우는 드물다. 대부분은 자영업을 시작하지만 길게 유지하지 못하는 경우가 많다. 왜냐하면 전문성을 갖추지 못하고 시작하는 경우가 많기 때문이다. 그리고 일시적인 취로사업 등에 종사하고 있어서 2차 직업은 불안정성이 높고 양질의 직업이 아닐 가능성이 크다. 따라서 50세 이후에도 자존심을 지키고 살기 위해서 추가 교육을 받아야 한다. 그런데 교육을 받으려면 재원을 조달해야 한다. 이현청 박사는 『왜 대학은 사라지는가』에서 우리나라 성인 학습자 1,800만 명이 대학 교육을 바라고 있다고 말한다.[122] 미국의 교육학자 케빈 켈리는 전 세계 중산층을 2020년에는 33억 명 정도로 추산하고 있으며 2030년이 되면 이 숫자는 48억 명으로 늘어난다고 예측한다.[123] 미국의 펜실베이니아대학 와튼스쿨 국제경영학 마우로 기옌 교수 역시 2030년이 되면 세계 중산층이 크게 늘어난다고 보고 있다.[124] 이처럼 중산층이 늘어나면 전 세계적으로, 특히 아시아의 경우 고등교육에 대한 수요가 늘어날 것이다. 그러나 문제는 단순하지 않다. 왜냐하면 가족 내에서 고등교육의 수혜를 입을 첫 당사자는 자녀들이기 때문이다. 따라서 성인 학습자가 교육투자를 주장하는 데는 어려움이 있다. 우선순위에서 밀리기 때문이다. 결국 우리나라의 경우 1,800만 명의 잠재 성인 학습자들이 대학에 등록하기 위해서는 구매력, 즉 소득이 뒷받침되어야 한다.

모두들 은퇴하였으니 교육자원에 대한 유효수요가 있어야 한다. 성인교육을 시행하는 데 있어 가장 중요한 문제가 재원조달 문제이다. 성인 학습자 집단이 40대부터라면 자식의 교육비로 많은 지출이 행해지고 있는 시기이고 아직 부모님을 재정적으로 도와야 할 가능성이 있다. 따라서 제한된 소득에서 자기 자신을 위한 교육지출에는 많은 돈을 지불하기 어려울 가능성이 크다. 그러므로 2차 성인교육을 시행하기 위해서는 의료보험과 같이 성인 학습자, 정부, 기업이 각각 재원의 일부를 매달 공제하여 기금을 모아야 한다. 퇴직금을 적립하는 것이 아니라 2차 교육비를 적립하는 것이다. 따라서 1차 직업에 종사하고 있는 동안 월급에서 조금씩 떼어 국가나 교육부의 산하 자금

담당 기관이 적립한다. 극단적으로 이야기하면 국가에서 성인교육을 의무교육으로 할 수도 있다. 이미 50대부터 70대 중반까지는 건강이 허락하는 한 직장생활을 다시 시작하거나 창업을 할 수도 있다. 50대 이상의 많은 인구를 정부가 재정적으로 도와주는 데에 한계가 있다. 따라서 국가는 국민들이 50대 이후에도 생산성을 유지하도록 도와주어야 한다. 그때 가장 필요한 것이 새로운 패러다임이 진행되는 이 전환기에 적응할 수 있도록 도와주는 것이다. 그것은 교육이다. 고기를 주는 것보다는 고기 잡는 법을 가르쳐 주는 것이 오래가는 법이다. 2차 성인교육을 의무 교육화함으로써 평생 적어도 두 번의 고등교육을 받을 기회를 제공하는 것이다.

3. How : 성인은 어떤 방식으로 교육받아야 하는가?

자신의 운명을 개척하며 살아갈 수 있도록 가르쳐야 한다.

— 장 자크 루소, 『에밀』

우리나라만 해도 1,800만 명의 잠재적 성인 학습자들이 존재하고 있다. 성인들은 어떤 방식으로 교육을 받아야 하는가? 가장 유력하게 부상하는 방식은 오프라인 교육과 온라인 교육을 결합한 블렌디드 교육방식이다. 왜 그럴까? 온라인 교육은 오프라인 교육방식에 비하여 교육비가 상대적으로 저렴하고, 체력이 약해진 성인 학습자들이 쉽게 교육기회에 접근할 수 있는 장점이 있기 때문이다. 더구나 성인 학습자들은 보통 직업을 가지고 있을 가능성이 크다. 원격교육은 직장에서 퇴근 후 공부할 가능성, 낮에는 밭을 갈고 밤에는 책을 읽는 주경야독書耕夜讀을 가능하게 해준다. 그러나 온라인 교육은 교사의 실재감을 느끼기 어렵다. 따라서 오프라인 교육으로 보완해주어야 한다. 최근에는 인공지능 교육기법의 도입으로 학습자와 교사 간 일대일 교육이 가능해졌고 로봇을 통한 교육을 실현할 날이 멀지 않았다.

가. 패러다임 전환

산업 4.0

최근 크라우스 슈밥Klaus Schwab은 인류문명이 제4차 산업혁명에 진입하였다는 주장을 제기하였다.[125] 현재 네 번째 산업혁명이 시작되었다면 맨 처음 1차 산업혁명의 핵심은 무엇이었을까? 필자는 철도를 통한 수송혁명이 1차 산업혁명의 핵심이었다고 생각한다. 사실 기차가 출현하기 전까지 인류문명은 모든 물자를 말이나 소, 당나귀, 낙타 등 가축에 의지하여 운송하였다. 1차 산업혁명에서는 증기에너지를 활용함으로써 철도가 놓이고 농촌에서 생산된 농산물들은 철도로 도시에 운반되었다. 철도가 놓임으로써 비로소 도시와 농촌은 긴밀하게 연결되고 하나의 경제권을 형성하기에 이르렀다. 2차 산업혁명의 핵심은 무엇인가? 전기모터이다. 전기에너지를 활용한 전기모터가 순식간에 모든 공장에 배치됨으로써 대량생산 체제로 들어간 것이다. 이와 동시에 전등으로 밤이 낮처럼 밝아지자 인간은 밤 시간을 활용할 수 있게 되어 시간 차원에서 인간의 활동영역이 늘어났다. 3차 산업혁명에 이르러서는 인터넷으로 컴퓨터와 컴퓨터가 연결됨으로써 사이버공간이 창조되었다. 컴퓨터 간의 연결망으로 창조된 사이버공간이란 결국 전 세계에 깔려 있는 수십억 대의 컴퓨터들이 서로 연결되어 만들어진 공간으로 인간은 지리적 공간을 뛰어넘어 제2의 공간을 창조하였다. 인간은 컴퓨터가 만들어낸 제2의 공간에서 페이스북, 트위터, 카톡을 하고 있으며, 아마존과 같이 전자상거래도 하고 있는 것이다. 어떻게 보면 인간은 기계들이 만든 그물을 빌려 쓰고 있다. 이제 제4차 산업혁명 시대가 도래하고 있다. 제4차 산업혁명 시대는 인공지능이 주요 동인이다. 과거 증기, 전기, 인터넷이 생산력을 증가시킨 것처럼 제4차 산업혁명기에는 인공지능이 모든 기계에 지능을 부여하고, 지능이 부여된 기계는 이제 스스로 움직이고 있다.[126] 결국 현재 진행되고 있는 인더스트리 4.0은 인간처럼 민첩해진 로봇에 인공지능이 장착된 인공지능 로봇이 생산현장에 투입되는 방향으로 나아갈 것이다. 요약하면 산업혁명의 주역들은 철도 → 전기모터 → 컴퓨터 네트워크 → 인공지능 로봇이다.

스마트 공장의 개요를 살펴보자. 1차 단계는 데이터 구축단계이다. 공장 외부의 마케팅 팀은 페이스북, 트위터, 카카오톡 등 다양한 SNS를 통해 구축한 빅데이터를 통해 자기 회사와 경쟁회사 제품에 대한 소비자 동향 및 수요의 변화를 파악한다. 한편 공장 내부에서는 각종 기계에 부착된 센서를 활용하여 사물인터넷 기술로 공장 기계들에 대한 빅데이터를 구축한다. 2차 단계에서 기계학습 등 각종 인공지능 기술을 활용하여 데이터를 분석한다. 데이터 분석은 간단한 작업이 아니다. 데이터는 각종 유형의 데이터가 혼재되어 있어 인공지능 전문가들의 전처리 작업을 거쳐야 한다.[127] 어떻게 보면 인공지능 경제에서 가장 예술적인 감각이 필요한 단계이다. 3차 단계에 들어가면 분석된 데이터를 클라우드 컴퓨팅 기술로 온라인 가상서버에 저장한다.[128] 현재는 데이터 저장을 대규모 클라우딩 컴퓨터 업체에 맡기고 있으나 보안문제가 따르고 있어 향후 데이터의 집중화와 분산화 동향은 두고 보아야 한다.[129] 4차 단계에서 공장 경영진은 사이버-물리시스템을 활용하여 온라인 시스템을 통해 원격으로 오프라인 공장을 가동시켜 물품을 생산한다.[130] 공장구조는 수요가 변하면 즉시 생산에 반영하는 피드백 시스템으로 유연생산 구조를 가진다. 5차 단계에서 컴퓨터 비전 인공지능 기술을 활용하여 사람 대신 기계가 불량품을 골라낸다. 6차 단계에서 생산된 제품은 공급사슬관리 시스템을 통하여 최종 소비자에게 배송된다.

노동 4.0

산업이 변하면 노동도 변한다. 18세기 말 시작되었던 1차 산업혁명을 보라! 농업사회에서는 서양의 농노나 동양의 농민들은 봉건영주나 양반의 토지를 경작해주는 대신 곡식, 즉 물품으로 노동에 대한 대가를 받았다. 그러나 농업에서 제조업으로 산업이 변화하자 곡식 대신에 화폐로 노동 대가를 받는 근로자라는 계층이 생겨났다. 19세기 말 2차 산업혁명이 발생하자 대량생산이 가능해지면서 공장들은 많은 근로자가 필요하게 되었다. 그러자 농촌에서 도시로 인구의 이동이 발생하였고 본격적으로 블루칼라 근로자라는 계층이 탄생하였다.

20세기 후반 3차 산업혁명이 시작되어 컴퓨터가 각 근로자에게 지급되자 피터 드러커Peter Drucker의 『단절의 시대』가 보여주듯이 선진국에서는 블루칼라 근로자 수가 크게 줄어들고 대신에 화이트칼라 근로자 수가 늘어났다. 즉, 지식근로자 계층이 탄생하였다.[131] 그러나 21세기 동안 제조업은 크게 변할 것이다. 인공지능을 본격적으로 공장에 도입하게 되면 공장은 디지털화가 진행되어 공장자동화 수준이 높은 스마트 공장으로 변모하게 될 것이다.[132] 독일이 제시한 "인더스트리 4.0"이 그것이다. 스마트 공장은 유연생산 방식을 채택한다. 왜 그런가? 미래 가구형태는 1인 가구가 압도적인 형태로 자리 잡을 것으로 보인다. 그만큼 소비자 기호가 다양해지기 때문이다.[133] 스마트 공장은 공장자동화로 인하여 과거에 비해 육체노동을 많이 필요로 하지 않기 때문에 고령자나 여성근로자도 공장근무가 가능해질 것이다. 그런데 고령자의 경우 일주일에 5일을 집중적으로 일하기는 무리이다. 그렇다면 노동시간의 유연화도 필요하다. 반드시 아침에 출근하여 저녁에 퇴근하는 방식은 일부 희석될 것이다. 독일의 경우 현재도 전체 근로자의 25%는 저녁시간에 일하고 있고, 전체 근로자의 10%는 야간 근무를 하고 있다.[134] 더구나 사이버물리 시스템을 통해 원격으로 공장을 가동하게 되면 근로자의 상당수는 공장이 아닌 장소에서 비대면으로 근무가 가능해진다.

스마트 공장 내부를 살펴보면 과거 공장에는 인간과 로봇의 활동 구역이 구분되어 있었다. 그러나 스마트 공장에서는 인간근로자가 제한구역에서 벗어나 협동로봇과 직접 협업하여 물품을 생산한다. 그리고 스마트 공장이 확산되면 개리 피사노Gary Pisano와 윌리 시Wily Shih가 공저한 『왜 제조업 르네상스인가』에서 보듯이 세계 경제지도가 바뀌게 될 것이다. 개발도상국에 설치되었던 다국적기업들의 공장은 다시 선진국으로 들어올 것이고, 선진국에서는 제조업 르네상스가 시작될 것이다.[135] 이러한 변화는 노동자를 새롭게 정의하게 만든다. 그것이 "노동 4.0"이다. 산업혁명이 고도화됨에 따라서 근로자들의 협업 대상은 기계 → 컴퓨터 → 로봇으로 바뀌게 될 것이다.

교육 4.0

21세기 현대인은 문명의 대전환을 목격하고 있는 첫 세대이다. 독자 여러분은 현재 문명의 전환이 이루어지고 있는 것을 머리로 생각하지 않고 몸으로 느껴야 한다. 왜 문명의 전환이라고 생각하는가? 산업현장이 변하고 있기 때문이다. 산업이 변하면 당연히 노동의 형태도 변하기 마련이다. 클로우디아 골딘과 로렌스 카츠의 『교육과 기술의 경주』에 의하면 미국의 경우 제조업이 성장하자 생산에 직접 참여하지 않는 사무직 근로자의 비중이 커져갔다. 예를 들어 1899년 제조업 근로자 중에서 생산에 참여하지 않는 비생산직 근로자 비중은 7%에 불과하였지만 불과 10년 뒤인 1909년에는 비생산직 근로자 비중이 14%로 두 배 증가하였다. 비생산직 근로자 수요가 늘어나자 사무직 근로자 직종이 다양화되는 현상이 나타났다. 예를 들어 부기담당자, 일반 사무원, 출납원, 심부름꾼, 사무실 보이, 속기사, 타자수 등 다양한 종류의 새로운 사무직 직종이 생겨났다.[136] 노동형태가 변하면 새로운 노동형태가 가능하게끔 근로자를 육성하는 교육환경도 변할 수밖에 없다. 2차 산업혁명기에는 학교 건물도 공장건물 같은 모습으로 변하고, 교육방식도 50분 교육 후 10분 쉬는 공장 근로방식을 따랐다.[137] 3차 산업혁명이 도래하니 컴퓨터 사용에 관한 교육이 각광을 받았다. 이제 4차 산업혁명이 진행되고 공장자동화가 극도에 도달하여 공장은 스마트 공장으로 산업현장이 바뀌고 있다. 인공지능 로봇이 배치되기 시작하면서 근로자의 역할도 바뀌고 있다. 근로자의 역할이 바뀌면 교육도 비뀔 수밖에 없다. 이제 대학은 스마트 공장에서 일할 수 있는 근로자를 교육시켜야 할 것이다. 노동 4.0 시대의 노동은 과거에 비하여 육체노동이 많이 필요하지 않으므로 성인노동자와 고령자, 여성 근로자도 공장근무가 가능해질 것이다.[138] 새로운 공장은 사물인터넷, 사이버-물리시스템, 인공지능 알고리즘 등 새로운 기기들이 설치되어 있으며 운영방식도 다를 것이다. 따라서 새로운 공장 환경에 적합한 교육이 이루어져야 할 것이다.

한편 공장자동화가 진행될수록 인간의 기계노출 정도가 커질 것이다. 이에 따라 다양한 종류의 기술 스트레스에 시달릴 가능성이 높다. 모니디파 타라프다르Monideepa Tarafdar와 동료연구자들에 의하면 기술 스트레스는 기술 과부하, 기술의 공격, 기술복잡성, 기술 불안, 기술 불확실성 등 다양한 종류에 이르고 있다. 이처럼 자동화가 인간에게 노동의 절감을 가져오는 반면 심리적 압박을 가져오는 현상을 '자동화의 아이러니'라고 한다.[139] 따라서 미래 기술 스트레스 예방교육이 필요하게 된다. 교육방식도 인공지능을 적극 활용하는 "교육 4.0" 방향으로 바뀔 것이다. 교육 4.0의 핵심은 인공지능이 교육 깊숙이 들어온다는 것이다. 인공지능은 사물인터넷 기술의 핵심요소인 스마트 디바이스의 도움을 받아 학생이 교육현장 여러 곳에 남긴 데이터를 모아 개별 학생들을 분석할 수 있게 된다. 지금까지 교육의 주체는 교사였다. 교사가 학생을 가르치고, 평가하고, 미래 학생의 진로를 결정했다면 교육 4.0에서는 인공지능의 도움으로 데이터가 학생을 가르치고, 평가하고, 진로를 결정하는 데 있어 상당한 역할을 하게 될 것이다. 교육 4.0에서는 교사와 인공지능이 협업하는 형태로 교육이 이루어진다.

나. 교육 4.0

교육 4.0 생태계

교육 4.0은 인공지능 기술을 부분적으로 교육에 응용하는 것이 아니다. 교육 4.0은 인공지능이 교육 전체의 프레임을 바꾸어 놓는다는 입장에 서있다. 인공지능의 도입은 교육 패러다임의 변화를 초래

할 것이라고 보고 있다.[140] 왜 교육 4.0은 패러다임을 변화시키는가? 이는 교육 자체에 데이터화Datafication가 진행되기 때문이다.[141] 종래에는 인간 교사가 자신의 전문지식과 교육경험에서 우러나오는 지식과 지혜를 토대로 학생들을 가르쳤다고 한다면 교육 4.0은 학습관리 시스템Learning Management System이나 사물인터넷을 통해 획득한 자료를 인공지능으로 분석하여 학생에 대한 의사결정 평가를 한다는 점에서 근본적 차이가 있는 것이다. 다시 말해서 사람이 교육과 학습에 관한 어떤 이론을 가지고 학생과 교육기관을 바라보는 것이 아니라 데이터를 분석해서 학생을 교육하는 지침을 만드는 것이다. 그리고 미래 진로지도도 교사의 경험을 기반으로 하지 않고 학생에 대한 데이터에서 도출하도록 한다.[142]

교육 4.0은 인공지능 혼자서 만들어내지 못한다. 인공지능을 21세기 들어 번성하기 시작한 여러 기술들과 융합하여 교육에 개입시킨다. 즉, 인공지능의 대표주자인 기계학습과 데이터를 모아줄 사물인터넷, 데이터의 가상화 기술인 클라우드 컴퓨팅 기술을 활용한다. 물론 이것이 끝이 아니다. 데이터를 크게 만들어주는 빅데이터 기술과 다양한 교구 제작에 사용될 3D 프린팅 기술 역시 제4차 산업혁명의 동력이다.[143] 우리나라에 제철소가 준공되었을 때 신문에서는 '산업의 쌀'을 만드는 공장이라고 표현하였다. 철강이 산업의 쌀이라면 4차 산업혁명 시대의 산업의 쌀은 무엇인가? 그것은 데이터이다. 그리고 기계학습과 사물인터넷과 클라우드 컴퓨팅 기술은 데이터를 관리하는

데 핵심적인 기술들이다. 하나씩 살펴보자. 기계학습이란 문자 그대로 기계가 학습한다는 의미이다. 지금까지 학습이란 동물은 할 수 없고 사람만이 할 수 있는 사람의 독특한 특성이라고 여겨 왔다. 기계는 수동적 존재로 인간이 기계에 데이터를 입력하고 프로그램을 짜면 수동적으로 인간의 명령을 이행하는 존재였다. 그러나 기계학습 단계에서는 사람이 프로그램을 작성하지 않아도 기계가 스스로 프로그램을 변경하면서 최적의 목표를 달성한다.[144]

기계학습이 인공지능 교육에서 중요한 위치를 점유하게 된 것은 학습관리 시스템의 도입이 일반화되었기 때문이다.[145] 특히 코로나19 사태 이후 비대면 수업이 일반화되자 학생들은 온라인으로 수업에 접속하게 되며, 이는 학습흔적 데이터를 남기게 된다. 학습흔적 데이터란 온라인 학습 환경에서 수행된 활동의 기록으로 디지털 방식으로 저장되고 기록된 학습활동의 증거를 의미한다.[146] 예를 들어 학생이 이러닝 학습관리 시스템의 강의실에 로그인 하고 로그아웃 하는 동안 얻을 수 있는 학습흔적 데이터는 로그인 시간과 로그아웃 시간과 과제 시험 수, 자료 조회수, 정보 검색량 등이다.[147]로그인 시간과 로그아웃 시간 데이터를 활용하면 학생의 학습시간을 계산할 수 있다. 또한 학생은 스스로 데이터를 생산한다. 이 범주는 학생이 게시판에 남긴 글, 다른 학생의 의견에 대한 코멘트, 채팅창에 남긴 의견, 온라인에서 검색해서 올린 음성자료, 동영상, 자신이 녹음하여 올린 자료 등 다양하다.[148] 이러한 다양한 성질의 정형 데이터와 비정형 데이터가

막대하게 축적되기에 이르렀다. 이는 빅데이터를 형성하며 기계학습은 빅데이터를 분석한다.[149]

인공지능 교육생태계를 구성하는 두 번째 요소는 사물인터넷이다. 사물인터넷이란 스마트 센서를 활용하여 사물과 사물 간 의사소통을 하는 것을 말한다. 사물인터넷이란 용어는 1999년 매사추세츠공과대학의 케빈 애쉬톤이 센서가 일반 사물에 탑재되어 사용될 것이라고 전망하면서 처음 사용된 것으로 알려져 있다.[150] 만약 사물 간에 의사소통이 가능하게 되면 여기서 발생하는 정보의 양은 인간끼리 의사소통함으로써 발생하는 정보의 양을 초과하게 될 것이다.[151] 사람과 인공지능이 상호작용하는 인공지능 교육은 인간의 얼굴 표정뿐만 아니라 인간의 심장박동, 체온, 혈압, 땀 분비량 등 사람의 상태를 파악할 수 있는 데이터에 주목한다. 사물인터넷은 스마트 센서를 사람에게 직접 부착하거나 사람의 신체 반응을 측정할 수 있는 센서가 달려있는 시계나 밴드 등을 손목에 차거나 입고 맥박, 체온, 혈압 등 신체 데이터를 컴퓨터 서버에 전송하는 시스템이다. 서버에 내장되어 있는 인공지능은 센서를 통해 들어오는 정보를 기계학습 등을 통해서 처리함으로써 학습자의 현재 심리 상태, 신체 상태를 예측할 수 있게 된다. 이는 현재 학습자의 상태가 학습하기에 또는 교육하기에 좋은 상태인지 아닌지 판별하게 만든다.[152]

인공지능 교육생태계를 구성하는 세 번째 요소는 일찍이 니콜라스 카Nicholas Carr가 『빅 스위치』에서 예견한 것처럼 클라우드 컴퓨팅 기술이다. 현대인들은 이제 데이터를 수도나 전기처럼 쓰고 사용량만큼 돈을 내는 시대로 가고 있다.[153] 마치 우리가 전기를 개별 공장마다 발전시설을 만들지 않고 국가에서 공급받는 것처럼 데이터를 중앙에 집중해 놓고 갖다 쓰는 방식으로 발전할 가능성도 배제할 수 없다. 인공지능 교육 4.0은 많은 시설을 필요로 하지 않는다. 클라우드 컴퓨팅 기술의 도움으로 교육기관은 방대한 데이터를 굳이 오프라인 시설에 저장하지 않아도 된다. 데이터를 가상공간에 저장하는 기술이 클라우드 컴퓨팅 기술이다. 이미 많은 기업들은 자사의 데이터를 아마존과 같은 데이터 업체에 의뢰하여 아마존이나 구글이 제공하는 가상공간에 저장하고 있다.[154] 이와 마찬가지로 학습관리 시스템에서 발생하는 막대한 데이터는 교육기관의 컴퓨터에 저장하기보다는 데이터관리 기업에 의뢰하여 마치 개인이나 기업 등이 은행에 돈을 예금하듯 아마존, 구글 등 인터넷 기업에 데이터 저장을 의뢰할 가능성이 커지고 있다. 각 교육기관은 교육 관련 데이터를 저장하기 위해 컴퓨터 시설을 갖추는 데 많은 돈을 지출할 필요가 없게 된다.[155]

인공지능 튜터

인공지능이 교육에 도입될 또 하나의 유력한 분야는 교수와 학생 간의 피드백을 중간에서 인공지능이 담당하는 것이다. 학습과정에서 교수자와 학습자 간의 피드백은 교육을 활성화시킨다. 이는 특히 온

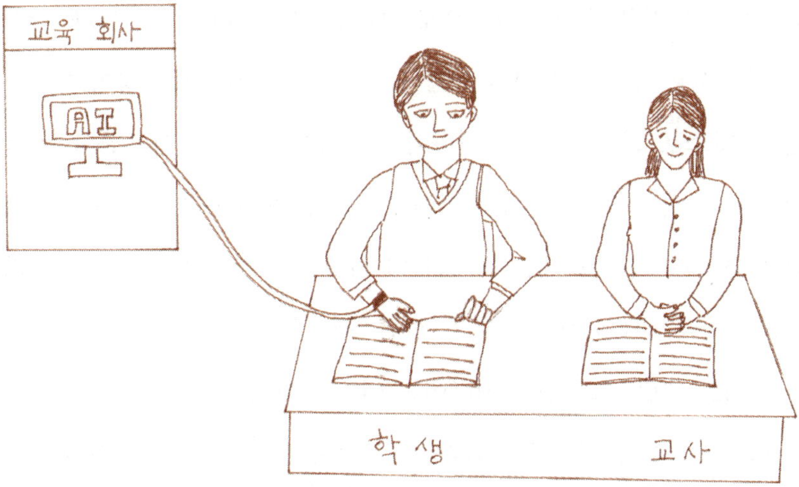

[그림 5] 학습자 디바이스와 교육기관 서버의 연결

라인 교육에서 큰 도움이 될 것으로 전망된다. 기존의 연구들에 따르면 사이버대학 학생들은 교수나 급우들과의 소통에 목말라 하고 있다. 특히 수업이 온라인으로 진행될 경우 학생과 교수의 상호작용이 부족한 것으로 드러났다.[156] 인공지능은 각 수업에 배당되어 있는 대학원생 조교 역할을 할 것으로 예상된다. 미국 대학의 경우 보통 교수들은 각 과목을 가르치고 운영하고 학점을 부여하는 과정에서 대학원생 조교의 도움을 받는다. 이러한 인간 조교의 역할을 인공지능이 대신하는 것이다. 인간 튜터와 컴퓨터 튜터와의 가장 큰 차이점은 인간 튜터들이 학습자와 상호작용할 때 압도적으로 자연어 회화를 사용한다는 점이다. 대부분 종래의 회화 기반 지능형 교수 시스템은 학생이 타이핑하여 정보를 입력하는 방식이다. 그러나 잇스포크ITSPOKE는 대화기반 피드백을 제공할 목적으로 설계된 학습관리 시스템이다. 학생과 인공지능 튜터는 학생의 응답을 토의하기 위해 서로 영어로 대화한다. 잇스포크는 정보입력 디바이스로 마이크로폰을 사용한다. 학생이 하는 말은 스핑크스2 인식기에게 시그널을 보낸다. 리트먼 Litman과 동료 연구자들은 잇스포크가 컴퓨터 자판을 통한 상호작용보다도 더 효율적이라는 것을 보여준다.[157] 한편 문화적 차이를 반영하는 인공지능 튜터도 개발되고 있다. 최근에는 어느 국가나 여러 인종이 섞여 사는 다문화사회가 되어가고 있다. 미국에서는 코스타리카, 필리핀, 미국의 서로 다른 세 가지 문화에서 도움을 청하는 행위에 차이가 있도록 설계된 모델도 개발되고 있다. 이 외에도 게임 기반 지능형 교수 시스템도 개발되고 있다.[158] 예를 들어 수학 튜터인 경우 학습 참여를 강화시키기 위해 게임요소를 포함시키는 경우도 있다.[159]

최근에는 학생의 정서, 감정에 반응할 수 있는 정서반응 튜터도 개발되고 있다. 이 정서반응 튜터는 웨어러블 기기의 도입이 가능해지면서 등장했다. 만약 인공지능 튜터가 학생의 심리상태를 정확하게 파악할 수 있게 되면 효과적인 대응이 가능해진다. 학생의 정서적 상태를 알아내기 위해서 PC에 장착되어 있는 카메라, 마이크로폰, 특수제작한 마우스, 신경 헤드셋을 활용한다. 이들 기기들은 학생의 얼굴표정, 목소리, 마우스 누르는 압력, 심장 박동상태, 스트레스 수준과 같은 학생의 생체 신호를 파악한다. 정서반응 튜터는 학습자의 심리상태를 지루함, 혼란, 기쁨, 놀람, 중립, 담담함 6가지로 구분한다. 만약 학생이 지루해하는 것을 시스템이 알아내면 정서반응 튜터는 학생에게 학습과제를 부과함으로써 학생을 자극한다. 만약 학생이 좌절을 겪고 있는 것을 시스템이 알아내면 정서반응 튜터는 학생에게 격려하는 말을 하거나 학습자가 좌절을 느끼고 있는 정보를 교정해준다.[160]

조기탈락 방지

현재 여러 국가들에서 교육당국자가 경험하고 있는 심각한 문제는 조기탈락 학생 수가 많다는 점이다. 중도 탈락하는 학생 수가 많아지면 교육기관의 재정적 자립도가 취약해지고, 국가 전체적 관점에서는 인적자본 축적에 심각한 장애가 발생하게 된다.[161] 따라서 국가 전체적 관점에서는 학생이 모든 과정을 마치고 무사히 졸업하는 것이 바람직한 일이다. 특히 한때 온라인 교육 열풍을 가져온 무크MOOC의 경우 끝까지 수업을 들은 학생은 매우 적었다. 예를 들어 펜실베이니아 대학 교육대학원 온라인 강좌에 등록한 학생 중에서 강의를 끝까지 들은 학생은 4%에 불과했다.[162] 만약 교사들이 조기 탈락하는 학생들을 예측할 수 있다면 조기탈락 가능성이 큰 학생들에게 사전에 경고하는 조기경보 체제를 구축할 수 있을 것이다. 인공지능을 활용한 조기탈락방지 시스템은 개별학습자에 대한 데이터를 수집한 뒤 인공지능으로 분석하여 조기에 학생의 학습 문제점을 발견해서 학생에게 알려줄 수 있다. 학생 입장에서는 자신들의 학습 문제점을 개선할 수 있게 된다. 이와 아울러 조기탈락방지 시스템은 학생들이 수강할 과목을 선택할 때 학생 개개인의 적성, 능력 등을 고려하여 맞춤형으로 제시한다. 그리고 각 학생별 데이터를 분석하여 각 학생별 경력을 예측하여 경력 관리를 도와준다.

알크하틀란Alkhatlan과 칼리타Kalita는 미국의 퍼듀대학이 개발한 코스 시그널Course Signal을 조기탈락방지 시스템의 사례로 제시한다. 코스 시그널의 차별성은 학생이 수강하는 과목에서의 성적을 미리 예측하고 위험군에 속하는 학습자들에게 실시간으로 적절한 교육적 개입을 한다는 점에 있다. 코스 시그널은 학생들의 학습 성과와 학생의 대학 재등록률의 향상에 기여한 것으로 보고되있다.[163] 코스 시그널은 각 과목을 수강하는 학생들을 그 과목의 실패 가능성이 큰 학생, 중간인 학생, 낮은 학생으로 구분한다. 마치 횡단보도의 신호등이 파란 불, 노란 불, 빨간 불로 나뉘는 것처럼 전혀 실패할 위험이 낮은 경우는 파란색, 중간인 경우는 노란색, 높은 경우는 적색으로 분류한다. 만약 실패할 가능성이 높은 적색 신호를 받은 학습자와 교사에게는 조기에 상황을 알려준다. 이는 학습자와 교사가 사전에 대비할 수 있게 해주는 효과를 가져온다.[164] 한편 교육 4.0은 자동채점 기능을 통해 교사의 행정적 부담을 덜어준다. 만약 학생 수가 많다면 채점은 상당한 행정적 부담이 될 것이다. 인공지능은 이미지인식 기술을 활용하여 채점을 할 수 있다. 따라서 교사들은 행정적 부담을 많이 덜어내고 그 시간을 보다 창조적인 일에 사용할 수 있다. 그러나 자동채점 모델은 기존의 데이터를 사용하여 훈련하기 때문에 새롭고 독창적인 아이디어가 담겨져 있는 학생의 답안에 높은 점수를 주지 못할 위험이 크다. 왜냐하면 독창적이란 말 자체가 기존의 데이터 구조에는 반영되지 않은 내용이라는 의미이기 때문이다. 따라서 자동채점 모델은 독창적인 아이디어를 정답이 아니라고 판단하여 낮은 점수를 줄 가능성이 있다.[165]

다. 로봇교육

최근 코로나19 사태로 말미암아 대학교 수업은 대부분 비대면으로 전환되었다. 언택트 시대와 비대면 시대의 문제점은 무엇인가? 교사와 학생 간의 교감이 없다는 것이다. 다른 말로 하면 실재감이 없다는 것이다. 학습자 입장에서 볼 때 자신이 그 자리에 있다는 생각이 들지 않는다. 그러니 유령과 말하는 느낌이 난다. 자연스럽게 교육효과는 떨어진다. 『온라인 수업, 교사 실재감이 답이다』라는 책 제목에서 볼 수 있듯이[166] 이것을 해결하는 방법이 실재감의 보완이다. 로봇을 활용한 교육방식이 나오는 이유이다.[167] 왜 로봇을 교육현장에 투입하는가? 최근 연구에 의하면 실재감이 있어야 교육효과가 높게 나타나기 때문이다. 단순히 원격으로만 교육하게 되면 실재감이 없어 교육효과가 떨어진다는 연구도 있다. 2003년 배인브리지Bainbridge와 동료들은 온라인 교육을 할 때 컴퓨터 화면상에 나타나는 교사 모습을 아바타 형상, 로봇 형상, 인간 형상 중 어느 모습이 제일 좋은지 학생들에게 물어보는 실험을 해보았다. 그 결과 실재감이 있는 경우 교육 효과가 가장 높은 것으로 나타났다. 그리하여 원격교육에 대한 대안으로 로봇을 활용한 교육이 제시되었다.

로봇교육에는 어떠한 것이 있는가? 독자 여러분은 어리둥절할 수도 있다. 아마 로봇이 식당에서 주문한 음식을 나르는 모습은 인터넷에서 본 적이 있을 것이다. 그러나 로봇교육이란 무슨 말인가? 쉽게 이해되지 않는 분들도 있을 것이다. 사실 지금까지 교육영역에서 인간 교사가 가르치는 이미지가 굳어 있기 때문에 로봇을 활용하여 교육한다는 상상 자체가 쉽지 않다. 그러나 로봇교육은 생각보다 어렵지 않다. 로봇교육 현장으로 가보자! 2017년 벤자민 글리슨Benjamin Gleason과 크리스틴 그린하우Christine Greenhow가 시행한 연구가 독자 여러분에게 로봇교육이 무엇인지 실마리를 줄 것이다. 연구자들은 로봇이 참여하는 교육에서 학생들이 어떻게 실재감을 느끼고 있는지 조사해 보았다. 연구에서는 오프라인 정규수업 시간에 일부 학생들이 온라인으로 수업에 참여하는 경우를 상정하였다. 그러니까 십여 명의 학생들이 전통적인 대학원 수업을 듣고 있는 교실에서 두세 명의 학생들만 온라인으로 수업에 참여하는 상황인 것이다. 이때 로봇은 두 가지 형태로 수업에 참여한다. 한 가지는 학생들과 교사가 앉아 있는 책상 위에 설치된 로봇이다. 보통 로봇하면 이동이 당연한 것으로 생각하기 쉬우나 여기서 로봇의 두 다리는 책상에 고정되어 있고, 얼굴에 해당하는 부분인 아이패드 화면이 상단에 설치되어 있는 초보적 수준의 로봇이다.

[그림 6] 로봇과 상호작용하는 학생

로봇의 얼굴에 해당하는 아이패드 화면은 학생들이나 교사의 눈높이에 맞추어서 설치하고 그 화면에 온라인으로 수업에 참여하는 학생 얼굴이 나온다. 따라서 교실에 있는 학생들은 온라인으로 참여하는 학생의 얼굴을 가까이서 꽤 큰 사이즈로 볼 수 있는 것이다. 이때 핵심은 온라인으로 수업에 참여하고 있는 학생들이 그 고정형 로봇을 조종할 수 있는 것이다. 로봇을 활용하고 있는 온라인 학생은 아이패드 화면을 상하로 움직일 수 있다. 따라서 온라인으로 고정형 로봇을 조종하고 있는 학생은 현재 교실에 앉아 있는 학생의 눈높이에 따라 자기의 화면을 위아래로 움직여서 서로의 시선을 유지할 수 있다. 또 하나의 로봇은 아이패드 크기의 화면이 달린 기기에 바퀴가 달려 있어 이동이 가능하게 만든 로봇이다. 따라서 온라인으로 수업에 참여한 학생은 자신이 그 이동형 로봇을 조종하여 교실 이리저리로 움직일 수 있는 것이다.[168] 연구자들은 이 수업에서 학생들이 느낀 실재감 수준을 물어보았다. 실험 결과 교실에 있던 학생 상당수는 아이패드 화면상에 나타난 학생들이 마치 자기들과 같이 교실에 있는 것처럼 느껴졌다고 말하였다. 실재감을 느낀 것이다! 순수한 100% 온라인 교육, 즉 오늘날의 사이버교육 현장에서 화상회의 형식인 줌zoom을 활용하여 컴퓨터 화면으로만 서로의 얼굴을 보는 학생들은 로봇이 있는 경우에 비하여 상대적으로 실재감이 적을 것이다. 따라서 로봇교육은 학생들의 실재감 향상에 도움이 되는 것으로 밝혀졌다. 참여 학생들의 반응을 보면 온라인으로 로봇을 조종했던 한 학생은 로봇의 도움으로 실제로 자신이 교실에 있는 것처럼 느꼈다고 말했다. 교실에 있던 한 학생은 온라인으로 수업에 참여한 학생과 로봇을 통해 대화하였지만 마치 실제로 이야기하는 것처럼 느꼈다고 말했다.[169]

라. 성인교육 4.0

블렌디드 러닝

성인교육이 성공하려면 어떤 교육을 해야 하는가? 가장 중요한 것은 교육의 품질을 유지하는 것이다. 데이비드 노블David Noble의 『디지털 졸업장 공장』을 보면 1910~1920년경 미국에서는 원격교육의 효시인 우편교육이 최고의 인기를 끌었다. 당시 시카고대학, 컬럼비아대학, 위스콘신대학, 캘리포니아대학 버클리캠퍼스 등 기라성 같은 명문대들이 모두 우편교육에 참여하였지만 결국 실패하였다.[170] 우편교육이 실패로 돌아간 이유는 교육의 품질을 유지하지 못했기 때문이다. 미국 고등교육의 가장 저명한 관찰자로 인정받은 에이브러햄 플랙스너Abraham Flexner는 대학들이 상업적인 측면에만 몰두한 채 대학의 근간을 이루는 독립성과 진실성을 저버렸다고 통렬하게 비난했다.[171]

그러면 어떻게 해야 교육의 품질을 유지할 수 있을까? 교육에 있어 가장 좋은 방법은 무엇일까? 필자는 학생과 교사가 직접 대면하는 것이라고 본다. 왜 그런가? 매체풍부성 이론MRT에 의하면 교사나 교수와 학생이 직접 만나는 것이 어떤 다른 방법보다도 정보를 가장 풍부하게 전달한다.[172] 최근 초등학교, 중학교, 고등학교, 대학교 등 대부분의 교육기관들은 비대면 상황에서 줌과 같은 화상회의 기법을 사용하여 교육하고 있다. 그러나 화상회의 역시 교사와 학생이 직접 실체적으로 접촉하는 것이 아니므로 여전히 학생은 고립감을 호소하게 된다.[173] 결국 최상의 교육방법은 직접 교사와 학생이 만나서 교육하는 것이다. 그렇지만 그것이 불가능하거나 현실적으로 어려울 때는 블렌디드 러닝이 해결책이다. 즉, 상당수 교육은 온라인으로 이루어지지만 중간 중간에 오프라인 공간에서 교사와 학생, 학생과 학생이 만나는 기회를 의무화하는 것이다. 서울 소재 사이버대학 재학생을 상대로 한 연구에서 주말에 개최되는 오프라인 교육프로그램이 사이버대학 재학생들의 고립감 해소에 도움이 많이 되는 것으로 나타나고 있다.[174] 따라서 성인교육의 경우 시간과 비용의 문제로 불가피하게 온라인교육을 도입하게 된다면 블렌디드 교육방식이 바람직해 보인다.

개별교육

『평균의 종말』이라는 책이 있다. 스위스 생체모방공학 연구소의 부교수로 재직 중인 토드 로즈Todd Rose가 쓴 책이다. 그는 중학교 때 ADHD 장애판정을 받은 뒤 성적부진으로 고등학교를 중퇴했으나 하버드대학에서 인간발달학 박사를 받은 사람이다. 그는 평균주의란 산업시대의 철학이며, 신세계에서는 개개인의 재능을 보아야 한다고 말한다. 일례로 2015년부터 구글, 딜로이트, 마이크로소프트 등 글로벌 기업들은 등급중심 평가시스템을 폐기하였다고 전한다.[175] 책의 요지는 자신이 지진아 취급을 받은 이유가 개별교육을 받지 못했기 때문이라는 것이다. 그는 평균이란 말 자체에 오류가 있다고 본다. 켄 로빈슨Ken Robinson은 『학교혁명』에서 오늘날의 평균적인 교육은 의미가 없으며 개인맞춤형 교육이 필요하다고 주장한다.[176] 그런데 인공지능의 강점은 학생 한 명 한 명에게 개별적인 교육을 제공할 수 있다는 점이다. 인공지능은 개별 학생의 피로도, 감정의 변화까지도 고려하여 교육시킬 수 있다. 매사추세츠공과대학에서 신시아 브리질 박사가 최초로 개발한 소셜 로봇 키스멧은 근본적으로 인간과 로봇의 상호작용을 목적으로 만들어진 로봇이다. 여기서 로봇은 이동하며 독립적인 실체이다. 그리고 인공지능이 탑재되어 있는 형태로 진화할 것이다. 최근의 연구 방향은 인간과 로봇이 상호작용할 수 있도록 로봇을 지능화하는 것이다. 로봇을 지능화하려면 인공지능을 탑재해야 한다. 이러한 방향으로 나갈 수밖에 없다. 브리질 박사가 개발한 최초의 소셜 로봇은 눈의 역할을 하는 카메라가 얼굴에 장착되어 있는 형태이다. 그리고 인간의 모습을 카메라로 인식하고 이에 대하여 반응한다. 그리고 인간과 언어로 상호작용하는 챗봇 기능을 추가할 예정이다. 현재 개발되고 있는 로봇들은 주로 어린이 어학교육용 로봇이기 때문에 어린이와 의사소통이 가능하면서 거부감이 들지 않도록 크기는 작게 만들어졌다. 이미 미국에서는 책상 위에 앉아 인간과 의사소통하는 로봇에 대한 특허를 냈다. 앞으로 성인교육도 과목에 따라서 이러한 인공지능 기술을 활용한 개별교육 기법을 적용할 필요가 있다.

실무교육

『실용지능』이라는 책에서 "왜 학교에서 우수한 성적으로 졸업한 사람이 사회에서 성공하지 못하는가?"라는 질문을 던졌다.[177] 책의 저자 로버트 스턴버그Robert Sternberg와 공동저자들은 이 현상을 설명하기 위해 지능을 학업지능과 실용지능으로 나누었다.[178] 그리고 실용지능은 암묵적 지식과 관계가 있다고 밝혔다. 암묵적 지식은 시간이 지나면서 축적되는 지식이다. 따라서 성인이 구비할 가능성이 높은 지식이다. 일본 자동차회사들은 경험 많은 근로자들이 만든 자동차 제작 노하우에 의존하고 있다. 그들은 작업에 참여하는 과정에서 암묵적 지식을 축적한다. 필자 생각으로는 성인 학습자들을 대상으로 하는 교육은 실무에 중점을 두는 교육이어야 한다고 본다. 왜냐하면 교육 이수 후 바로 직장에 투입되어야 하기 때문이다. 성인 학습자들은 이미 재직 중에 있으며, 몸은 피곤한 상태임을 전제로 해야 한다. 성인 학습자의 교육환경은 상당히 열악하다. 성인의 여건이 교육받기 어려운 환경이기 때문이다. 직장 생활로 몸이 파김치가 되어 있는데 어떻게 다시 힘을 내란 말인가? 그러나 1차 직장에서 나온 뒤 다시 양질의 2차 직장에 들어간다는 것은 결코 쉬운 일이 아니다. 그것을 해내기 위해서는 비상한 노력이 필요한 것이다. 안 그래도 지친 몸, 꾸벅꾸벅 잠이 오는 상황에서 교육 내용을 정확히 습득하기 위해서는 아무래도 실무교육이 효과적일 것이다. 머리로만 배운 내용은 쉽게 잊어버리지만 몸으로 익힌 교육은 쉽게 잊히지 않는다. 따라서 성인교육에는 이론교육 못지않게 실무교육 내용이 들어가야 한다.

제3장 영웅의 귀환

영웅은 모험에서 승리하고 불사약을 가지고 귀환한다.

— 조지프 캠벨, 『천의 얼굴을 가진 영웅』

현대의 영웅은 성인교육을 받고 직장으로 귀환하는 사람들이다. 영웅은 사회의 질병을 치료할 불사약을 가지고 고향으로 귀환해야 한다. 이미 나이가 들대로 들어 몸은 천근만근임에도 다시 재교육을 받고 직장에 취업하여 가족에게 인정받는다면 그가 영웅이 아니고 누가 영웅이겠는가? 동물은 주어진 삶을 살다 간다. 그러나 인간은 주어진 삶이라는 고정된 구도를 벗어나 문화적으로 탈바꿈할 수 있다. 재교육을 받고 3모작 인생에 성공하는 일보다 더 큰 도전은 없다. 올림픽 게임에서 역도선수가 무거운 바벨을 들어 올려 신기록을 세우면서 금메달을 따는 광경은 대단한 감동을 준다. 3모작 인생을 사는 성인은 인생의 무게라는 바벨을 온몸으로 들어 올리면서 새로운 인생을 살아내는 사람이다.

영웅의 여정 모델

신화란 무엇인가? 신神에 대한 스토리이다. 인류사회는 신화로 넘쳐난다. 인류에게 신화가 어떤 의미가 있기에 그렇게 넘쳐나는가? 음부티 피그미족이 이동할 때에도 항상 불씨를 가지고 다니는 것처럼 인류는 오래 전부터 신화라는 불씨를 가지고 있었다. 조지프 캠벨은 모험이란 이미 알고 있는 기지既知의 세계에서 잘 모르는 미지未知의 세계로 들어가는 통로라고 하였다.[1] 신이란 존재는 미지의 세계를 의인화한 존재로 해석할 수 있다. 인간은 인간과 환경 사이에 신이라는 존재를 개입시켜 환경을 이해하려 하였다. 벼락을 제우스 신의 무기로 해석해 벼락이 치면 그리스인들은 제우스 신이 무기를 사용한 것으로 이해하였다. 또한 바다에 폭풍이 밀려오면 포세이돈 신이 화난 것으로 이해하였다. 요즈음 왜 무신론자가 많아질까? 필자 생각에 현대인에게 자연환경이 더 이상 알지 못했던 미지의 세계가 아니라 비밀이 다 파헤쳐진 기지의 세계가 되었기 때문이다. 대항해시대 초기에는 영화 "캐리비안의 해적"에서 나오는 무서운 바다 괴물 크라켄이 살고 있다고 생각해 먼 바다로 항해하는 것을 두려워하였다. 먼 바다는 미지의 세계였다. 그러나 인공위성으로 보고 있는 현재의 바다는 더 이상 미지의 세계가 아니다. 신비가 없어진 것이다! 과학과 기술의 발달로 이제 지구에는 더 이상의 알 수 없는 세계가 없어진 것이다!

그러나 설령 종교와 담을 쌓고 사는 사람이라 할지라도 절체절명의 위기나 죽기 전에는 자기도 모르게 신을 찾게 된다. 왜냐하면 아무리 과학이 발달해도 위기 순간이나 사후세계는 가보지 못한 미지의 세계이기 때문이다. 인류학자들은 인류의 역사가 호모 에렉투스 이후 대략 200만 년이라는 데에 의견이 일치한다. 그런데 석기시대를 벗어나 농업 문명을 일으킨 것이 불과 1만 2천 년 전 즈음이다. 아무리 적게 잡아도 인류는 전체 역사의 99% 기간 동안 석기시대에 살았다. 그리고 겨우 전체 역사의 1% 미만 기간 동안 인류는 문명을 일으키고 우주선을 쏘아올린 것이다. 현대 문명이 인류의 전체 역사를 대표할 수 있는가? 인공지능의 초기 개척자이며 노벨경제학상 수상자인 허버트 사이먼이 제시한 '제한된 합리성'을 적용해보면 인간 두뇌의 처리용량은 제한되어 있다. 침팬지 두뇌용량이 350~400cc인 데 비해 현생 인류의 두뇌 용량은 1,300cc 내외이다. 침팬지보다는 커졌지만 이 용량으로 우주의 비밀을 모두 알아낼 수 있을까? 지구상에서는 미지의 세계가 사라진 것처럼 보여도 우주시대의 관점에서는 이제 막 걸음마를 뗀 수준에 불과하다. 인류가 지구시대를 마감하고 우주시대로 들어가는 순간 우리는 미지의 세계로 들어가는 것이다. 인류는 아직 태양계를 벗어나지 못했다. 달을 넘어 화성에 가기 위하여 노력하고 있는 상황이다. 다시 말해서 인류는 태양이라는 항성 하나의 주위에 맴돌고 있는 것이다. 4,000억 개의 항성으로 이루어진 은하계와 그 은하계들이 수없이 펼쳐진 우주를 상상해보라! 미지의 세계를 신이라는 이름으로 요약했다면 우주시대는 그야말로 미지의 세계로 들어가는 것이다. 과학기술의 시대라고 해도 인간이 완벽하지 않는 한 여전히 미지의 세계는 존재하는 것이다.

영웅의 여정

비교신화학자 조지프 캠벨은 평생 여러 문화권에서 영웅들의 신화를 수집해왔다. 그는 『천의 얼굴을 가진 영웅』에서 각 문화는 대부분 신화를 가지고 있고 신화는 영웅들의 스토리를 가지고 있으며 지리적으로 멀리 떨어져 있음에도 불구하고 영웅 이야기에는 공통점이 있다는 것을 발견하였다.[2] 캠벨은 이를 '영웅의 여정'이라고 명명하였다. 즉, 모든 영웅들은 출생하여 소명을 받고, 도전과 역경을 견디고, 귀환한다는 것이다. 사실 진리는 하나인지 모른다. 우리 인체는 세포들로 구성되어 있다. 그런데 세포마다 DNA가 있다. 그 이야기는 무엇인가? 전자현미경을 동원해야 겨우 보이는 세포 안에 인간의 몸체 전부를 만들어낼 공통된 설계

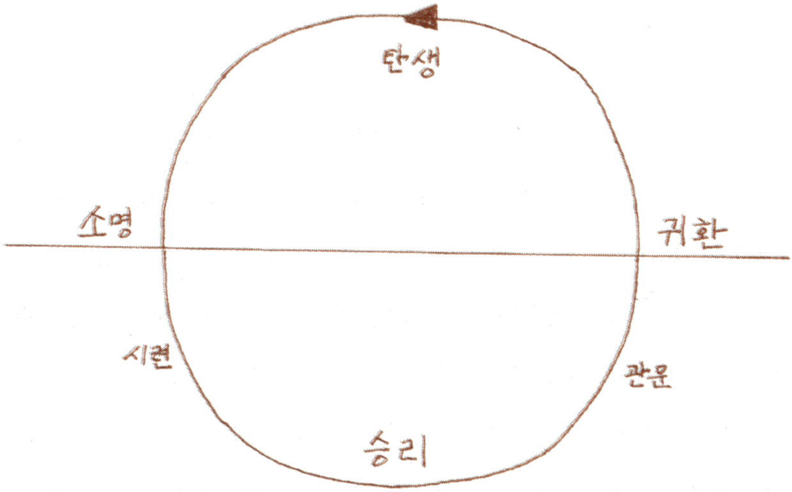

[그림 1] 조지프 캠벨의 영웅의 여정 모델

도가 들어 있는 것이다. 그리고 모든 세포들은 뇌세포인 뉴런을 제외하고 같은 구조인 것이다. 전체 안에 부분이 들어 있는 것이 아니라 부분 안에 전체가 들어 있는 것이다. 자연의 신비를 보여주는 수학이 있다. 프랙탈Fractal이라는 수학이다. 나무들은 나뭇잎으로 구성되어 있다. 나뭇잎은 부분이다. 그러나 한 그루 나무의 전체 모습은 나뭇잎 하나의 모습과 유사하다. 컴퓨터로 시뮬레이션해 보면 단순한 나뭇잎 형태에서 나무 전체를 도출해낸다.[3] 이 역시 부분 안에 전체가 담겨져 있는 것이다. 조지프 캠벨도 마찬가지이다. 천 명이나 되는 다양한 영웅의 업적도 알고 보니 수메르 문명의 길가메시 신화에서부터 인디언 신화까지 공통된 패턴을 따르더라는 것이다. 즉, 출생 → 소명 → 시련에서의 승리 → 귀환 과정을 거친다는 것이다.[4]

문화적 영웅

인류사회에 영웅이 있다면 누가 영웅인가? 동물은 주어진 삶을 살다 간다. 그러나 인간은 주어진 삶이라는 고정된 구도를 벗어나 문화적으로 탈바꿈할 수 있다. 재교육을 받고 다모작 인생에 성공하는 일보다 더 큰 도전은 없다. 동물행동학자들에 의하면 인류의 가까운 친척인 침팬지나 보노보는 나름대로 문화를 가지고 있다고 한다. 그러나 그들은 문화를 가지고 있기는 하지만 이를 문명의 단계로 진화시키지는 못했다. 그러나 인간은 두뇌 용량이 세 배로 증가한 뒤 다시 증가하지 않았지만 문화적 진화는 하고 있다. 에드워드 윌슨은 『인간 본성에 대하여』에서 진화를 생물적 진화와 문화적 진화로 나눈 바 있다.[5] 세계사를 보면 나폴레옹, 한니발, 알렉산더 대왕, 율리우스 카이사르 등 정치계 영웅들로 넘쳐난다. 그리고 알베르트 아인슈타인, 아이작 뉴턴, 베르너 하이젠베르크 등 과학계의 영웅들로 넘쳐난다. 그러나 종교의 창시자와 중흥조들이야말로 진정한 영웅들이다. 인류문명의 역사에는 이러한 문화적 영웅들로 넘쳐난다.

왜 그렇게 생각하는가? 인류문명에서 신화와 종교야말로 정신의 최고봉이라고 생각하기 때문이다. 왜냐하면 신화와 종교는 인간이 인류 조상으로부터 물려받은 본능을 초월하게 만들기 때문이다. 종교에 해당하는 영어단어는 'religion' 이다. 이는 '다시 연결' 한다는 의미이다. 퍼트리샤 처칠랜드Patricia Churchland는 『브레인트러스트』에서 종교의식이 행해지는 동안 공동체의 결속이 이루어져 충성심이 강화되는 장점으로 인해 종교적 성향이 자연선택되었다는 견해를 제시한다.[6] 동물행동학이나 고인류학,

인류학을 들여다보면 인류는 처음부터 고기를 좋아하는 육식 영장류였다. 인류는 다른 영장류와 달리 고기 섭취에서 전체 열량의 3분의 1을 조달하는 육식성 동물이다. 가장 가까운 고인류인 네안데르탈인도 하이에나만큼이나 고기를 좋아했던 것으로 알려지고 있으며,[7] 호모 사피엔스 역시 마찬가지이다. 시베리아에서는 매머드 뼈로 된 인간의 주거지 유적이 발굴되었다. 인류가 대형동물을 사냥한 증거이다. 현재 생존하고 있는 칼라할리 사막의 쿵족, 아프리카 피그미족과 같은 수렵·채집사회 사람들 역시 사냥꾼들이다.[8] 그런데 그렇게 좋아하는 고기를 포기한 사람들이 있다. 처음 불교가 인도에 출현하였을 때 불교는 매우 혁신적인 종교였다. 왜냐하면 인류 자체가 고기를 매우 좋아하는 동물임에도 불구하고 불교의 승려들은 고기 먹는 것을 포기하고 채식을 한다고 선언하였기 때문이다. 이들은 소를 잡아먹기는커녕 보호하였다. 미래학자 제레미 리프킨Jeremy Rifkin의 『육식의 종말』에 의하면 갠지스강가에 아리안족이 도착했을 때만 해도 갠지스강가는 산림으로 뒤덮여 있었다. 그러나 불과 700년 만에 그곳은 세계에서 인구밀도가 가장 높은 지역이 되었다. 인구가 증가해서 고기가 부족해진 상황에서 브라만 계층은 소를 도살하고 소고기를 독점했을 것이다. 그러자 인도 주민들 중 모든 동물의 식용을 금했던 불교로 개종하는 사람이 늘어났다.[9] 그것이 인도 아소카왕 시절 불교가 흥성했던 이유이다. 그러나 이것이 스토리의 끝이 아니다. 힌두교 최상층 계층인 브라만 역시 불교의 도전에 맞서 채식을 선언하고 육식을 포기하였다. 힌두교의 그러한 혁신이 오늘날 힌두교가 유대교, 그리스도교, 이슬람교, 불교와 함께 세계 5대 종교로 자리매김한 이유이다.

그리스 문명의 특징은 도시국가들이 그리스 신화를 가졌다는 것이다. 그런데 그리스 신화에 나오는 신들이 모두 그리스 지역에서 기원한 것은 아니다. 헤로도토스의 『역사』를 보면 포세이돈은 원래 북아프리카 리비아에서 숭배되었던 신이었고, 허큘리스는 이집트에서 숭배되었던 신이었다.[10] 대지의 여신인 데메테르 여신은 원래 그리스 문명보다 앞서 번영했던 크레타섬의 미노스 문명에서 모시던 신이었다. 그리스 신화를 만든 혁신자들은 북아프리카, 이집트, 크레타섬 등 여러 지역에서 모시던 신들을 종합해서 그리스 신화를 완성한 것이다. 그리스 신화는 외적으로는 외부 환경을 이해하는 우주론을 구축하고, 내적으로는 생활규범을 제시하였다. 로마시대 유적들 중에서 가장 유명한 건축물이 무엇인가? 콜로세움일 것이다. 그러나 그 못지않게 유명한 건물이 판테온이다. 판테온은 로마의 신들을 모셔놓은 장소이다. 로마제국이 건국되자 이름만 바뀌었을 뿐 그리스 신화는 로마 신화로 이어진다. 그것으로 끝인가? 오늘날 국가 영웅들만 묻히는 프랑스의 판테온은 무엇인가? 바로 만신전이 아닌가? 역사는 살아 있는 것이다!

유교 역시 마찬가지이다. 중국의 북송시대, 송나라는 종교적인 면에서 외래종교인 불교가 성행하여[11] 상당수 영향력 있는 유교 선비들도 불교에 심취해 있었다. 불교의 강점은 인도 우파니샤드 철학에서 기원한 심오한 우주론에 있었다. 이에 대항하여 송나라 지식인들은 전통유교에 우주론을 도입하여 신유학을 탄생시켰다. 원래 선진先秦시대 유학에는 우주론이 없었다. 공자와 맹자는 현실주의자였다. 공자의 제자가 공자에게 사후세계를 묻자 공자는 현세 일도 다 해결 못하는데 어찌 사후세계에 관심을 갖느냐고 응답하였다. 맹자는 노인복지에 관심이 많아 어미닭 다섯 마리와 어미 돼지 두 마리를 키워 노인에게 고기 반찬이 떨어지지 않게 하라고 제안했다.[12] 그러나 혁신자들은 유교에 우주론을 도입하였다. 중국의 고도 낙양에서 정이, 정호 형제를 중심으로 시작한 낙학은 주희가 집대성하였다. 신유학의 핵심은 인간의 본성이 바로 하늘의 이치인 리, 성즉리性卽理라는 성리학이다. 모종삼의 『심체와 성체』에서 보듯이 혁신자들은 유학을 심학의 전통 위에 재정립한 것이다.[13]

그리스도교는 유대교에서 기원했다. 그리스도교에서 구약성경을 경전으로 인정한 것만 보아도 그렇다. 유대교에서 기원한 그리스도교는 하느님의 구원은 히브리 민족뿐만 아니라 전 인류에게 베풀어진다고 선언함으로써 세계 종교로 도약했다. 신학자 요아힘 그닐카Joachim Gnilka의 『바울로』를 보면 그리스도교 창설의 산파 역할을 담당했던 사도 바울은 '이방인의 사도'로 자임하면서 유대민족의 종교를 이방인의 종교로 탈바꿈시켰다. 그는 가정교회를 중심으로 전도활동을 전개하였다. 그리스 주택은 안마당이 있었고 손님 접대용으로 사용되었는데 이 안마당이 집회장소로 사용되었다. 사도 바울이 곳곳에 세웠던 초대 교회들은 가정교회 형태를 가졌을 것이다.[14] 그리스 신화, 불교, 힌두교, 신유학, 그리스도교의 창시자와 중흥조들은 모두 문화적 영웅들이었다. 성인 학습자들 역시 일종의 문화적 영웅들이다. 50세를 넘긴 그들의 육체는 예전 기준으로 보면 노인에 가깝다. 그러나 문화적 장치로 그들은 노인에서 중년으로 변모했다. 생활수준 향상으로 인해 육체적으로 몇 년 젊어진 것은 사실이지만 그보다 중요한 건 자신을 정신적으로 노인에서 중년으로 변환시켰다는 점이다. 이때 필요한 것이 새로운 지식의 제공이다. 육체는 나날이 늙어 가지만 새로운 지식의 주입으로 그들의 정신은 날로 새로워진다.

1. 영웅 : 성인의 여정

신(神)을 발견하고자 한다면 지상의 이웃에게 정성을 쏟아야 한다.

— 윌리엄 새들러, 『서드 에이지, 마흔 이후 30년』

조지프 캠벨의 영웅의 여정을 성인에게 대입해 보자! 인생 100세 시대라는 커다란 도전을 맞이하여 현대의 성인은 소명의식이 있어야 한다. 현대의 성인들은 이제 초장수시대를 맞이하여 다시 일어서야 한다. 쉰 살 이후의 인생은 잔여 시기가 아니라 새로운 시대의 시작임을 깨달아야 한다. 종래에는 쉰 살 이후 양질의 식상 부족으로 인해 인생의 바다에서 속절없이 추락을 거듭해야 했다. 그러나 이제는 새로운 양질의 직업을 찾아나서야 한다. 다시 말하면 인생 2모작뿐만 아니라 인생 3모작을 실현해야만 하는 시기임을 깨달아야 한다. 스스로 중요한 존재임을 자각해야 한다. 아직도 인생이 반백 년이 남아 있음을 생각해야 한다. 탁계관의 『아빠는 무조건 살아남아야 한다』라는 책 제목에서 볼 수 있듯이 버텨내야 한다.[15] 후반생에 들어가 버티기 위해서는 준비를 해야 한다.

가. 100세인의 준비

린다 그래튼과 앤드루 스콧은 『100세 인생』에서 현재 나이가 40세인 사람 중 절반은 95세 이상 살 것이라고 예상했다. 평균수명이 95세 이상이라는 것이다. 100세인의 관점에서 성인의 인생을 바라보아야 한다! 베이비부머들 중에서도 100세를 바라볼 사람들이 적지 않을 것이다. 오늘날 무역입국 기술 강국으로 거듭 태어나고 있는 대한민국을 창출한 사람들은 누구인가? 베이비부머들이다. 1차 베이비부머들은 농업사회에서 태어났지만 고등교육을 통해 산업사회에 적응함으로써 수출역군이 되었다. 2차 베이비부머들은 컴퓨터와 인터넷을 활용하여 정보사회를 주도해오고 있다. 2010년경부터 새로운 변화가 일어나고 있다. 인공신경망 모델이 활용되면서 음성인식, 컴퓨터 비전, 기계 번역 등에서 커다란 변화가 발생하였다. 이제 인류문명은 인공지능 시대를 맞이하고 있다. 2030년이 되면 서비스업이든 제조업이든 모든 산업에 인공지능이 들어가는 인공지능 시대가 가시화될 것으로 보인다. 이미 네덜란드 필립스가 운영하는 공장을 비롯하여 세계 각국의 공장들은 스마트 공장으로 바뀌고 있으며, 인공지능 챗봇이 서비스 산업에 도입되고 있다. 베이비부머를 비롯한 성인들은 인공지능 시대에 새로운 적응이 필요한 때이다.

신화학자 조지프 캠벨에 의하면 영웅의 모험은 초자연적인 영역으로의 여행을 의미하기도 한다.[16] 또한 세계의 중심, 세계의 배꼽에 해당하는 곳으로의 여행이다. 영웅은 여행하는 동안 위험 혹은 장애를 겪거나 치욕을 당할 수도 있다.[17] 영웅이 신화의 장소로 들어가듯이 성인들은 대학에 회귀해야 한다. 어떤 의미에서 대학은 세계의 배꼽이다.[18] 왜 그렇게 생각하는가? 현대 문명은 과학과 기술에 의하여 지탱되는 문명이며, 과학과 기술을 생산하는 곳이 대학이기 때문이다. 신화 속의 영웅들은 지하세계로 여행을 하거나, 마법사의 성으로 가서 마술을 배우거나 시련을 겪어야 한다. 그러나 시련은 시련으로 끝나지 않는다. 시련을 극복하면 승리할 수 있다. 성인은 성인 학습자로 거듭나야 한다. 그리고 어둠으로의 여행을 해야 한다. 거기서 용을 만나면 처단해야 한다. 그리고 선약仙藥을 얻어야 한다.

영웅은 여행을 하는 중에 많은 역경을 경험한다. 영웅은 이러한 역경을 극복한다. 성인은 신화적 존재들과 같이 시련 속에서 담금질을 받고 변모해야 한다. 왜 성인은 재교육을 받아야 하는가? 그 이유는 단순하다. 수명이 늘었기 때문이다. 과거에는 "인생70고래희"라는 말이 있었다. 즉, 일흔 살 넘게 사는 사람은 드물다는 이야기이다. 베이비부머의 부모 세대와 조부모 세대는 성대한 환갑잔치를 하고 기념사진을 촬영하였다. 만 60세가 되면 그때까지 살아 생존한 것만 해도 대단한 일이어서 친지를 불러놓고 잔치를 하는 것이다. 예전만 해도 대학 교수들은 환갑이 되면 제자들로부터 화갑기념 논문집을 증정 받았다. 오늘날 대학 교수 중에서 화갑기념 논문집을 증정 받는 사람이 얼마나 될까? 환갑이 되어도 30여 년이 남아 있다. 이제 환갑잔치를 할 것이 아니라 어떤 종류든 새롭게 학습을 시작해야 할 때이다.

나. 100세 시대 인생 모델

지금 많은 사람들은 인생 2모작을 이야기하고 있다. 그러나 100세 시대를 맞이하여 2모작 인생 설계도 충분하지 않을 수 있다. 왜 인생 3모작을 이야기해야 하는가? 인간 수명이 이미 90세를 바라보고 있기 때문이다. 지금부터 60년 뒤인 2080년이 되면 대한민국 국민의 평균수명은 90세를 넘길 것으로 추정되고 있다. 따라서 100세 시대에는 3모작 인생 모델이 필요하다. 왜 새로운 모델이 필요한가? 높이 날아야 멀리 볼 수 있기 때문이다. 올림픽경기 중계를 보라. 100미터 육상경기와 마라톤 경기는 분명히 다르다. 100미터 육상경기에 임하는 선수들은 우사인 볼트 선수처럼 시작 개시 신호와 함께 무섭게 튀어나간다. 그러나 42킬로미터 이상을 달려야 하는 마라톤 경기 선수는 처음부터 전속력으로 달리지 않는다. 경기 자체가 다르기 때문이다. 평균수명이 60세였을 때와 평균수명이 100세일 때는 인생 모델이 달라야 한다. 평균수명이 60세일 때 50세 이후는 잔여 시기였다. 그러나 평균 수명이 100세일 때 50세 이후는 절반이 남아 있는 시기인 것이다. 예전에 언젠가 독일의 축구영웅 베켄바워 시절 독일 축구대표팀이 예선전에서 졸전을 거듭하던 때가 있었다. 그러자 언론에서 질타가 쏟아졌다. 그러나 본선에 올라가자 독일 대표팀은 믿을 수 없는 실력을 발휘하였다. 독일 대표팀 감독은 우승 후 결승전을 염두에 두고 경기를 준비했다고 말했다. 결승전에서 최고의 전력을 갖추도록 전체를 조율했다는 것이다. 그래서 중간 단계에서는 미숙한 경기를 한 것처럼 보인 것이다. 이와 같이 전체 구간이 100년인 경우에는 결승점인 100세를 염두에 두고 전체를 설계해야 한다.

100세 시대 성인들의 삶은 더 이상 교육-직장-퇴직의 3단계가 아니다. 린다 그래튼과 앤드루 스콧은 『100세 인생』에서 더 이상 인생 3단계 모델은 유효하지 않다고 선언한다.[19] 윌리엄 새들러는 『서드 에이지, 마흔 이후 30년』에서 서드 에이지, 즉 제3의 연령기인 40세부터 70세까지 우리 인생에서 가장 긴 시간인 것에 주목하고 있다.[20]

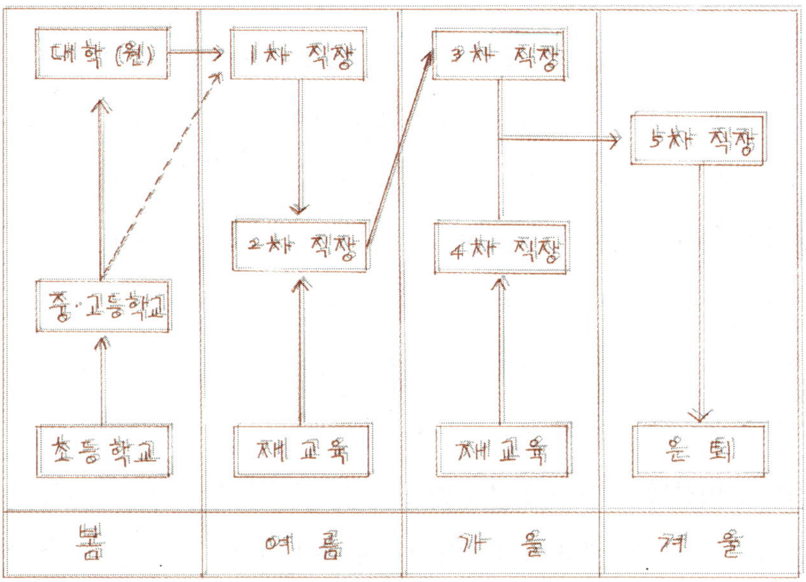

[그림 2] 교육-인생주기 통합모형

사라 로렌스 라이트 풋은 50세부터 75세 구간을 인생의 서드 챕터라고 규정하고 있다. 게일 쉬히의 『남자의 인생지도』에서는 3단계 모델 대신 제2중년기를 포함한 4단계 모델을 제시한다.[21] 모든 저자들은 공통적으로 다단계인생 모델을 염두에 두고 있다. 따라서 인생의 한 단계에서 다음 단계로 넘어갈 때 과도기가 여러 번 있을 것이다. 요약하면 100세 시대 성인은 여러 차례 과도기를 거쳐야 한다. 그리고 신기술을 획득하고 새로운 인적 네트워크를 구축해야 한다. 앞에서 전개한 사계절 인생지도를 직업의 관점에서 보면 인생 3모작을 실현해야 한다. 본서에서 예시하고자 하는 모델은 재교육과 직업선택이 융합된 모델이다. [그림 2]에 나타난 바와 같이 사계절 인생지도에서 봄 시기에는 학업에 집중하여 역량을 키운다. 그리고 여름 시기가 되면 1차 직장을 잡는다. 그리고 재교육을 받아 2차 직장을 얻는다. 어떻게 보면 2차 직장이 인생 전반기에서 가장 지속성이 높은 직장일 수 있다. 그리고 50세가 넘으면 3차 직장을 잡고, 2차 재교육을 받는다. 이는 4차 직장을 잡는 데 기여한다. 그리고 이러한 경험들로부터 70세 이후에도 5차 직장을 잡는다.

3모작 인생의 마지막 단계 3모작 단계는 노인의 시기이다. 이때 아무런 문제가 없을 수 없다. 노인이 되면 신체도 늙어갈 뿐만 아니라 뇌도 늙어간다. 뇌과학자 엘코논 골드버그Elkhonon Goldberg는 『지혜의 역설The Wisdom Paradox』에서 나이가 들어감에 따라 기억을 관장하는 신경세포는 줄어들고 신경다발을 보호하는 미엘린은 상처가 나 마치 피복이

벗겨진 케이블과 같이 너덜너덜해진다고 말한다.[22] 그럼에도 불구하고 노인의 전문지식과 지혜는 줄어들지 않는다. 이를 활용하여 성인은 성공적으로 자신의 직무를 수행해야 한다.

다. 100세 인생의 필수조건

인생 전체 관점에서 3모작 인생을 실현시키기 위해서는 무엇이 필요한가? 필자는 직종과 분야에 관계없이 도전정신, 창의성, 인내심, 통찰력 이 네 가지 요소가 필요하다고 본다. 이들을 간략히 살펴보자.

100세 인생 자체가 미지의 세계이다. 아직 인류사회에서 대다수 구성원의 평균 수명이 100세인 적이 없었다. 완전히 미지의 세계인 것이다. 100세 시대 3모작 인생을 경영하는 데 가장 중요한 것은 도전정신이다. 도전정신이란 익숙한 세계에서 익숙하지 못한 세계로 들어가는 모험을 두려워하지 않는 정신을 말한다. 신화에서도 영웅의 조건은 모험하며 역경을 극복하는 정신이다. 상대성이론의 개척자 알베르트 아인슈타인은 "나는 몇 개월이건 반복해서 사고한다. 그러면 99번까지의 결론이 모두 오답일지라도 100번째는 정답이다."다고 말했다.[23] 핵물리학의 개척자인 퀴리 부인은 "나는 이제껏 행운을 만나본 적이 없으며 앞으로도 행운이 찾아올 것이라고 기대하지 않을 것이다. 어떠한 고난에도 굴복하지 말자는 것이 나의 철칙이다."라고 말했다.[24] 조건반사 실험으로 유명한 이반 파블로프Ivan Pavlov는 "나는 무

엇이든 일단 한 번 물고 늘어졌다 하면 대포로 쏜다 해도 쓰러지지 않는다."다고 말했다.[25]

두 번째로 필요한 요소가 창의성이다. 도대체 창의성이란 무엇일까? 뇌과학자 엘코논 골드버그는 저서 『창의성』에서 창의성은 새로운 것을 다루는 능력 또는 새로움을 극복하는 능력으로 정의하고 있다.[26] 인류역사상 최고의 창의적 인재는 누구일까? 알렉산드로스 대왕이다! 알렉산드로스 대왕의 군대는 가우가멜라 전투에서 한 번도 본 적 없던 코끼리 부대와 마주쳤다. 그러나 알렉산드로스 군대는 새로운 난관에 좌절하지 않고 극복하여 전쟁에서 승리하였다. 이와는 대조적으로 '말'이라는 동물을 처음 본 남미 아즈텍 제국의 병사들은 말을 보고 공황상태에 빠져 소수의 스페인 코르테스 기병에 패배하고 말았으며, 아즈텍 제국의 황제 몬테주마는 포로가 되고 말았다.[27] 헬레니즘 제국과 아즈텍 제국, 두 제국의 생과 사는 새로움을 극복하는 능력, 즉 창의력으로 인해 결정되었다.

세 번째로 필요한 것이 인내심이다. 보수가 큰 것일수록 위험도가 크다. 노력을 하고 투자를 했는데도 보수가 오지 않거나 상당한 시간이 걸릴 수도 있다. 그 역경을 견뎌야 한다. 그러기 위해서는 인내심이 필요하다. 과학자가 어떤 성과를 내기 위해서는 가설을 세우고, 가설을 테스트해 볼 이론 모델을 설정하고, 이를 테스트해 볼 실험 장치를 만들어야 한다. 미국에 유학할 때 물리학과 유학생들에게서 들은 적이 있다. 물리학 실험을 위해서는 실험 장치를 제작해야 하는데 실험 장치를 만들기 위해서는 부품을 사와 목공일까지 해야 한다고 들었다. 실험 장치를 완성하고 나면 끝없이 실험을 반복해야 한다. 알렉산더 플레밍Alexander Fleming은 "연구하는 사람은 실망과 실패에 익숙해져야 한다."[28]라고 말했듯이 수많은 좌절 끝에 1929년 어렵사리 페니실린을 발견하였다. 그러나 인류가 페니실린을 사용하기 위해서는 10년을 더 기다려야 했다. 1939년이 되어서야 옥스퍼드대학의 하워드 플로리Howard Florey 교수와 유대계 독일인 언스트 체인Ernst Chain이 록펠러재단의 연구기금을 받아 공동연구 끝에 인류에게 안전한 페니실린 대량생산에 성공하였다. 파블로 피카소는 최초의 입체주의 작품인 "아비뇽의 처녀들"을 그릴 때 100번 이상 데생을 하고, 수없이 덧칠을 하였다고 전해진다. 모든 일에 열매를 맺기 위해서는 인내심이 필요하다.

네 번째로 필요한 것이 통찰력이다. 통찰력은 일종의 메타인지다. 단숨에 공간과 시간을 뛰어넘어 진리를 파악한다. 집의 거실에 벌 한 마리가 들어왔다고 하자. 벌은 창문 앞에서 기를 쓰고 다시 나가려고 한다. 벌은 투명한 유리창을 인식하지 못한다. 인간이 창문을 열어주면 벌은 나간다. 벌이 인간이었다면 유리창 앞에서 헛고생하지 않고 다른 곳을 통해서 밖으로 나갔을 것이다. 통찰력이란 눈앞에 있지만 눈으로는 볼 수 없는 벽을 식별해 내는 능력이다. 독자 여러분은 인공지능학자 더글러스 호프스태터Douglas Hofstadter의 『괴델, 에셔, 바흐』에서 소개하는 끊임없이 재귀하는 에셔의 그림에서 통찰력이 무엇인지 느낄 것이다.[29] 미국 최고의 디자인 대학인 로드아일랜드스쿨의 총장으로 지냈던 존 마에다John Maeda는 저서 『단순함의 법칙』에서 기술은 우리의 삶을 충만하게 했지만, 동시에 불편할 정도로 비대해졌다고 말한다. 그래서 단순함을 추구하게 되었다고 한다.[30]

라. 자신만의 스토리

미켈란젤로 부오나로티

21세기에는 어떤 상품이 팔리는가? 필립 코틀러Philip Kotler의 『마켓 3.0』을 보면 자기만의 스토리가 있는 상품이 팔린다.[31] 저명한 마케팅 이론가인 롤프 옌센도 『드림 소사이어티』에서 상품을 팔지 말고 낭만을 팔라고 얘기하고 있다. 그는 비행기가 날아다니는데 왜 느리기 짝이 없는 오리엔탈 특급열차를 타고 기차여행을 하는지 묻고 있다. 대답은 오리엔탈 특급열차에는 캐비어와 와인이 불러일으키는 낭만이라는 스토리가 있기 때문이다.[32] 성인들도 자기만의 스토리를 만들어야 한다.

본 장에서는 나이 계산을 하는 데 있어서 두 가지 원칙을 가지고 하였다. 먼저 어떤 책에서 특정 인물의 나이가 정확히 언급되면 그 나이를 활용하였고 그렇지 않은 경우 순수하게 출생연도와 사망연도를 기준으로 필자가 계산하였다. 이제 그들을 알아가는 여행을 떠나 보자!

미켈란젤로는 더 이상 말할 필요도 없이 르네상스시대를 대표하는 예술가이다. 그에 대해서는 노벨문학상에 빛나는 로맹 롤랑Romain Rolland이 짧은 분량의 전기를 썼으며,[33] 조반니 파피니Giovanni Papini가 『미켈란젤로 부오나로티』라는 제목으로 두 권 분량의 전기를 썼다.[34] 무엇보다도 중요한 것은 동시대 화가였던 조르조 바사리Giorgio Vasari가 『르네상스 미술가 평전』이라는 중요한 저작물에서 미켈란젤로에 대해 200페이지 가까운 많은 지면을 할애한 점이다.[35] 동시대 화가가 동료 화가를 평하였으니 요즈음 식으로 말하자면 미켈란젤로 일생은 동료 심사를 통과한 논문과도 같았다. 미켈란젤로는 페스트가 창궐하던 16세기에 89세까지 생존하였고 3모작 인생답게 조각가, 화가, 건축가, 세 가지의 직업을 거쳤다. 그는 24세 때 불후의 조각품이라고 평가되는 "피에타", 26세 때 "다비드"를 완성하였다. 그는 37세 때 율리우스 교황이 맡겼던 "시스티나 성당 천장화"라는 프레스코화 걸작을 남겼다는 점에서 화가로도 인정받았다. 또한 70대와 80대에는 건축가로 활동하여 72세 때 성베드로 성당 건축장관으로 임명되었으며, 84세 때 피렌체 성요한 성당 설계를 위촉받았다. 미켈란젤로는 조각가이자 화가, 건축가였으며 70대와 80대에도 활동했다는 점에서 인생 3모작에 성공한 사람이라고 평가된다.

미켈란젤로의 성공요인은 무엇이었을까? 도전의식이 주요 성공요인으로 평가된다. 원래 미켈란젤로는 직업이 조각가였다. 그는 메디치 가문의 조각학교를 나왔다. 다비드 상과 피에타 상, 두 작품으로 조각가로서 확고부동한 명성을 확보했던 미켈란젤로는 다른 분야라고 할 수 있는 미술 분야에 도전하였다. 그는 시스티나 성당 천장과 앞면에 "천장화"와 "최후의 심판"을 그렸다. 미켈란젤로의 또 다른 성공요인은 비할 바 없는 그의 창의성에 있다. 미켈란젤로가 놀라운 점은 조각, 회화, 건축을 망라해서 최고의 걸작을 남겼다는 사실이다. 피에타상은 성모마리아가 십자가에서 내려진 예수 그리스도를 안고 있는 조각품으로 작품을 보는 사람의 마음을 움직이게 한다. 하느님이 인간을 창조할 때 어떻게 창조했을까? 천장화 그림 중에는 신이 아담과 손가락을 마주 대는 유명한 "아담의 창조" 그림이 들어 있다. 그것이 상상력이다! 60세에는 시스티나 성당 앞면에 "최후의 심판"을 그리는 데 착수하였으며, 7년 뒤에 완성하였다. 미켈란젤로는 창의성 면에서도 비교할 수 없는 최고 수준의 걸작을 남긴 것이다.

미켈란젤로의 인생의 전환점은 44세와 46세 근방이었다. 그의 나이 44세 때 평생의 호적수였던 레오나르도 다 빈치가 세상을 떠났으며, 45세 때는 자신보다 한참 젊은 라파엘로가 갑자기 세상을 떠났다. 그리고 46세 때는 후원자였던 교황 레오 10세가 사망하였다. 미켈란젤로가 89세에 세상을 떠났으니 거의 절반 시점이 지났을 때 전환점이 온 것이다. 아마 그때가 가장 힘들었을 것이다. 평생 적수는 사실 인생의 동반자이다. 인생을 하나의 연극으로 본다면 연극 도중에 무대에서 상대배우가 사라진 것이다. 상대배우가 사라진다면 연극 자체가 진행되지 않을 것이다. 남들이 누리지 못한 인생 3모작에 성공한 그도 많은 어려움이 있었다. 남아 있는 편지들을 보면 부친과 형제들이 재정적으로 어려워 그들에게 계속 재정 지원을 해야 했으며 56세, 69세, 82세 때는 여러 차례 중병에 걸리기도 하였다. 그가 인생 후반부에 살아남은 것은 40대와 50대의 거센 파도를 잘 넘겼기 때문이다. 미켈란젤로는 누구보다도 인생 3모작에 성공한 사람이었다.

퀴리 부인

노벨상이라는 학문의 금자탑과 일가족 4명이 모두 인연이 있는 가문이 있다. 과학자인 마리아 살로메아 스크워도포스카, 일명 퀴리 부인에 관한 이야기이다.[36] 퀴리 부인은 노벨 물리학상과 화학상을 받았으며, 첫째 딸인 이렌 졸리오퀴리는 남편과 함께 어머니 연구를 이어받아 노벨상을 받았다. 둘째 딸인 이브 퀴리는 평소 가족 중에서 자신만 노벨상을 타지 못했다고 말하곤 했지만, 그녀도 운명을 비켜가지 않았다. 이브 퀴리의 남편이 유니세프 활동을 한 공로로 노벨평화상을 수상한 것이다! 퀴리 부인의 일생을 보면 남편과 공동연구를 통해 과학자로 입지를 다진 것이 퀴리 부인의 1모작이었다. 남편 사후 라듐 연구소를 차려서 독자적인 연구를 지속하고 여성 과학자로서의 삶을 살아간 것이 2모작 인생이었다. 필자가 퀴리 부인을 3모작 인생에 넣은 것은 자식교육을 통하여 자신의 연구경력을 이어갔기 때문이다. 퀴리 부인의 첫째 딸인 이렌 졸리오퀴리는 퀴리 부인의 조수 겸 동료로서 방사능 연구를 이어받았고, 어머니의 연구 조수와 결혼하였

[그림 3] 퀴리 부인의 공동연구

다. 자신의 부모가 공동연구한 것처럼 딸 부부도 공동연구를 통해 인공방사능의 존재를 발견하여 과학 발전에 기여하였다.

퀴리 부인은 어떻게 성공하였을까? 필자 생각에 도전의식과 인내심이 성공요인으로 보인다. 퀴리 부인의 도전정신은 고등교육을 받기 위하여 당시의 관습을 뚫은 데서 볼 수 있다. 19세기 말 유럽의 경우 여성은 고등교육을 받기 어려웠다. 퀴리 부인의 모국 폴란드의 바르샤바대학은 여성의 대학 입학을 허락하지 않았다. 퀴리 부인의 첫 번째 도전은 여성의 대학입학이 허락된 프랑스로 유학을 감행한 것이다. 퀴리 부인은 먼저 프랑스에서 의사로 정착한 언니의 주선으로 소르본대학에 다니게 되었으나 극도의 가난 속에서 대학생활을 해야 했다. 퀴리 부인의 두 번째 인생 도전은 40세 때 남편이 마차사고로 사망한 바로 뒤였다. 이때 퀴리 부인은 연금수령을 거절하고 남편이 교통사고로 마무리하지 못했던 강의를 이어받으면서 소르본대학 교수로 임용되었다. 이로써 퀴리 부인의 인생 후반부는 과학자의 삶이 실현되었다.

퀴리 부인의 두 번째 성공요인은 인내심에 있다. 퀴리 부인은 수많은 역경에도 불구하고 끝까지 연구를 끌고 가는 강인한 인내심을 발휘하였다. 퀴리 부인은 남편 사후 혼자서 두 딸을 키워야 했다. 프랑스에서의 생활은 눈치를 봐야 하는 이민자의 삶이었다. 그리고 라듐 연구에서 너무 많은 방사능에 노출되어 건강이 좋지 않았다. 1992년 퀴리 부인의 유해가 프랑스의 영웅들만 묻히는 판테온에 이장되었을 때 그녀의 유해에서도 방사능이 검출될 정도였다. 노벨상을 받는 과정도 순탄하지 않았다. 그녀는 31세 때 과학자인 남편과 함께 한 공동 연구에서 염화라듐을 발견한 공로로 수상하였다. 그러나 당시 스웨덴의 노벨상위원회는 여성이 최고의 영예인 노벨상을 받을 수 있는가에 대해 긍정적 반응을 보이지 않았다. 그러나 남편 피에르 퀴리가 스웨덴 노벨상 위원회에 끈질기게 탄원서를 제출하여 36세 때 남편과 공동으로 노벨물리학상을 받았다. 퀴리 부인은 남편 사후에도 연구를 지속하여 라듐 분리를 성공한 공로로 두 번째 노벨상을 받았다. 모두 인내심에 대한 보답이었다.

범려

범려는 기원전 536년에 태어나 기원전 448년에 생을 마감하여 88세까지 장수한 것으로 알려지고 있다. 지금도 남자가 80대 후반까지 살기 어려운데 2,500년 전에 88세까지 살았던 것은 상당히 장수했다는 의미이다. 그는 인생 3모작을 실천한 사람이다. 범려는 정치가로 직업을 시작하여 기업가로 변신하고 다시 국적을 바꾸어 기업가로 새롭게 태어났다. 범려는 인생 3모작에 성공한 사람인 것이다. 그는 정치가 고위직을 사직하고 월나라를 떠나 제나라로 갔다. 월나라는 중국 남부에 있던 국가였고 제나라는 중국 북쪽 산동반도에 있던 국가였다. 그는 월나라에서 멀리 떠난 것이다. 범려는 제나라에 도착하자 '치이자피'라는 이름을 사용하였다. 범려는 활동무대를 바꾸고, 이름도 바꾸고, 직업도 바꾸었다. 정치가라는 소중한 경력을 포기하고 상인이 되었던 것이다. 범려는 상업이라는 새 직종에서도 성공을 거두었다. 유통을 장악하여 거금을 벌었다. 제나라 조정에서는 그를 고위관직에 초빙하려 하였다. 그러자 범려는 다시 제나라를 떠나 도(陶)라는 지역으로 가 주공이라는 이름으로 다시 바꾸었다. 그래서 사람들은 그를 도주공이라고 불렀다. 범려는 도의 땅에서 다시 사업을 일구어 거부가 되었다. 3모작에 성공한 것이다!

무엇이 범려를 3모작 인생에 성공하게 하였는가? 필자는 범려의 통찰력과 도전의식을 성공요인으로 평가한다. 범려는 도전의식에 투철한 사람이었다. 원래 범려는 초나라 사람이었지만 월나라 왕 구천의 신하였던 문종의 추천으로 구천의 휘하에 들어갔다. 첫 번째 도전을 한 셈이었다. 그러나 범려는 도전을 멈추지 않았다. 오왕 부차가 자살함으로써 월나라가 최종적으로 전쟁에서 승리했을 때 범려의 나이가 44세였다. 범려가 88세까지 살았으니 44세는 그야말로 인생의 전환점이었던 것이다. 이때 범려는 두 번째 도전을 하였다. 정치가에서 기업가로 변신한 것이다. 범려가 인생의 전환기에 성공한 이유에는 학습이 있었다. 당시 구천에 영입되었던 인사 중에서 경제전문가가 있었으며, 범려는 그에게서 경제적 소양을 얻은 것으로 보인다. 그러한 추가학습 덕분에 그는 정치가에서 기업가로 변신이 가능했다.

범려의 또 다른 성공요인은 통찰력이었다. 통찰력은 그가 정치가로서의 경력이 절정에 이르렀을 때 나타났다. 범려는 월왕 구천을 도와 중국 3대 미인으로 꼽히는 서시를 오왕 부차에게 보내 미인계를 썼다. 서시는 오왕 부차의 마음을 흔들어 판단력을 흐리게 만들었다. 결국 쓸개즙을 맛보며 복수의 칼날을 갈았던 월왕 구천은 오왕 부차에게 승리했다.[37] 월왕 구천이 승리하고 나자 당연한 수순은 일등공신인 범려가 높은 관직을 받고 부자가 되는 것이다. 그러나 예상과 다르게 범려는 사표를 던졌다. 그가 월나라를 떠날 때 토사구팽의 고사가 나온다. 토끼 사냥이 끝나면 용도가 끝난 개를 삶아 먹는다는 의미이다. 범려는 구천은 어려움을 같이할 사람이기는 하지만 부귀를 같이할 사람은 아니라고 보았다. 그는 자신에게 직장을 구해주었던 문종에게 같이 직장을 그만두기를 권고하였다. 그러나 문종은 그 말을 듣지 않았다. 나중에 문종은 오나라를 격파하는 데 큰 공을 세웠음에도 불구하고 월왕 구천에 의하여 죽임을 당하였다. 이를 보면 범려는 앞을 내다보는 통찰력이 있었던 사람이다.[38]

피터 드러커

피터 드러커는 3모작 인생에 성공하였다. 그의 첫 번째 직업은 신문사 기자였다. 피터 드러커는 젊은 나이에 영향력 있는 독일 신문사 "프랑크푸르트 게네럴 안차이거"의 부편집장이 되었다. 그러나 신문사를 사직하고 영국에 건너갔으며 다시 미국으로 건너갔다. 드러커 박사는 원래 태어난 오스트리아 빈에 머물지 않고 도전하여 독일 프랑크푸르트에서 법학박사를 받았다. 그리고 미국으로 건너가 세계 최대 자동차회사였던 GM을 현장연구하여 『기업의 개념』이라는 책을 출판하여 주목을 받았다. 미국 뉴욕대학에서 경영학과를 창설하여 퇴임할 때까지 교수로 있었다. 거기까지가 드러커의 인생 2막이었다. 보통의 경우라면 제2차 세계대전과 대공황 속에서 목숨을 건지고 결혼한 후 사회적으로 인정받는 직업을 가지고 60세 이상 살았으면 성공한 인생이라 할 수 있을 것이다. 그러나 드러커는 거기에 그치지 않았다. 『피터 드러커 자서전』을 읽어보면 여러 군데 자신이 글쓰기에 소질이 있다고 피력하고 있다.[39] 그는 인생 후반부 자신의 장기를 유감없이 발휘하였다. 특히 드러커는 나이 50대 말에 『단절의 시대』에서 지식근로자라는 개념을 제시한 데서 볼 수 있듯이 뉴욕대학에서 은퇴한 뒤 현대 문명의 예언자 역할을 수행하였다. 드러커 박사를 3모작 인생이라고 말한 이유는 그가 70대에 들어서도 『혼란기의 경영』, 『혁신과 기업가정신』을 출간하고, 80대에는 『비영리단체의 경영』, 『미래기업』을 출간하는 등 창조적 활동을 멈추지 않았기 때문이다. 그는 기자, 교수, 문필가로서 95세까지 3모작 인생을 살다간 사람이었다.

피터 드러커의 성공요인은 무엇이었을까? 그는 통찰력이 뛰어난 사람이었으며 도전의식이 있었다. 필자가 드러커 박사의 통찰력을 높이 산 것은 독일 나치정권이 들어서자마자 그가 바로 영국으로 탈출했기 때문이다. 나중에 많은 유대인들이 강제수용소에서 몰살당한 것을 생각하면 그가 얼마나 대단한 통찰력을 갖추었는지 알 수 있다. 사실 드러커는 신문사에 있을 때 직접 히틀러를 인터뷰하기도 했다. 그래서 히틀러의 면모를 일찍부터 파악했던 것 같다. 피터 드러커의 일생을 보면 여러 번의 거절 장면이 나온다. 그 자신이 얘기했듯 『피터 드러커 나의 이력서』에 보면 그는 네 번이나 하버드대학이 교수로 오라고 초빙을 했으나 거절한 사람이었다.[40] 드러커는 미국에서 이민자 신분이었다. 낯선 땅에서 먹고 살기에도 바빴을 텐데 그는 쉽사리 응하지 않았다. 미국으로 떠난 이민 초기에 미국 남부의 대학 한 곳에서 교수로 오라고 하였으나, 인종차별을 걱정하여 가지 않았다. 한마디로 그는 예스(Yes)가 아니라 노(No)라고 말할 수 있는 사람이었다. 그는 자기 주관이 확실한 사람이었다. 피터 드러커의 또 다른 성공요인은 그의 도전정신이다. 피터 드러커의 일생은 도전의 역사였다. 드러커는 어렸을 때부터 자신의 조국 오스트리아가 해체될 것을 예감하였으며, 드러커 자신은 유럽인들이 대놓고 싫어하는 유대인이었다. 그리고 직장을 잡으려고 하니 대공황이 닥쳤다. 겨우 신문사에 취직했지만 얼마 가지 않아 히틀러가 정권을 장악해 부득이하게 독일을 탈출하며 영국으로 갈 수밖에 없었다. 영국 지하철에서 우연히 배우자 도리스를 만난 뒤 그녀와 사귀기 시작했지만 처가에서는 귀한 딸을 로스차일드 명문가에 시집보내고자 하였다. 드러커는 도리스의 집에 있다가도 도리스의 모친이 "드러커가 있다는 것을 알고 있단 말이야!" 라고 말하며 불시에 찾아오면 지하실 석탄창고에 숨어야 했다.[41] 드러커는 이러한 도전의식으로 성공하였다.

장보고

장보고는 3모작 인생의 전형적 인물이다. 장보고는 군인 → 무역상 → 정치가의 3모작 인생을 살았다. 장보고는 『삼국사기』에 의하면 통일신라시대 서남해안 사람으로 젊은 시절 당나라로 이주하여 군인으로 종군하였다. 당시 당나라는 각 지역에서 반란이 일어나고 전쟁이 잦았다. 역사학계에서는 장보고를 당나라 군문 장군은 아니었던 것으로 보고 있으며 중간 정도 직위에 있었을 것으로 추정한다. 그러다 반란군이 진압되자 당나라 정부는 예산 절감차원에서 군대 규모를 축소하였다. 군대를 나온 뒤에는 장보고는 한중일 삼각무역을 하며 무역상으로 성공하였다. 이처럼 장보고는 군인신분에서 상인 신분으로 2모작 인생에 성공하였다. 장보고의 인생 3막은 무역왕에 그치지 않고 정치가로 변신한 것에 있다. 신라 궁정에 정변이 일어났을 때 그는 정병 1만 명이라는 청해진의 막강한 군사력을 바탕으로 김우징을 도움으로써 신라 왕실에 영향력을 행사하는 인물이 되었나.

장보고의 성공요인은 무엇이었을까? 도전의식과 창의성이 남달랐다고 평가된다. 먼저 도전의식을 살펴보자. 장보고는 도전의식으로 뭉쳐진 사람이었다. 그가 신라에서 당나라로 간 것은 당시의 해상운송 안전성에 비추어 볼 때 상당한 모험이었으며 첫 번째 도전이었다. 무역상인으로 변신하여 한중일 중계무역에 성공한 것이 그의 두 번째 도전이었다. 1,200년 전에 3국 간 중계무역을 하였다는 것을 어떻게 알 수 있는가? 그것은 일본 고승 자각대사 엔닌이 1,200년 전 『입당구법순례행기』라는 책에 자세하게 기록하여 놓았기 때문이다. 엔닌은 요즈음 식으로 말하면 일본 정부의 국비유학생 신분이었으며 당나라에 가서도 통역관과 수행 비서를 데리고 있었다.[42] 하버드대학 역사학과의 라이샤워 교수는 자신의 저서에서 당시 장보고가 한중일 삼각무역을 한 해상왕이었다고 칭송하고 있다.[43] 그러나 그것으로 끝나지 않았다. 다시 신라로 귀국하여 흥덕왕에게 요청하여 완도에 청해진을 설치하였다. 세 번째 도전을 한 것이다.

장보고는 창의성으로 성공한 사람이다. 장보고의 창의성은 요즈음 식으로 해석하면 신라와 일본, 당나라 삼국 간 글로벌가치사슬GVC을 구축한 것이다. 장보고는 재당신라인들과 공동으로 무역회사를 창립했던 것이다. 권덕영 교수의 『재당 신라인사회 연구』를 보면 당시 당나라에는 오늘날 미국의 LA, 시카고, 워싱턴 DC, 애틀란타 등 미국 각지에 한인타운이 있는 것과 유사하게 재당신라인들이 당나라 해안 여러 지역에서 활동하고 있었으며, 운하의 중간 기착지인 초주 지역, 양주, 명주 등에 거점을 마련했다.[44] 장보고가 세운 무역회사는 일종의 다국적기업이었다. 일본의 국제무역 창구였던 다자이후에도 인력을 배치하고 있었으며 신라, 즉 한국의 완도에 청해진을 설치하였다. 그리고 당나라에는 적산선원이라는 사찰을 세워 신라스님들이 주석하였다. 즉, 한국, 중국, 일본 3국의 핵심지역에 무역 거점을 마련하였다. 그리고 우수한 선박과 선원들을 운영하고 있었다. 또한 기업 조직 역시 "견당매물사" 같은 직위에서 볼 수 있듯이 체계적이고 전문적인 조직이었다.

마하트마 간디

간디는 79세까지 생존하였다. 간디가 다른 3모작 인생들에 비하여 나이가 적다고 생각할지 모르나 사실이 아니다. 1950년 당시 인도 남자의 평균수명은 32세에 불과하였다. 1948년에 사망한 간디는 동시대 인도인에 비하여 거의 두 배 이상의 인생을 산 것이다. 마하트마 간디는 남아프리카공화국 주재 변호사, 인도 주재 변호사, 1921년부터 20여 년간 실질적인 인도 국민의 수뇌, 세 가지 직업을 두루 거쳤다. 그런 점에서 간디는 인생 3모작을 실현한 사람이다. 남아프리카공화국에서 변호사로 활동하며 현지 인도인들의 인권을 위하여 노력하던 때가 인생 1모작이었다. 특히 1907년부터 1914년 동안 간디는 무저항운동을 시작하였다.[45] 그 후 간디는 46세 때 영국으로 귀환하였다. 영국에서 그는 처음에는 변호사 겸 정치인으로 활동하였으며 마지막에는 독립운동가로 헌신하였다.[46] 그는 비폭력 무저항주의를 가지고 영국 식민 정부에 대항하였다. 1921년 전 인도국민회의는 간디에게 전권을 위임하였다. 이때부터 간디는 인도국민의 수뇌가 되었다. 간디 나이 52세가 되던 때였다.[47] 1929년 60세가 되었을 때 완전 독립 결의안을 의회에 제출하였다. 74세이던 1943년에는 21일간 단식에 들어갔다. 이때가 간디 인생의 후반부 절정이었다.

무엇이 마하트마 간디를 성공시켰을까? 필자는 간디의 도전의식과 창의성을 성공요인으로 파악한다. 간디는 전체 인생에서 세 번의 도전을 한 당찬 사람이었다. 첫 번째 도전은 19세 때 영국으로 변호사 공부를 위해 유학을 떠난 사건이다. 당시 간디가 속했던 가문의 어른들은 간디의 영국 유학을 말렸다. 그러나 그는 영국 유학을 결행하였다. 그는 사실 변호사공부를 위하여 영국으로 떠나면서 전통을 버린 것이다. 두 번째 도전은 21세 때 변호사 자격증을 취득한 뒤에 영국의 식민지였던 남아프리카공화국으로 간 사건이다. 남아프리카공화국에서 그는 부당한 대우를 받고 있던 인도인들 편에서 변호사로 활동하였다.[48] 그리고 그는 세 번째 도전을 하였다. 미국의 교육학자 하워드 가드너가 저술한 『열정과 기질』에 의하면 마하트마 간디는 남아프리카공화국에 체류하던 41세 무렵 1910년 요하네스버그에서 20마일 정도 떨어진 개간지에 톨스토이 농장을 세웠다. 이때부터 단식을 행하기 시작하였으며 변호사에서 영적 지도자로 다시 태어났다.[49] 마하트마 간디의 창의성은 그가 영국에서 법학을 공부한 것에 인도 고유의 철학을 접목시켰기 때문이라고 생각된다. 거기서 인도 독립운동의 특징인 무저항주의가 나온 것이다. 간디가 인도 국민의 수뇌로 등극할 수 있었던 것은 그의 행동이 베다, 바가바드 기타, 우파니샤드 철학 등 인도 철학에 기반을 두었기 때문이라고 보인다. 인도 국민이 그런 그에게 공감한 것이다. 46세 때에는 남아프리카공화국에서 인도로 귀국하였다. 이때가 단순한 인권변호사에서 인도 독립의 거인으로 재탄생하는 인생의 전환점이었을 것이다. 간디가 인도의 거인으로 성장할 수 있었던 것은 자신이 내버렸던 인도 전통철학을 다시 보듬어 안으면서부터이다. 간디는 40대 초반 무렵 우파니샤드, 베다 등 인도 전통철학을 다시 공부했음이 틀림없다. 간디도 40대의 관문을 통과하기 위해서 새로운 공부가 필요하였다.

윈스턴 처칠

윈스턴 처칠은 91세까지 장수하였다. 처칠은 군인, 정치가, 작가 세 가지 직업에서 모두 대단한 성공을 거두어 3모작 인생을 살다간 사람이었다. 처칠은 육군사관학교를 졸업한 이후 군인으로 경력을 쌓기 시작하였다. 그러나 군인으로 참전할 당시에도 종군기자를 겸해서 원고를 송고하였다고 한다. 처칠은 제2차 세계대전 이후 자서전을 여러 권 썼는데 주요 자서전은 『제2차 세계대전』이었다. 처칠은 정치가로서는 하원의원으로 시작하여 늦은 나이인 65세에 영국 수상에 취임하였다. 처칠은 영국의 전임 수상과는 달리 나치 독일과 대적하여 전쟁을 승리로 이끌었다. 군인으로는 해군대신을 지내면서 군에서 최고의 직위에 올랐으며 영국 수상이 되어 정치가로도 성공하였다. 또한 노벨문학상을 받았으니 작가로도 성공한 것이다. 윈스턴 처칠의 인생은 역경을 극복하고, 군인 → 정치인 → 작가의 3모작 인생 코스를 밟은 사람이다.

윈스턴 처칠은 필자가 제시한 네 가지 성공요소 중 인내력과 창의성으로 성공한 사람이다. 처칠은 제2차 세계대전이 끝난 뒤 1948년 옥스퍼드대학에서 개최한 성공비결에 관한 강좌에 초청되었다. 처칠은 우레와 같은 박수소리를 가라앉힌 후 입을 열었다. "첫째, 절대 포기하지 말라. 둘째, 절대, 절대 포기하지 말라. 셋째, 절대, 절대, 절대 굴복하지 말라."[50] 처칠은 말을 마친 뒤 단상을 내려왔다. 왜 그런 연설을 했을까? 윈스턴 처칠은 일생 엄청난 역경을 인내심으로 극복해 온 사람이기 때문이다. 유년시절 처칠은 극도의 정신적 스트레스를 겪었던 것으로 보인다. 왜냐하면 윈스턴 처칠의 객관적 환경과 처칠 자신의 주관적 상황은 너무 대조적이었기 때문이다. 처칠의 집안은 명문가였다. 할아버지는 아일랜드 총독이었으며, 아버지는 영국의 재무장관으로 지냈다. 처칠 자신은 어떠하였는가? 처칠의 전반기 자서전『윈스턴 처칠, 나의 청춘』을 보면 1874년에 태어난 처칠은 해로우스쿨의 낙제생이었으며 샌드허스트육군사관학교 입학시험에 세 번 낙방한 사람이었다.[51] 또한 윈스턴 처칠은 평생 질병으로 고통을 받았다. 처칠은 철도 근처에는 가지 않았다고 한다. 혹시 자기 자신이 철도로 뛰어들까 걱정했기 때문이었다. 우울증이 있었던 것이다. 직업을 가졌던 시절에도 불운은 사라지지 않았다. 처칠의 영국 육군사관학교 시절 병과는 기병이었지만 어깨를 다쳐 칼을 쓸 수 없어 좌절을 겪어야 했다. 남아프리카공화국에서 벌어진 보어전쟁에서는 적군의 포로가 되는 등 군인으로서 처칠의 경력은 순탄하지 않았다. 처칠은 제1차 세계대전이 시작한 40세에 영국의 해군장관에 임명되었지만 독일의 유보트 공격에 대응하지 못해 44세에 해군장관직을 사퇴하였다. 한마디로 처칠 입장에서 보면 그의 전반기 인생은 너무나 힘들고 좌절로 가득 찬 인생이었다.

처칠의 창의성은 신무기 개발에 적극적으로 협력한 데서 찾을 수 있다. 처칠은 기동하는 장갑차량을 선보여 육상전투의 패러다임을 바꾼 사람이다. 기동 장갑차량 개발을 숨기기 위한 비밀 프로젝트 명은 물탱크를 연상케 하는 탱크였다. 『프리먼 다이슨의 의도된 실수』를 보면 제2차 세계대전에서 독일은 수천발의 V1 로켓을 영국 런던으로 발사하였다. 그러나 처칠의 지휘하에 전파탐지기(레이더)를 개발하여 V1 로켓이 날아오는 것을 탐지하고, 근접전파신관을 사용한 방공포탄으로 미리 V1로켓을 파괴시켜 런던이 잿더미로 변하는 것을 막았다.[52]

2. 성소 : 대학의 변신

그들은 역사적 시간에서 탈출하여, 원초적 시간으로 회귀한다.

— 미르체아 엘리아데, 「성과 속」

대학이란 어떤 장소인가? 대학의 본연의 위치를 알려면 조금 뒤로 물러서서 대학의 역사 전체 차원에서 보아야 한다. 21세기 들어 대학이란 사회에서 어떤 기능을 수행해야 하는가? 필자는 대학이 대성당 같은 모습을 지녀야 한다고 생각한다. 혹자는 이 말에 고개를 갸우뚱할지 모른다. 그러나 찰스 호머 해스킨스의 『대학의 탄생』을 보면 북유럽에서 대학은 프랑스 파리의 노트르담 대성당 부속학교에서 기원하였다.[53] 볼프강 베버의 『유럽 대학의 역사』를 보면 원래 중세 최초의 대학 중 하나인 파리대학에서 중요하게 다루어진 학문은 신학이었으며 교사는 모두 성직자였다.[54] 오늘날 대학은 교양과목을 통한 인성교육과 직업교육을 병행해야 하며, 이와 동시에 연구기관의 역할도 수행해야 한다. 국가경쟁력이 그 국가의 과학기술 수준과 연결되어 있는 현재 대학은 첨단 과학기술의 요람이 되어야 한다.

가. 대성당

구석기시대에도 대성당이 있었을까? 조지프 캠벨은 『신의 가면 1(원시 신화)』에서 구석기시대 라스코 동굴을 신화적 의례가 행해지던 종교시설로 보고 있다. 그곳은 쉽게 들어갈 수 있는 곳이 아니다. 몸을 굽혀야 겨우 들어갈 수 있는 동굴은 한참을 힘들게 기어가야 갑자기 확 트인 공간이 나오고 거기에는 생생한 동물들 그림으로 가득 차 있다.[55] 구석기시대에도 대성당이 있었던 것이다. 왜 구석기인들은 다가가기 힘든 외딴 곳에서 신화적 의례를 행하였을까? 아마 이 세상이 아닌 저 세상을 구현해내기 위해서였을 것이다. 순간을 벗어나서 영원으로 들어가기 위해서 말이다. 미르체아 엘리아데의 『성과 속』은 세상을 성스러운 장소와 세속의 장소로 구분한다.[56] 성소란 어떤 곳인가? 성소 밖은 세속적인 장소이다. 그러나 세속에서 얼마 떨어져 있지 않는 성소 경내는 바로 성스러운 장소이다. 신도가 성소 경내로 들어서는 순간 그의 마음가짐은 달라진다. 고즈넉한 산사山寺의 경우도 마찬가지이다. 우리가 산사에서 기대하는 바는 무엇일까? 싸구려 기념품을 사기 위해 산사에 들어가는가? 아닐 것이다. 왜 예수는 성전에서 환전상과 희생제물을 파는 사람들을 쫓아냈는가?[57] 산사의 경내로 들어서고 풍경소리가 들리는 분위기에서 무언가 세속에서 경험할 수 없는 분위기를 느끼기 위하여 산사를 찾는 것이리라!

현대의 대학은 과거 종교기관이 하던 일을 많이 맡고 있다. 과거 종교단체의 성직자들은 신에게 봉사했을 뿐만 아니라 교사, 의사, 작가, 카운슬러, 분쟁해결담당자, 국왕의 자문역 등 실로 다양한 역할을 수행하였다. 라오스에서는 현재에도 불교사찰의 스님이 분쟁해결자로서의 역할을 수행하고 있으며,[58] 우리나라 고려시대와 조선시대 초에는 고승들이 국왕의 자문역을 수행하였다. 오늘날에는 대학 교수들이 정치, 경제, 과학 등 다양한 분야에서 국가에 자문을 해주고 있다. 더구나 실리콘 밸리에서 볼 수 있듯이 대학 교수가 직접 회사를 차려서 생산자 역할을 담당하기도 한다. 특히 이 중에서 주목받는 역할은 의사로서의 역할이다. 존 도미닉 크로산John Dominic Crossan은 『역사적 예수』에서 예수가 유대민중에게 무료로 치료를 해준 점에 주목하고 있다.[59] 그리스도교 『신약성경』은 예수가 귀머거리, 앉은뱅이, 나병 환자, 소경을 고쳐준 이야기들로 가득 차 있다. 그뿐만 아니라 복음서에는 예수가 육성한 제자들 역시 민간인을 대상으로 치료행위를 한 것으로 나타났다.[60] 동남아지역전문가 조흥국 박사의 『근대태국의 형성』을 보면 불교 사찰은 의료교육 기관 역할을 수행하고 있다.[61] 예수의 사역 당시, 유대교 사제는 의사 역할을 겸했던 것으로 보인다. 『신약성경』을 보면 예수가 나병을 고쳐준 후 사제에게 보이라고 말한다. 사제의 완치 선언이 있어야 그는 마을로 복귀할 수 있었던 것이다. 오늘날에는 의사가 질병의 완치를 선언하나 과거에는 사제가 질병의 완치를 선언했던 것이다.[62] 오늘날 대학병원은 종교기관이 했던 다양한 역할의 일부를 떠맡고 있는 것이다.

존 캐논Jon Cannon의 『성스러운 공간의 모든 것』이란 책에 나와 있는 태국 카오루앙의 동굴사원[63], 덴마크 코펜하겐의 그룬트비 교회, 이스탄불의 성 소피아 사원 내부 사진을 보면 무언가 성스러움이 느껴진다.[64] 대학에도 그런 이미지가 있다. 한국에 SKY가 있다면 미국에는 HYP가 있다. 하버드대학, 예일대학, 프린스턴대학은 대부분 목회자를 양성하려고 세운 교육기관이었다. 따라서 대학 자체에 신성한 이미지가 있었다. 과거의 유럽 대학들은 고풍스러운 건물에서 볼 수 있듯이 학문의 성소였다. 케임브리지대학의 교수는 성직자여야 했다. 전기 작가 제임스 글릭James Gleick의 『아이작 뉴턴』을 보면 1667년 10월

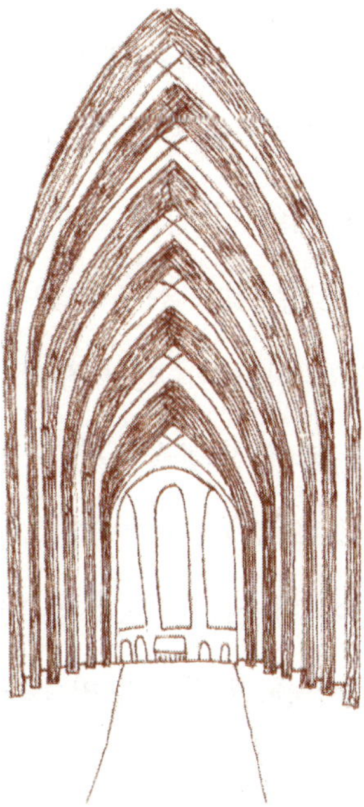

[그림 4] 성소로서의 대학

케임브리지대학의 트리니티 칼리지 소속 연구원으로 선발된 뉴턴은 "신학을 연구대상으로 삼으며 규칙에서 정한 시기가 오면 성스러운 성직으로 받들 것입니다."라고 서약을 했다.[65] 순결이 요구되었고 결혼은 금지였다. 대학은 최고 수준의 학문이 연구되는 곳인 동시에 성스러운 장소였다. 애리조나주립대학 총장 마이클 크로우Michael Crow와 연구중심대학 연구자인 윌리엄 다바스William Dabars는 『새로운 미국 대학 설계』에서 현대 대학의 새로운 역할에 대하여 설명한다. 중세시대 대학들이 성직자 양성 기관이었다는 점에서 일종의 성소였다면 현대의 대학은 발견, 창조, 혁신을 주도한다는 차원에서 학문의 전당이며 학문의 성소이다.[66] 구체적으로 말하면 대학은 과학기술발전의 핵심적 역할을 담당하고 있다. 그리고 이제는 개발도상국 정책결정자들도 과학기술이 경제성장에 주된 동력임을 인정하면서 연구중심대학을 육성하려 애쓰고 있다.[67] 50세에 첫 번째 직장에서 나왔거나 40대 중반 이후 성인들이 무언가 새로운 것을 시도하려면 마음의 준비가 필요하다. 마음의 준비는 어떻게 하는가? 먼저 휴식을 취해서 지친 마음과 몸을 달래야 한다. 20여 년 지친 몸을 달래다 보면 마음은 저절로 자기 자신을 반성하게 된다. 그것이 명상이다. 그 다음에 무언가 실행해야 한다. 그러려면 사회에 첫발을 내딛고 외부로 향했던 관심을 끊고 자기 자신으로 돌아가 명상을 할 장소가 필요하다.

나. 멀티도어 대학

엘리트 육성 대학

대학이란 어떤 기관인가? 시초는 엘리트 육성 대학이 그 모델이었다. 1818년 75세가 된 미국 독립시대의 영웅 토머스 제퍼슨은 나중에 버지니아대학으로 불리게 될 제퍼슨대학을 세웠다. 토머스 제퍼슨에게 대학의 목표는 지도자를 길러내는 것이었다.[68] 예전에 누가 대학까지 갔는가? 60년 전에는 고등학교가 교육의 종착역이었다. 지금의 초등학교는 그때 이름이 '국민학교'였다. 이는 무엇을 의미하는가? 국민이라면 받아야 하는 교육이라는 의미이다. 드물기는 하지만 학생 중에는 결혼한 남성도 있었다. 고등학교는 '고등'이라는 이름이 붙었듯이 아무나 갈 수 있는 곳이 아니었다. 그런 상황이다 보니 당시 대학생은 극소수의 엘리트였다. 중세시대 대학은 성당의 사제교육에 기원을 두었다. 노트르담 성당학교가 대표적이다.[69] 중세시대 초기 대학은 교수와 학생이 숙식을 같이 했던 장소인 라틴어로 '공동체'를 의미하는 콜레기움collegium에서 시작되었다. 원래 가난한 학생들을 위한 기숙사였던 콜레기움에서는 교사들도 숙식을 하기 시작하면서 수업이 행해졌다. 1400년경에 이르자 콜레기움은 프랑스 파리에 70여 개나 생겨났다.[70] 여기서 교수와 학생들이 공동으로 식사하고 같이 기거하면서 가르치고 토론하였다. 그것이 제도화된 것이 오늘날의 단과대학을 의미하는 칼리지이다.[71] 그리고 칼리지들이 대형화된 것이 오늘날의 대학university이다. 중세시대 대학의 교수들은 대다수가 성직자였고, 학문이란 신의 선물로 여겼기 때문에 돈을 대가로 받으며 전수하지 않고 누구에게나 무상으로 전수해야 된다고 생각했다. 교수들은 교회가 주는 봉급인 성직록에 의거하여 살아갔다.[72] 미국의 하버드대학, 예일대학, 프린스턴대학의 목표는 무엇이었을까? 사회를 이끌어갈 엘리트를 양성하는 것이 대학 설립의 주요 목표였다. 미국 대학들의 모태가 된 영국의 옥스퍼드대학, 케임브리지대학도 마찬가지였다.

연구중심대학

대학운영에 일대 혁신을 가져온 것이 독일의 연구중심대학 모델이었다. 유럽의 변방이었던 독일에서 새로운 기풍이 생겨났다. 독일의 베를린대학은 교수들이 각자 실험실을 차려 과학실험을 하면서 과학적 지식의 발견을 목표로 하였다. 이러한 새로운 대학 모델을 배우기 위해 19세기 당시 9,000명 이상의 미국인들이 독일로 유학을 떠났다고 한다.[73] 그리고 베를린대학의 연구중심대학 모델은 미국으로 들어왔다. 연구중심대학은 구조 자체가 기존의 대학과 다르다. 먼저 교수와 학생 간의 관계가 다르다. 필자가 미국 유학시절에 동료 대학원생이 박사학위 논문 심사를 마치고 어떤 대학의 교수로 내정되었을 때 지도 교수는 그에게 "프로페서!"라고 부르면서 제자를 동료로 받아들이는 것을 보았다. 신선한 광경이었다. 그것이 연구중심대학의 이상이다. 연구중심대학 이론을 제공한 독일의 홈볼트가 쓴 『인간교육론 외』는 연구중심대학의 성서였다.

"고등교육 기관에서는 언제나 연구가 진행된다. 그러므로 이곳에서는 교수와 학생의 관계는 각별할 수밖에 없다. 교육자는 단지 학생만을 위하여 존재하는 것은 아니다. 대학에서는 학생과 교육자가 새로운 지식을 찾기 위하여 힘을 합쳐야 한다."[74]

미국 남부의 1876년 개교한 존스홉킨스대학이 미국 최초의 연구중심대학이었다. 존스홉킨스대학은 연구중심의 학풍을 세우기 위하여 대학 입시에서 학부 학생을 아예 받지 않고 독일 유학파로 교수진을 구성했다.[75] 그리고 그 이후 연구중심대학 모델은 미국 전역으로 확산되었다. 오늘날 미국 대학은 연구중심대학과 나머지 대학들로 구분된다. 소위 일류대학들은 대부분 연구중심대학이다. 이러한 연구중심대학 모델은 전 세계로 확산되고 있다. 아시아대륙도 마찬가지이다. 일본 도쿄대학, 교토대학, 중국 베이징대학, 칭화대학, 국립싱가포르대학, 난양기술대학, 홍콩과학기술대학들이 전 세계 대학 순위에서 100위권 내로 진입하고 있다. 이들은 모두 연구중심대학 모델을 채택했다. 우리나라 대학들의 상황은 어떠한가? 안타깝게도 순위가 정체하고 있다. 왜 그런가? 여러 가지 이유가 있겠지만 대학의 재정상태가 좋다고 말할 수 없기 때문이다. 우리만 그런 것은 아니다. 유럽의 대학, 미국의 대학도 모두 심각한 재정문제로 고통을 받고 있다. 유럽의 대학들은 학생들에게 고액등록금을 부과하는 것에 대한 거부감으로 인해 재정이 부족한 형편이며,[76] 미국의 대학들은 캘리포니아주를 위시하여 주 재정 상태의 악화로 주정부의 재정지원이 감소하면서 성장 동력이 약화되고 있다.[77]

그 결과가 무엇인가? 프랭크 도너휴Frank Donoghue가 저술한 『최후의 교수들』에 의하면 교수 천국으로 알려졌던 미국 대학의 경우 정년 보장 교수의 숫자는 계속 줄어들어 전체 교수의 35%에 불과하며, 과거 30년 동안 비전임 강사 숫자는 43%에서 65%로 증가하였다.[78] 하버드대학 총장이었던 데렉 복은 미국 대학 학부교육의 질 하락을 염려하고 있다.[79] 재정이 부족한 상황에서 연구중심대학 이상을 추구한 결과 학부교육의 질은 낮아질 수밖에 없는 것이다. 더구나 코로나19 사태로 대학들이 문을 닫게 되자 외국인 학생들의 등록률이 하락하면서 영국이나 미국, 호주의 대학들은 재정적으로 큰 타격을 입고 있다. 세계적 컨설팅 그룹인 맥킨지 그룹은 미국 대학의 재정상태를 염려하는 보고서를 제출하였으며,[80] 하버드대학을 비롯한 다수의 대학들이 적자를 기록하고 있다.[81] 영국의 경우도 사정이 다르지 않다. 영국의 해외 유학생 숫자는 대략 27만 명 수준이라고 한다. 이는 전체 영국 대학생의 20%에 해당하는 규모이다. 잭 브리튼Jack Britton과 일레인 드레이튼Elaine Drayton, 로라 반 어브Laura van der Erve가 공저한 논문에 의하면 코로나 사태로 해외 유학생은 감소할 것이고 이로 인하여 영국의 왕립예술대학, 글래스고대학, 런던 정경대학, 런던비즈니스쿨 등 지명도 있는 대학들의 등록금 수입이 절반 정도 감소해 재정적으로 큰 타격을 입을 것으로 전망하고 있다.[82] 이는 대학의 재정을 더욱 악화시킬 것이다. 대학의 재정압박은 더욱 교육의 질을 하락시킬 위험이 있다.

이제 연구중심대학의 수익구조를 검토해야 할 때가 왔다. 현재의 연구중심대학 모델은 두 가지 수입원에 기대고 있다. 하나는 고등학교를 졸업한 젊은 학생들로부터 받은 등록금이고, 다른 하나는 국가 연구 프로젝트 수주로 확보하는 연구기금이다. 그런데 이 모델에 따라서 대학을 운영하려면 젊은 학생들이 충분히 많은 대학에 계속 입학하고, 국가는 대학에 연구 프로젝트를 제공해야 한다. 그러나 문제는 간단하지 않다. 국가 연구 프로젝트 수주는 아무래도 우수 연구 인력이 몰려 있는 초일류대학들에게 유리한 게임이다. 또한 젊은 학생들의 대학입학은 전반적인 정원미달 사태로 말미암아 어려움에 처해 있다. 대학이 운영되기 위해서는 대학 운영기금 조달에 대한 재검토가 필요하다.

멀티도어 대학

필자가 새롭게 제안하는 대학 모델은 멀티도어 대학 모델이다. 과거에는 고등학교 졸업생들이 넘쳐났기 때문에 대학을 세우기만 하면 그 후부터는 땅 짚고 헤엄치기였다. 과거 출생자 숫자는 한 해 100만 명에 달하였다. 그리고 대학 정원은 50만 명 수준이었다. 과거 60여

년 동안 항상 수요가 공급을 초과한 상태여서 대학은 걱정이 없었다. 건물만 지어놓으면 들어오겠다는 학생은 많았다. 그러나 지금은 한 해 출생자가 100만 명에서 30만 명대 수준으로 줄어들었다. 시장구조가 바뀐 것이다! 공급주도 시장에서 수요주도 시장으로 바뀌었다. 이제 대학들은 생존을 위하여 새로운 대학 교육의 수요층을 개발해야 한다. 바로 성인들이다. 미시간대학의 두데스탯 전 총장은 『대학혁명』에서 이미 1980년대와 1990년대 미국 대학에 고등학교를 졸업한 학생들이 줄어든 반면 성인학생들의 교육수요가 증가해 전체 대학생 수는 오히려 증가하였다고 증언했다.[83] 미국 교육통계청 NCES에 따르면 고등교육을 받고 있는 미국 학생의 60% 이상이 비전통적 학생이라고 추정된다. 그러면 왜 미국의 성인학생들은 대학으로 회귀하는가? 앨라배마 A&M대학의 제프리 스티븐스 Jeffrey Stevens 교수는 미국의 고등교육에 참여한 성인 학습자들에 대한 설문조사와 면담 연구를 병행한 결과를 보고했다. 설문지는 미국의 전역을 6개 지역으로 나누어 480부가 배포되었으며, 이 중에서 173부가 회수되었다. 조사 결과 응답자의 83%는 고등교육을 받음으로써 미래 소득이 증가할 것이라는 기대가 대학에 온 주요 동기라고 응답하였다. 응답자의 82%는 교육적 성과를 얻기 위한 자기만족의 차원에서 대학에 등록했다고 응답하였다. 응답자 중 상당수는 끝마치지 못한 학위를 마치기 위해 대학에 등록하였다고 말했다. 한편 학자금 지원은 중요한 요인으로 나타났다. 관련 통계를 보면 성인 학습자의 23%는 대학으로부터 장학금을 받고 있었으며 29%는 학자금 대출을 받고 있었다. 다른 말로 하면 상당수 학생들이 등록금을 스스로 조달하고 있다. 따라서 대학당국이 성인 학습자들에게 적극적으로 교육비 조달 방법에 대한 정보를 제공할 필요가 있는 것으로 나타났다.[84] 상황은 나쁘지 않다. 마우로 기옌 교수는『2030 축의 전환』에서 10년 뒤인 2030년에는 60세 이상 인구가 총 35억 명에 달한다고 이야기한다. 이들에게 집중할 필요가 있다.[85] 더구나 50세 무렵 1차 직장을 나오기 직전 연령 집단과 1차 직장을 나온지 얼마 되지 않은 잠재 성인 학습자라는 거대한 자원이 있는 것이다. 이 거대한 자원을 놓치고 무엇을 하겠다는 것인가? 바로 옆에 엄청난 광맥이 있는데 엉뚱한 데에서 해매고 있을 것인가? 학문의 전당인 대학은 현재 대학생과 교수, 교직원 3자가 활용하고 있다. 대학의 기능은 무엇인가? 질문을 던져보자. 만약 대학이 국가가 필요한 인력을 육성하는 일이라면 왜 특정 연령대 학생만 대학의 입학이 허용되어야 하는가?

1970년대 혁신적인 개념의 법원이 출현하였다. 미국에서 프랭크 샌더Frank Sander 교수가 멀티도어 코트하우스multi-door courthouse라는 새로운 법원 개념을 제안하였다.[86] 그 이전까지는 법원이란 소송사건만을 진행시키는 곳으로 인식되어 왔다. 그러나 멀티도어 코트하우스 개념에서는 법원은 소송사건뿐만 아니라 대체적 분쟁해결 수단인 조정이나 중재도 별도로 다루어야 한다는 것이다. 법원은 다양한 분쟁해결 수단으로 국민들에게 봉사하기 위하여 다양한 문을 열어놓아야 한다.

소송의 문, 조정의 문, 중재의 문이 그것이다. 그러한 개념을 대학에도 확장한다면 대학은 반드시 고3 졸업생과 같은 전통적 학생뿐만 아니라 40대 이상의 비전통적 학생들에게도 문호를 개방해야 한다. 더구나 1차로 직장을 퇴직한 40대 중반에서 40대 말, 중년의 전환기에 놓여 있는 사람들은 자신을 재충전하여 다시 사회로 나가야 한다. 그뿐인가? 모든 성인 학습자들에게 열려 있어야 한다. 물론 일주일 정도 짧은 기간 동안 강의를 듣고, 수료증을 받는 정도라면 구태여 대학의 문을 노크할 필요가 없다. 그러나 교육기간이 상당히 긴 경우라면 이야기가 다르다. 재교육에 상당한 시간이 소요된다면 대학이 가지고 있는 시설이나 인적 자원을 활용하는 것이 유리할 것이다. 멀티도어 대학은 그러한 개념이다. 이처럼 대학의 기능이 멀티도어 대학을 목표로 한다면 고3 신입생 확보 문제로 골머리를 앓고 있는 대학에 숨통을 터줄 가능성이 생기게 된다.

해상왕 장보고는 왜 성공했는가? 가장 큰 이유는 선진 조직을 갖추었기 때문이라고 생각한다. 그들은 견당매물사와 같은 체계적인 조직을 갖추고 다국적기업을 운영하였다. 그리고 무역조직에서 일하는 사람들도 재당신라인들이었다. 따라서 인적 자원도 신라인이 아니었다. 조직과 사람을 바꾸었기 때문에 국제적인 한중일 삼각무역을 성공시킬 수 있었다. 마찬가지로 대학이 새로운 시대에 맞추어 생존하고 성공하기 위해서는 조직 체계를 새롭게 갖추어야 한다. 장보고가 선진조직 체계를 이식함으로써 한중일 삼각교역에 성공했듯이 미래

대학들은 더 이상 과거의 조직과 과거의 사고방식에 연연하지 않아야 한다. 대학은 무엇을 해야 하는가? 발상의 전환을 해야 한다. 즉, 줄어들고 있는 고등학교 3학년 졸업자만으로 구성된 레드오션에서 이전투구하면 안 된다. 성인 학습자라는 블루오션 시장을 개척해야 한다. 물론 쉽지는 않다. 그러나 먼저 별도의 조직을 만드는 것이 바람직하다. 조직 자체가 동일하면 과거의 관습, 과거의 조직 문화가 그대로 유지될 수밖에 없다. 아무리 새로운 조직을 만들어도 거기에 투입되는 인력이 과거와 동일하다면 무엇이 바뀌겠는가? 장보고 무역회사에 활약했던 사람들이 재당신라인이었던 것처럼 대학도 조직을 아예 새로 편성하고 인적 자원도 새롭게 충원해야 한다.

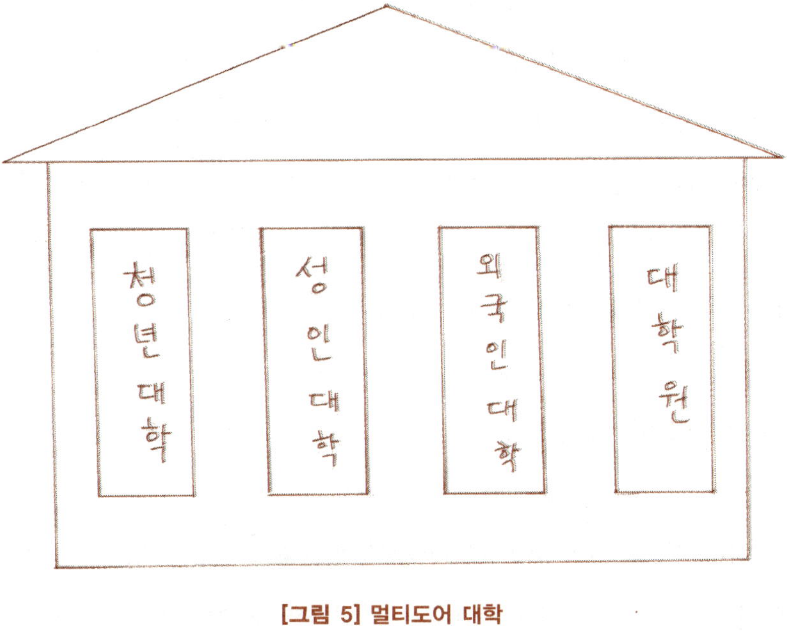

[그림 5] 멀티도어 대학

처음부터 대학을 아예 두 개의 별도의 조직으로 구성해야 한다. 하나는 20대 청년들을 대상으로 하는 전통적인 대학조직과 다른 하나는 처음부터 40대 이상의 성인 학습자들을 대상으로 하는 조직체이다. 건물도 달라야 한다. 교수도 달라야 한다. 모든 것이 달라야 한다. 그래야 40대 이상 성인 학습자들을 유치할 수 있을 것이다. 어떻게 보면 대학은 4개의 문을 가지도록 해야 한다. 예전에는 대학의 문이 2개가 있었다. 학부로 들어가는 문과 대학원으로 들어가는 문이었다. 이제는 20대 청년을 위한 문과 성인 학습자를 위한 문을 구별해야 한다. 그리고 대학원 문이 별도로 존재하고 해외 유학생 문 역시 존재해야 한다. 성인 학습자를 위한 문은 평생교육원과 연계해야 한다. 성인교육을 단순히 취미생활을 위한 개념으로 생각해서는 안 된다. 성인들 중에서 취미생활을 할 정도의 여유가 있는 사람이 과연 얼마나 될까? 생각해볼 일이다. 어떻게 보면 이제 대학은 크게 2개의 조직으로 구분해야 한다. 20대 청년트랙과 40~60대 장년층, 70~80대 실버세대 트랙으로 구분하는 것이다. 그리고 움직이는 운영 원리도 달라야 한다. 즉, 완전히 별도의 생태계를 구축해야 한다.

다. 소프트 스킬

최근 싱가포르국립대학은 미국의 예일대학과 공동으로 싱가포르에 예일-싱가포르국립 단과대학을 설립하였다. 이 대학은 대학원 중심이 아니라 교양과목 위주의 학부대학이다.[87] 우리는 잘 생각해보아야 한다. 항상 누구보다 발 빠르게 움직이고, 이미 대학원교육에서 아시아 선두를 달리고 있는 싱가포르가 굳이 왜 교양과목 위주의 학부대학을 설립하는지 그 이유를 곰곰이 생각해보아야 한다. 현대 문명의 키워드는 기술이다. 그래서인지 대부분 직장인에 대한 조언은 기술을 배우라는 것이다. 독자 여러분은 '비보이'를 아는가? 그들은 물구나무를 서서 빙글빙글 도는 놀라운 동작을 선보인다. 얼마 전 유명한 비보이 중 한 사람이 비보이 직업을 청산하고 용접기술을 배워 자격증을 땄다고 해서 화제가 되었다. 미국 교육부장관으로 지냈던 윌리엄 베넷은 『대학은 가치가 있는가』라는 책에서 무턱대고 대학에 갈 것이 아니라 기술을 배운다면 고소득 직장에 들어갈 수 있다고 조언하고 있다.[88] 모두들 기술에 올인하고 있다! 그러나 인공지능 시대에 노래하면서 기술에 올인하는 것이 과연 맞는 방향인가? 다시 혼란이 일고 있다. 왜냐하면 인공지능이 전기와 같은 범용기술이기 때문에 그 파급효과가 우리의 예상을 뛰어넘을 것이기 때문이다.[89] 심지어 인공지능은 안전하다고 생각한 기술 관련 업무에서도 인간을 대체할 가능성이 있다. 18세기 제1차 산업혁명 당시 러다이트 운동, 즉 기계파괴 운동을 생각해보라. 당시 러다이트 운동을 주도했던 사람들은 기술자들이었다. 2013년 옥스퍼드대학은 미국 일자리의 47%가 20년 내에 사라질 것으로 예측하였다.[90] 최근 세계 최고 로봇생산 기업 화낙은 인공지능 반도체칩 생산기업인 엔비디아와 협력하여 인공지능 로봇

제작에 들어가고 있다.[91] 아직 아무도 인공지능 로봇이 얼마만큼 인간 노동을 대체할지 모른다. 그러나 만약 인공지능과 로봇이 인간을 대체할 것이 거의 확실하다면 "인간은 어떤 업무를 해야 하는가?" 라는 질문이 나올 수밖에 없다. 이와 관련하여 최근 기업들은 환경이 변화해도 생존에 필요한 소프트 스킬에 주목하고 있다.[92] 사람들은 왜 소프트 기술soft skill에 주목하고 있는가? 그것은 기술혁신이 가속화되고 있는 시점에서 하드 기술hard skill의 전수가 빛을 잃고 있기 때문이다.

『이제는 대학이 아니라 직업이다』, 『대학은 가치가 있는가』 『왜 대학은 사라지는가』라는 책 제목에서 보듯이 대학은 위기상황이다.[93] 대학의 본연적인 기능이 교육임에 비추어 볼 때 대학은 무엇을 가르치고 있는지 되돌아보아야 한다. 21세기 초반 대학들은 빅데이터, 블록체인, 사물인터넷, 가상화 기술, 유전자가위 기술 등 하드 기술을 숨가쁘게 가르치고 있다. 그러면 대학에서 소프트 기술을 가르치는 과목은 무엇인가? 교양과목이다. 유럽과 미국 대학들에서 교양교육의 꽃은 무엇인가? 고전문학 교육이다. 그러나 20세기 들어 과학이 대세가 되면서 유럽과 미국의 대학이 고전문학 교육을 교양과목에서 축출하기에 이르렀다. 독자 여러분은 베르길리우스, 키케로, 단테의 언어인 라틴어, 이탈리아어로 쓰인 고전들을 과학과 무관하게 생각할지 모른다. 그러나 놀랍게도 서양철학의 대가 알프레드 화이트헤드Alfred North Whitehead는 어렸을 때 아버지로부터 라틴어와 그리스어를 배운 사람이다. 화이트헤드는 버트런드 러셀과 함께 논리학의 기초가 된 『수학의 원리』를 쓴 사람이다. 화이트헤드는 영국 케임브리지대학 교수로 있다가 미국으로 이민을 갔으며 그 이후 과정철학이라는 새로운 분야를 개척한 거장이다. 수학분야에서 고전이라고 일컬어지는 책을 쓴 사람이 엉뚱하게 그리스어와 라틴어와 연관이 있다는 게 상상이 되는가? 수학의 대가 화이트헤드는 고전문학 교육의 중요성을 역설하고 있다.[94]

다가오는 인공지능 시대에 교양교육은 무엇을 가르쳐야 하는가? 미래학의 창시자 앨빈 토플러Alvin Toffler가 『미래의 충격』에서 이야기하듯이 기술 문명 시대의 특징은 '일시성'이다.[95] 우리를 둘러싸고 있는 물건의 홍수 속에서 대다수 물건들은 사기가 바쁘게 버려진다. 모두들 현재 속에 매몰되어 있다. 그러나 호모 사피엔스 현생 인류는 1만 2000년 전 라스코 동굴벽화에 그림을 그린 이후 별로 달라진 것이 없다! 철학의 거장 화이트헤드는 『교육의 목적』이라는 책에서 교육의 본질은 종교교육에서 찾아볼 수 있다는 파격적인 주장을 하였다. 그는 그 이유로를 영원한 시간의 전체적 범위를 현재 내에 유지하고 있는 인식 때문이라고 하였다.[96] 다시 말해서 현재를 현재 안에만 가두지 않고 현재 안에 과거와 미래까지 포함시켰기 때문이라고 하였다. 어디서 들어본 말 아닌가? 조지프 캠벨은 신화란 사람들을 현재에 머물게 하지 않고 시간을 초월해 영원과 연결시켜 준다고 하였다.[97] 오늘날 사찰, 교회나 성당에서 법회라 부르건 예배라 부르건 미사라 부르건 관계없이 신도들을 어디로 데려가는가? 부처가 보리수 밑에서 니르바나에 들기 전 몸이 삐쩍 말랐을 정도로 고행하던 중 부처에게 처녀 한 사람이 우유죽 한 사발을 공양했던 그때, 예수가 십자가에 매달리기 전날 밤 최후의 만찬이 열렸던 2층 방에서 빵을 떼어 찬미를 드린 다음 제자들에게 주시며 "이는 내 몸이다."[98]라고 하던 그 당시로 데려가는 것이 아닌가? 현재이면서도 영원한 곳이 아닌가? 매주 전례 절차 속에서 신도들은 시간을 초월하여 현재 속에서 영원을 경험하는 것이다.

그렇다면 교육도 처음으로 돌아가야 한다. 결국 기업이든 연구소든 학교이든 인간사회는 무리들로 이루어져 있다. 프란스 드 발의 말처럼 "인간은 뼈 속 깊이 무리동물이다." 따라서 무리 안에서 생존할 수 있는 기술을 가르쳐야 한다. 무리 내에서 생존하려면 무엇보다도 상대방과 공감해야 한다. 그러려면 감성지능을 길러야 한다. 학교성적은 비슷하지만 누구는 성공하고 누구는 실패하는가? 성공과 실패는 IQ가 아니고 EQ에 달려 있다. 대니얼 골먼Daniel Goleman은 저서 『감성지능』에서 감성지능의 차이가 성공과 실패를 가름한다고 말한다.[99] 감성지능이 부각된 것은 뇌과학 때문이다. 뇌과학자 안토니오 다마지오 박사에 의하면 감정은 이성적 추론과정에 깊숙이 개입한다.[100] 침팬지보다도 압도적으로 큰 전두엽을 가진 인간 두뇌는 전두엽과 변연계 회로가 이성과 감성의 교차로이다.[101] 인간은 합리적 사고만으로는 의사결정을 할 수 없다.[102] 미래 사회는 우뇌의 사회이다. 다니엘 핑크는 『새로운 미래가 온다』라는 책에서[103] 미래인재의 조건으로 감성을 이해할 줄 아는 능력을 요구하고 있다. 그리고 우뇌 능력을 키워야 한다고 조언했다. 지금까지 이런 능력은 대학 교육에서 도외시된 부분이다. 감성지능 개발은 대학생이 각자 알아서 해야 하는 부분으로 간주되어왔다. 그러나 이제부터는 아니다! 대학이 관심을 가져야 한다.

생존의 정글에서 살아남기 위해 필요한 두 번째 스킬은 비판적 사고방식이다. 일반적 통념에 도전하는 비판적 사고를 함양해야 한다.[104] 대학을 졸업하고 사회에 진출한 초년생이 가장 필요한 능력은 무엇일까? 아마 적과 아군을 식별하는 능력일 것이다. 대부분 적도 아군인 것처럼 위장하고 접근한다. 이때 필요한 것이 비판적 사고 능력이다. 지금은 지식이 넘쳐나는 시대이다. 학계에서는 1년에 수만 편의 논문이 쏟아져 나온다. 그 많은 논문을 다 읽을 수는 없는 노릇이다. 개별 논문에 대해 가르쳐 주는 것은 의미가 없다. 이제는 수많은 논문의 홍수 속에서 내게 필요한 논문을 찾아내고 거기에 집중하여 필요한 지식을 획득하는 능력이 중요해질 것이다. 더 이상 부분적인 지식은 효용성이 없다. 금방 새로운 지식이 나타나기 때문이다. 이제 고기를 줄 것이 아니라 고기 낚는 법을 가르쳐 주어야 한다. 수많은 지식 중에서 자신이 필요한 지식을 골라낼 줄 아는 능력이 중요해졌다. 그러한 능력이 비판적 사고 능력이다.

생존의 정글에서 살아남기 위해 필요한 세 번째 스킬은 예의이다. 심리학의 개척자 중 한 명인 윌리엄 제임스는 인간의 무지에 대한 글에서 우리는 서로에게 낯선 존재라고 말했다. 따라서 교육의 목적은 세상과 조화하기 위한 것이라고 하였다.[105] 세상과 조화하기 위해서는 상대방과 교제할 때 예의가 필요하다. 유교사상의 창시자 공자 역시 이를 극기복례克己復禮, 즉 자기 자신을 극복하고 예의로 돌아가라고 표현하였다.[106] 동양만 예의를 강조한 것은 아니다. 서양도 마찬가지이다. 르네상스 시대의 덕목은 교양인을 길러내는 일이었다. 르네상스 시대의 저작물『궁정론』을 보면 교양에는 체육, 승마술과 함께 예의와 말솜씨도 포함되었다.[107] 여기에 덧붙여서 모든 상황에서 가장 필요한 덕목은 무엇일까? 그것은 배짱일 것이다. 다른 말로 하면 앤젤라 더크워스Angela Duckworth 교수가 저서『그릿Grit』에서 제안한 '그릿'이다. 인생을 좀 살아본 사람이라면 인생이란 자기 마음대로 되는 것이 아니라는 것을 깨닫게 된다. 물론 성공할 때도 있다. 그러나 성공의 순간은 매우 짧다. 결국 인생의 상당 부분은 좌절의 다양한 무늬가 아로새겨져 있는 노력의 기간들이다. 이를 견디어 내려면 배짱 그릿이 필요하다. 대학은 학생들에게 그릿을 가르쳐 주어야 한다.[108] 미국에서는 이를 '것츠'라고 한다. 필자가 열거한 재능들은 아무리 세상이 변해도 인생 사는 데에 필요한 소프트 스킬이다.

라. 성인교육 대학

체크리스트

지금까지 우리 대학들은 서울이든 지방이든, 2년제 대학이든 4년제 대학이든, 문과대학이든 이공계 대학이든, 교수 승진이 엄격하든 쉽든 관계없이 모두 연구중심대학들을 모델로 삼아 수십 년간 운영되어 왔다. 그 점은 무엇으로 알 수 있는가? 대부분 대학의 교수 승진요건은 공통적으로 연구업적에 초점이 맞춰져 있다. 이는 대학순위 1위 대학이든 100위 대학이든 관계없다. 그러나 그러한 연구중심대학 모델로는 소수의 명문대학을 제외한 다른 대학은 다가오는 저출산 시대에 견뎌내기 어려울 것이다. 금년 초 대량 미달 사태는 전주곡에 불과하다. 2024년에는 고3 학생 수가 올해보다 더 감소할 예정이다. 필자 생각으로는 입학정원의 초과공급 사태에 대응하기 위해서 대학들은 멀티도어 대학으로 변신해야 한다. 그러나 멀티도어 대학은 생각만큼 구축하기 쉽지 않다. 성공적인 멀티도어 대학이 되기 위해서는 그냥 간판만 바꾸어 달면 되는 것이 아니다. 이제 학부모들은 과거 학부모와는 다르다. 예전 학부모 중에는 대학에 다녀보지 못한 부모들이 많았다. 그러나 지금의 학부모들은 상당수 대학 출신이다. 그리고 인터넷에는 전문가들이 많아 유례없이 많은 정보와 지식을 가지고 있다. 학부모들은 대학의 그럴싸한 간판에 넘어가지 않는다. 멀티도어 대학을 지향하는 대학들은 성인 학습자들을 유치하기 위하여 다음의 일곱 가지 질문에 스스로 답해야 할 것이다.

질문 1 : 대학은 성인 학습자에게 무엇을 제시할 것인가?

질문 2 : 대학은 성인 학습자를 교육할 교직원을 갖추고 있는가?

질문 3 : 대학은 성인 학습자를 가르칠 수 있는 교수 역량을 가지고 있는가?

질문 4 : 대학은 성인 학습자를 수용할 만한 교육시설을 갖추고 있는가?

질문 5 : 대학은 성인 학습자를 위한 학과 편제를 가지고 있는가?

질문 6 : 대학은 성인 학습자를 대우할 조직문화를 가지고 있는가?

질문 7 : 대학은 성인 학습자를 위한 별도의 도서관을 가지고 있는가?

이 질문들을 하나씩 살펴보기로 하자. 먼저 대학은 성인 학습자에게 무엇을 제시할 수 있는가에 응답해야 한다. 동양 고전인 노자의 『도덕경』을 보면 무엇인가 얻고 싶으면 먼저 주라고 하였다.[109] 상대방으로부터 뭔가를 얻으려면 먼저 주어야 한다. 이것은 가장 심원한 지혜 중 하나이다. 대학당국도 먼저 학생들에게 무언가 주어야 한다. 무언가 비전을 제시해야 한다. 이를 위해서는 먼저 대학당국이 멀티도어 대학에 입학하려는 학생들을 대상으로 한 비전을 수립해야 한다. 또한 대학은 성인 학습자들을 가르칠 교수들을 별도로 뽑아야 한다. 성인교육 대학에서 가르치는 교수는 젊은 청년들을 대상으로 하는 교육방법과는 다른 교육방법을 사용해야 한다. 비전통적 학습자들은 나이가 많고 사회 경험이 풍부한 사람들이다. 성인교육 대학 교수는 젊은 청년들에게 사용했던 방식을 그대로 적용할 것이 아니라 해당 분야 실무지식 등 비전통적 학습자에게 적합한 교육 방법을 개발해야 한다.

교육의 품질

교육이란 결국 품질로 성패가 좌우된다. 교육자원의 공급자인 많은 대학들이 인공지능, 빅데이터 등 최신 학문을 가르치는 학과를 개설해도 왜 수요자인 학부모는 반응을 보이지 않는가? 그들은 훤히 알고 있다. 겉으로만 그럴 뿐이라는 것을! 학부모는 진실을 원한다. 진짜배기를 원한다. 성인교육도 결국 품질이라는 기준으로 판가름이 날 것이다. 존재하느냐? 사라질 것이냐? 특히 온라인 교육이 상당부분을 차지할 성인교육에 있어서 품질은 더욱 중요한 문제이다. 데이비드 노블의 『디지털 졸업장 공장』을 보면 원격교육의 시조인 우편교육은 한때 미국 대학들의 중요한 수익사업이었다. 명문 시카고대학은 우편교육을 활성화하기 위해 가정학습부를 설치하였으며 그 뒤를 따라 위스콘신, 펜실베이니아, 인디애나, 캘리포니아의 주립대학들이 앞다투어 우편교육 프로그램을 설치하였다. 그 결과 1919년에 미국 내 73개 대학이 우편교육을 시행하였다.[110] 그러나 얼마 가지 않아 우편교육은 시들어버리고 말았다. 우편교육은 미국의 온라인 교육에 대한 연구들이 보여주듯이 오프라인 대학에 비하여 중도 탈락률이 높았다. 왜 그랬을까? 교육의 품질이 낮았기 때문이다. 왜 품질이 낮았는가? 우편교육 시행 초기에는 교수들이 강의를 담당하였으나 얼마 가지 않아 대다수 강좌는 대학원생, 강사, 연구원, 조교 등 보수가 적고 지위가 낮은 사람들이 맡게 되었기 때문이다. 한마디로 교육자 입장에서 우편교육은 허드렛일로 전락하고 말았다.[111]

교육의 품질을 보장하기 위해서 별도의 교수진을 갖추어야 한다. 동일한 과목에서도 성인 학습자와 전통적 학생들 수업은 다르게 구성해야 한다. 특히 성인학습의 대가인 말콤 노울즈[112]나 우리나라에서 안식년을 가진 샤란 메리엄Sharan Merriam에 의하면 성인 학습자의 특징 중 하나는 이들이 매우 다양하다는 것이다.[113] 연령으로 보면 전통적인 학생들의 연령이 20대 초인 반면 성인 학습자들의 연령은 20대부터 70대까지 매우 다양할 것이다. 연령대가 다양한 만큼 원하는 것도 서로 다를 것이다. 이제 대학은 성인 학습자라는 고객을 하나의 집단으로 보아서는 안 된다. 여러 개로 세분화된 집단으로 보아야 한다. 자동차회사는 고객을 1회성 고객으로 보지 않는다. 미국의 경우 한 사람이 평생 다섯 대의 차를 산다고 한다. 자동차회사 입장에서 처음 차를 구입한 고객은 앞으로도 4번 더 구입할 잠재 고객인 셈이다. 연령별로 성인 학습자를 별도로 대우해야 한다. 가장 가까운 잠재 고객은 청년 시절에 대학에 입학한 사람들이다. 이들은 미래 언젠가 다시 대학에 회귀하여 재교육을 받을 가능성이 크다. 이들이 십여 년 뒤 재입학을 하느냐의 여부는 처음 그들이 느끼는 교육 품질에 달려 있을 것이다.

교육시설

성인 학습자들을 들어오게 하기 위해서는 어떤 시설이 가장 중요할까? 필자는 도서관이라고 생각한다. 기원전 3세기 북아프리카 알렉산드리아에 존재했던 당시 최고대학 무세이온은 현재의 하버드대학에 필적할 정도의 명성을 가졌다. 무세이온의 자랑 중 하나는 엄청난 장서를 자랑하는 알렉산드리아 도서관이었다. 대학의 상징이 도서관인 것이다. 도서관에 충분한 자료가 구비되어 있어야 학생에게 도움이 된다. 그리고 활용 장서가 많아야 한다. 책의 권수만 많다고 될 일이 아니다. 필자는 가끔 여러 대학의 도서관에 온라인으로 접속해 살펴보는데, 좋은 대학일수록 좋은 책을 많이 구비하고 있음을 알 수 있었다. 성인학습 전용도서관은 성인학습 관련 책들을 집중적으로 배치해야 한다.

그리고 별도의 교육시설이 있어야 한다. 여기는 온라인 교육시설을 포함한다. 성인교육은 필자가 생각하기에 마이클 혼Michael Horn과 헤더 스테이커Heather Staker가 지은 『블렌디드』에서 보여주듯이 블렌디드 학습을 지향해야 한다.[114] 왜냐하면 성인들은 시간도 돈도 부족하기 때문이다. 연령대가 40대라면 한창 일하고 있을 나이이며, 직장에 매여 있을 시기이다. 따라서 별도로 시간을 내어 공부하기란 만만치 않다. 그런 사람들을 위해서 온라인 교육이 중요한 학습방식으로 고려될 수 있다. 성인 학습자들은 이 시설을 자신들의 보금자리로 삼아야 한다. 그래야 떳떳하게 교육받을 수 있다. 성인학습은 온라인 교육과 오프라인 교육을 병행하는 블렌디드 학습형태여야 한다. 왜 그러한가? 온라인 교육에서 오는 고립감을 해소해야 하기 때문이다. 성인 학습자들 중에서 특히 고령 성인 학습자들의 경우 대화를 목말라하고 있다. 그들은 일상생활에서 이미 깊은 고립감을 느끼고 있을 것이다. 따라서 자주 오프라인 교육시설에서 교수와 동급생들과 어울릴 공간이 있어야 한다. 멀티도어 대학 당국은 성인 학습자들을 전통적 학생들에 붙어 있는 존재로 여겨서는 안 된다. 반드시 이들이 떳떳하게 학교 생활을 할 수 있도록 별도의 학과를 개설해야 한다. 그래야 성인 학습자들은 대학을 신뢰할 것이다.

조직문화

필자가 유학했던 대학의 외국 유학생 담당부서 교직원들의 선발 조건은 외국에서 수학 경험을 가진 사람이어야 한다는 것이었다. 왜 그런가? 자기 자신이 외국 대학에서 유학생 신분으로 답답함을 느껴본 경험이 있어야 외국 유학생의 마음을 안다는 것이다. 사실 성인교육 대학의 성공 여부는 교수의 강의 능력과 강의 품질에 달려 있겠지만 그에 못지않게 교직원의 서비스에 달려 있기도 하다. 성인 학습자들은 대학을 떠난 지 오래 되었다가 다시 대학으로 돌아온 사람들이다. 어떤 의미에서는 대학이 신선하기도 하고 어떤 의미에서는 대학의 공기가 낯설기도 할 것이다. 이때 대학 신입생이 가장 먼저 접촉하는 사람은 누구인가? 교수인가? 동기인가? 아니다. 교직원일 것이다. 등록금을 언제까지 내야 할지? 무슨 과목을 들어야 할지? 이러한 질문들은 대다수 교직원과의 접촉 과정에서 일어난다. 무엇이 명문대학과 그렇지 않은 대학을 구분하는가? 유형의 시설보다는 무형의 조직문화일 수 있다. 교직원에게 무엇을 부탁해도 싫어하지 않고 즉시 대응하는 문화가 필요하다. 또한 교수진도 20대의 전통적 학생들과 다르다는 것을 인정해야 한다. 이런 것들이 어울려서 조직문화가 형성된다. 그런 조직문화가 형성되어 있지 않다면 그들은 금방 떠나고 말 것이다. 그들은 많은 경험을 가지고 있기 때문이다.

3. 귀환 : 세상으로 복귀

내 인생에 은퇴는 없다.

— 피터 드러커, 『피터 드러커 나의 이력서』

나이 들어서 배운다는 것은 무슨 의미일까? 40대, 50대 장년세대와 60대 이상의 실버세대가 새로 배운다는 것은 무슨 의미일까? 그것은 외국어나 신기술을 배우는 것에 비유할 수 있다. 외국어를 배운다는 것은 단순히 단어를 외우는 것이 아니다. 우리는 외국어를 배우는 과정에서 새로운 생활양식과 사고방식을 만나는 것이다. 즉, 문화와 만나는 것이다. 자기 자신이 송두리째 바뀌는 것이다. 새 컴퓨터 기술을 배우는 것은 무엇일까? 익숙한 세계에서 익숙하지 않은 세계로 들어간다는 의미이다. 엄청난 모험인 것이다. 교육을 마무리한다는 것은 무엇일까? 새로운 문화에 적응했다는 이야기이다. 후반생은 새로운 문화가 있는 새로운 세계이다. 교육을 받았으면 이제 인생의 나머지 절반 후반생을 살아내야 한다. 조지프 캠벨도 모험의 결과, 승리하였으면 불사약을 들고 고향으로 복귀해야 한다고 이야기했다. 세상의 복귀는 무엇을 의미하는가? 새로운 직업을 찾아보는 것이다. 영어 단어에 'commencement'라는 단어가 있다. 주로 졸업식에 쓰이는 말인

데 원 뜻은 한 단계를 마무리하는 동시에 다시 시작한다는 의미이다. 학교를 졸업한다는 것은 원래부터 하나를 종료하고 다른 하나를 시작한다는 의미이다.

가. 터닝 포인트

퍼스트 펭귄

21세기 초 인류문명에서 무엇이 가장 큰 문제인가? 100세 시대가 다가왔는데 사람들이 이를 준비하지 못하고 있다. 왜 그럴까? 100세 시대를 자기 문제로 인식하지 못하고 있기 때문이다. 패러다임이란 용어가 있다. 이는 어떤 사회가 믿어온 세계관을 의미한다. 천문학에서 과거의 패러다임이 천동설이었다면 현재의 패러다임은 지동설이다. 과학철학자 토머스 쿤에 의하면 새로운 시대는 패러다임 전환과 함께 시작한다.[115] 인간수명과 관련하여 과거의 패러다임은 인생 70세였다. 동양에서는 70세까지 사는 사람은 드물다는 의미로 70세를 고희古稀라 하였고 히브리민족의 영웅 모세 역시 "시편"에서 인간 수명은 70세라고 말했다.[116] 이제 '인생 70세'라는 패러다임은 '인생 100세'로 패러다임 전환이 일어나고 있다. 두 번째 질문을 해보자. 왜 사람들 대부분은 100세 시대를 인식하지 못하는가? 노인들은 말이 없고 나머지 세대들은 경험하지 못했기 때문이다. 필자의 서가에는 '100세'

라는 단어가 붙어 있는 책들이 몇 권 꽂혀 있다. 『100세 인생』, 『100살이다 왜!』, 『100세 시대를 살아갈 비결』, 『백년을 살아보니』 등이다. 이 중에서 세 권은 실제로 100세를 넘긴 사람들이 쓴 책이고 나머지 한 권은 학자들의 연구서이다. 인생 후반부에 책을 내는 분들은 적지 않지만, 100세를 넘긴 후에 책을 저술한 사람은 많지 않다. 그런 면에서 이분들은 대단한 분들이다. 책 제목을 보면 저자들의 심리상태를 엿볼 수 있다. 히노하라 시게아키 박사는 건강관리가 100세를 지탱해주는 비결이라고 따뜻한 마음을 전해준다.[117] 100세를 넘어서도 직장에 다니고 있는 후쿠이 후쿠타로 씨의 책 제목은 아직도 현역인 자기 자신의 모습에 자부심을 갖는 느낌이 난다.[118] 김형석 교수는 담담한 마음으로 100세를 뒤돌아보고 회고한다.[119] 린다 그래튼과 앤드루 스콧은 『100세 인생』이라는 책의 부제에서 보듯이 100세는 저주가 아니고 선물이라고 애써 주장하며 "주눅 들지 말아요." 하고 위로하는 느낌이 든다. 이분들만 100세를 넘었는가? 아니다. 미국은 이미 2000년에 100세인 사람의 수가 7만 명에 이르렀으며 2050년이 되면 그 숫자가 열 배로 늘어날 것이라고 한다.[120] 일본은 2020년 9월 1일 자로 100세를 넘은 사람의 수가 8만 명을 돌파하였다. 한국도 2020년 8월 기준으로 100세 이상 인구가 2만 명을 넘어섰다. 독자 여러분은 혹시 슈퍼센티네리언을 들어본 적이 있는가? 나이 110세 이상을 산 최고령자를 의미한다.[121] 『나이 들어가는 내가 좋습니다』에서 헥토르 가르시아Hector Garcia와 프란체스크 미라예스Francesc Miralles는 전 세계 슈퍼센티네리언의 숫자가 300명에서 450명 정도라고 말하고 있다. 이 모든 자료는 무엇을 말해주는가? 다가올 미래에는 100세인이 희귀한 존재가 아니라는 것이다.

100세인 사람들은 어떤 가르침을 주고 있는가? 필자는 후반생에서도 일해야 된다는 가르침을 주고 있다고 생각한다. 105세까지 살았던 히노하라 시게아키 박사는 죽을 때까지 의사의 직분을 이어나갔으며, 98세까지 장수한 화가 마르크 샤갈은 77세 때 프랑스 문화부장관 앙드레 말로가 요청한 가르니에 궁 천장화를 완성했고 노년에도 판화, 도자기 제작에 몰두하였다. 역시 98세까지 살았던 억만장자 록펠러는 후반생을 자선으로 일관하였다. 그는 어머니와 아내를 기념하기 위하여 교회 4,928개를 지어 사회에 헌납하였다. 97세까지 살다간 첼로의 성자 파블로 카살스는 80세에 어머니 고향 푸에르도리코에 가성황리에 카살스 음악 축제를 개최하였고 95세에도 첼로 연주를 하였다.[122] 피터 드러커 박사 역시 95세에 사망할 때까지 강연을 멈추지 않고 현역으로 일했다. 인생이 100년간 지속된다면 지금까지 인류에 내려온 조언은 상당수 효력을 잃게 된다. 과거의 조언은 모두 인생이 50~60년 동안 지속되는 상황에 대한 조언이기 때문이다. 린다 그래튼과 앤드루 스콧은 70대나 80대까지 일할 것을 제안하고 있다.[123] 이화여자대학 최재천 교수 역시 『당신의 인생을 이모작하라』에서 UN 인구보고서를 인용하여 77세까지는 일해야 한다는 견해를 제시하고 있다.[124] 인생 전체에 대한 근본적인 재설계가 필요하다!

환송연

세계 최고봉 히말라야 에베레스트 산을 등정하기 위한 등반대가 네팔 현지로 출발하기 전 환송연이 있었다. 환송연에 참석한 사람들은 화기애애한 분위기 속에서 모두 등반대가 에베레스트 산 정상 정복에 성공하기를 기원해 주었다. 그러자 등반대 한 사람이 정색하고 말했다. 에베레스트 산 등반의 완성은 최고봉을 오르는 데 있지 않고, 정상 정복에 성공한 뒤 무사히 다시 이 자리로 귀환하는 데 있다고 말했다. 한 사람은 성공을 말하고 있고 다른 한 사람은 완성을 말하고 있는 것이다. 터닝 포인트라는 용어가 있다. 원래 공군에서 사용하는 용어라고 한다. 폭격기는 적의 군사시설을 폭격하는 것이 주 임무이다. 그러나 폭격에 성공했다고 임무를 완수한 것은 아니다. 폭격 임무는 무사히 이륙했던 기지로 돌아왔을 때 완성되는 것이다. 따라서 돌아올 연료가 부족하면 아무리 폭격에 성공했다고 하더라도 폭격기는 귀환 도중 추락하고 말 것이다. 그래서 계기판은 알려준다. 이제 돌아갈 때라고! 그것이 '터닝 포인트'이다. 우리도 인생에서 40대 후반 50대 초에는 그런 터닝 포인트를 맞이하게 된다. 마라톤 선수는 반환점을 돌면 옆에 놓여 있는 물 한 병으로 목을 축이면서 마음으로 후반부를 달리는 일정을 짠다. 인생 100세 시대에 50대 초는 인생의 터닝 포인트 시기이다. 국면이 전환되는 시기인 것이다. 이때를 잘 보내야 성공적으로 가을 시기에 안착하게 된다. 이때 필요한 것이 재무장이고 그것이 교육이다. 인생 100세 시대 사계절 인생지도에 의하면 겨울 시기만 25년이나 된다. 이 시기를 누워서 보낼 것인가? 두 다리로 서서 보낼 것인가? 스스로 질문해보아야 한다.

모든 신화에서 영웅은 도전을 극복하고 밤으로의 여행, 저승세계에서의 모험, 세계의 배꼽, 즉 세계의 중심으로의 여행이 끝나면 승리한 영웅은 신의 축복을 획득하고 그가 속한 사회를 구원할 불사약을 가지고 돌아온다.[125] 오래된 경전과 신화는 귀향 스토리가 가득 차 있다. 그리스도교 『신약성경』에는 네덜란드 화가 렘브란트 그림으로 묘사된 "돌아온 탕아" 이야기가 나온다.[126] 수메르 신화에서 최고의 여신 이난나는 죽음의 여왕 에레쉬키갈이 지배하는 지하세계로 내려갔다가 죽임을 당한다. 그러나 다시 저승에서 솟아올라 부활한다.[127] 조지프 캠벨은 『천의 얼굴을 가진 영웅』에서 항상 귀환이 순조로운 것은 아니라고 말한다.[128] 영화 "오디세우스"를 보면 고국으로 돌아온 오디세우스는 자신의 아내에게 구혼자들이 덤벼들고 있는 장면을 목격한다. 오디세우스 집을 점거한 구혼자들은 오디세우스 아내에게 오디세우스는 사망했을 것이고 돌아오지 않을 테니 자기와 결혼해달라고 압박하고 있다. 오디세우스는 이 문제를 해결하고 나서야 비로소 귀환을 완성할 수 있었다. 성인들도 마찬가지이다. 성인들은 2차 교육을 마치고 다시 직장에 귀환해야 한다. 얼마 전 유튜브 영상에서 60세 넘어서 새롭게 요리사로 취업한 사람이 소개되었다. 그분은 요리학원에서 교육을 받고 자격증을 취득해 고급 식당에 취직하는 데 성공하였다. 그러나 그것으로 끝이 아니었다. 직장 상사 요리사들은 모두 자신의 아들딸 뻘 나이였다. 그는 모든 상사에게 존댓말을 사용하였다. 성인들은 재취업에 교육을 마치고 준비를 끝냈다고 하더라도 직장을 선택하고 다시 현실과 마주쳐야 한다.

불사약

인생의 후반부를 만들어줄 불사약은 무엇일까? 바로 창의성이다. 인간에게 다시 생산성 향상을 가져오기 때문이다. 필자는 창의성 3단계 이론을 제시하고자 한다. 즉, 창의성이 발현되려면 창조의 불씨를 꺼뜨리지 않고 잘 보살펴 창조를 발현시켜 완성해야 한다. 인간은 나이가 들어감에 따라서 생산력이 하락하기 때문에 나이가 재취업에 크나큰 걸림돌이 된다. 어디든 베이비부머가 직장 문을 두드리면 모두 나이를 내세워 고개를 흔든다. 그것이 현실이다! 그런데 인간의 나이가 들어가더라도 생산력을 다시 복구시킬 비밀이 하나 있다. 그것은 창조의 불꽃이다. 창조의 불꽃은 인간의 창의성에 의하여 발현된다. 만약 나이가 들어도 창의성이 왕성하다면 그는 다시 교육받아 생산력을 올릴 가능성이 있다. 즉, 나이를 초월할 수 있는 것이다. 그러면 인간은 언제 가장 창의성이 왕성할까? 필자는 인생 후반전을 창의성의 관점에서 생각해 보았다. 인도 최초의 신은 불을 상징하는 아그니 신이다.[129] 유대 신비철학자 마르틴 부버Martin Buber의 『나와 너』를 보면 하

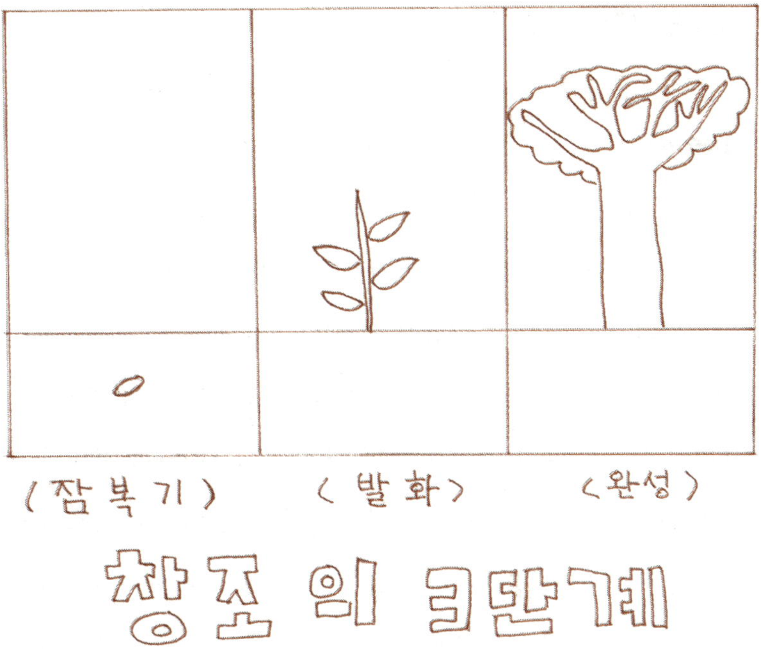

[그림 6] 창조의 3단계

느님의 불꽃 얘기가 나온다.[130] 성스러운 불꽃이 작용하듯이 창조의 불꽃이 타올라야 천재는 창조하게 된다. 천재는 마음속에 창조의 불씨를 가지고 선승이 화두를 궁구하듯이 한참을 보듬고 이리저리 굴리며 생각한다. 그러다가 어느 순간에 대오 각성하는 날이 온다. 그날 창조가 하늘을 밝힌다. 세상에 나오게 된다. 그리고 천재는 자신에게 주어진 나머지 시간을 활용하여 창조를 완성한다. 그것이 하나의 사이클이다.

나. 후반기 창의성

잠복기

창조란 일순간에 번개가 번쩍하듯이 한 번 창조가 발현되고 끝나는 것이 아니다. 심리학자 미하이 칙센트미하이Mihaly Csikszentmihalyi는 『창의성의 즐거움』에서 천재의 재능이 발현되려면 잠복기가 중요하다고 말한다.[131] 여러 천재의 사례를 보면 창조가 이루어지기 위해서는 먼저 잠복기가 있어야 하고 때가 되면 나무가 꽃을 피우듯 창조의 불꽃을 피워낸다. 그리고 창조가 발화한 뒤에는 창조의 완성기가 뒤따른다. 창조의 여정을 따라가 보자! 천재들은 잠복기 동안 마음속에 창조의 불씨를 만들고 불씨를 키워나간다. 알베르트 아인슈타인에게 창조의 불씨는 사고실험이었다. 로버트 루트번스타인과 미셸 루트번스타인이 공저한 『생각의 탄생』을 보면 아인슈타인은 교육자 요한 하인리히 페스탈로치가 세운 스위스 주립학교에 다녔다. 그런데 학교 설립자 페스탈로치는 언어는 시각적 기반 위에서 서 있어야 한다는 견해를 가지고 학생들에게 시각적 사고 훈련을 시켰다. 이 시각적 사고가 바로 물리학자들이 말하는 사고실험이었다.[132] 훗날 아인슈타인은 스위스 특허청에서 마음대로 사고실험을 하면서 상대성이론을 키워나갔다. 베르너 하이젠베르크의 『부분과 전체』를 읽어보면 하이젠베르크는 인복人福이 있는 사람이었다. 훌륭한 스승을 세 명이나 두었다.

아르놀트 조머펠트, 막스 보른, 닐스 보어가 그들이었다. 뮌헨에 있는 대학의 교수였던 스승 조머펠트는 하이젠베르크가 21세 때 독일 괴팅겐대학에서 개최된 보어축제에 그를 데리고 갔다. 하이젠베르크는 '원자핵물리학의 교황'이란 별명을 가진 닐스 보어로부터 양자역학 강의를 듣고 매료되었다. 닐스 보어가 강의를 마치자 당찬 청년이었던 하이젠베르크는 질문과 함께 자기 생각까지 피력하였다. 닐스 보어는 그 청년이 독일의 동료연구자 조머펠트가 데려온 학생이라는 것에 놀라 조머펠트와 하이젠베르크를 식사에 초대하여 이야기를 나누었다.[133] 이러한 만남은 하이젠베르크에게 양자역학이라는 창조의 불씨를 심어주었다. 닐스 보어가 '이상한 남자'라고 평했던 폴 디랙은 23세 때 시각적으로 묘사하기 어려운 양자의 움직임을 수식으로 표현하는 데 성공하면서 창조의 불씨를 키워나가기 시작했다. 물론 불씨를 꺼트리지 않은 것이 쉬운 일은 아니었다. 디랙은 경쟁자들도 자신과 비슷한 성과를 냈다는 친구 하이젠베르크의 편지를 받고 좌절하기도 하였다. 당시 양자역학은 50명의 물리학자가 치열하게 경쟁하고 있던 분야였다.[134]

조지프 캠벨은 영웅의 여정에는 조력자들이 있다고 이야기했다.[135] 천재들도 잠복기 동안 홀로 있지 않았고 누군가로부터 도움을 받았다. 바로 조력자가 있었다. 베르너 하이젠베르크가 본격적인 연구에 들어갔을 때 그에게는 스승 막스 보른과 동료 파스쿠알 요르단으로 이루어진 괴팅겐대학 드림팀이 있었다. 폴 디랙에게는 지도 교수가 있었다. 빙상 쇼트트랙 경기를 보면 선수들은 결승 테이프를 조금이라도 먼저 통과하기 위해 스케이트 날을 밀어 넣는다. 간발의 차이로 금메달과 은메달이 가려지기 때문이다. 학계도 마찬가지이다. 핵심적인 아이디어는 학자들끼리 공유한 경우가 많다. 다만 누가 먼저 설득력 있는 논문을 게재하는가에 따라 지적 재산권이 가려진다. 폴 디랙은 일분일초가 급한 논문 게재 문제를 대학원 지도 교수 파울러의 도움으로 해결하였다. DNA 구조를 밝혀낸 공로로 노벨상을 받은 제임스 왓슨은 프랜시스 크릭이라는 걸출한 공동연구자가 있었다. 건축가 안토니 가우디에게는 30대에 만나 평생 재정적으로 후원해준 구엘 백작이 있었다.

사이버네틱스 창시자 노버트 위너에게는 아버지 레오 위너가 조력자였다. 레오 위너는 하버드대학의 최초 유대인 출신 교수가 된 인물로 프리먼 다이슨의 『과학은 반역이다』를 보면 레오 위너는 집에서 아들이 그리스어와 라틴어는 물론이고 수학, 물리학, 화학까지 공부하도록 다그쳤다.[136] 그래서 그랬는지 노버트 위너는 18세 때 하버드대학에서 수리논리학으로 박사학위를 받았다. 피터 드러커의 크나큰 조력자는 오스트리아의 경제무역장관으로 지냈던 아버지였다. 드러커의 부모는 집에서 자주 파티를 열었다. 그 파티에는 오스트리아 재무장관이었던 헤르만 슈바르츠발트, 경제학자 조지프 슘페터, 드러커의 이모부였던 법학자 한스 켈젠 등 유명인사들이 모였다.[137] 『피터 드러커 나의 이력서』에 따르면 어느 날 식당에서 드러커는 아버지의 권유로 같은 식탁에 합석한 다른 가족의 가장과 악수를 했다. 악수 후 아버지는 드러커에게 "그분은 유럽에서 가장 중요한 분이란다."라고 말했다.[138] 그는 지그문트 프로이트였다. 드러커 부모의 폭넓은 사교 관계는 아들 피터 드러커의 인생관 형성에 큰 영향을 주었다.

불꽃

인생 후반기에도 창조의 불꽃이 피어날 수 있는가? 독자 여러분은 창조는 주로 젊은 시절에 하는 것이고 인생 후반부는 젊은 시절 이룩해놓은 창조의 부산물로 연명하는 시기로 생각하기 쉽다. 그러나 노자 『도덕경』에는 '대기만성'이라는 유명한 글귀가 있다. 크게 쓰일 그릇은 만드는 데 오랜 시간이 든다는 의미이다. 필자가 조사해본 결과 인생의 후반기에 꽃피운 사람들도 적지 않다는 것을 알 수 있었다. 본서의 사계절 인생지도에 따르면 인생의 가을 시기인 51세부터 75세까지는 100세 인생에서 인생의 전반기가 끝나고 후반기에 접어드는 시기이다. 이 인생의 후반기를 남다르게 보내는 사람들도 적지 않다. 이들은 자신의 전문성을 더욱 연마하여 이에 창의성을 보태면서 인생의 전반기보다 인생의 후반기에 최고의 성과를 내었다.

짓기 시작한 지 100년이 넘었지만 아직 완성되지 않은 건축물이 있다. 건축가 안토니 가우디가 66세에 짓기 시작한 사그라다 파밀리아(성가족) 성당 이야기이다. 이 건물은 직선이 아닌 곡선이 두드러진

혁신적인 건축물이다. 정신분석학의 창시자 지그문트 프로이트는 인생의 후반기에 들어선 54세 때 정신분석학회를 창립함으로써 정신분석학의 학문적 토대를 닦았다. 그는 58세 때 『무의식에 관하여』를 출간하고, 61세 때 『정신분석학 입문』을 출간하였다. 인공두뇌학의 창시자 노버트 위너Norbert Wiener는 70년 생애 중 54세 때 대표작 『사이버네틱스Cybernetics』를 출간하고 56세 때 『인간의 인간적 활용』을 발간하였다. 영국의 경제학자 존 메이너드 케인스는 62년의 생애 중 후반부인 53세 때 경제학 패러다임을 바꾼 저서 『고용, 이자 및 화폐에 관한 일반이론』을 출판하였다. 보통 '일반이론'이라고 부르는 이 책은 제2차 세계대전 후 국가가 경제에 개입하는 이론적 근거를 제공하였다. 앞에서 언급한 이들의 공통점은 무엇인가? 모두 인생 후반부에 창의성을 발휘한 사람들이다. 이러한 사례들은 성인교육에 하나의 시금석이 된다. 이들은 성인 학습자에게는 첫 번째 펭귄 역할을 한다. 남극에 사는 펭귄 무리는 처음부터 바다로 뛰어들려고 하지 않고 머뭇거린다. 그러나 한 마리의 펭귄이 용기 내어 물에 뛰어들면 나머지 펭귄들도 바다로 뛰어든다. 이 선구자들이 인생 후반부에 창조성을 발휘하였다면 우리도 가능성이 있다.

완성

진정 위대한 사람들은 고목에 꽃이 피듯이 인생 3모작 시기인 겨울 시기에 화려한 꽃을 피워낸다. 창조의 완성은 창조의 불꽃을 마무리 짓는 일이다. 95세에 생을 마감한 피터 드러커는 과거에 자신이 썼던 것들을 모아 91세, 92세에 『프로페셔널의 조건』, 『변화리더의 조건』, 『이노베이터의 조건』을 출간함으로써 기나긴 창조생활의 마무리 작업에 들어갔다.[139] 역시 95세까지 생존했던 20세기 최고 피아니스트 아르투르 루빈슈타인은 90세에 은퇴공연을 하였다. 지그문트 프로이트는 83세로 사망할 때에도 "정신분석학개론"을 집필 중이었다. 요한 볼프강 폰 괴테는 24살에 착안했던 그의 대표작 『파우스트』를 죽기 1년 전인 82세에 완성하였다.[140] 84세까지 장수한 진경산수화를 그린 거장 겸재 정선은 여든 살에 금강산 총석정을 그렸다. 노버트 위너는 그가 사망한 해인 70세에 로봇시대를 알리는 예언서, 『신과 골렘 God&Golem,Inc』을 출간하였다.[141] 창조는 그저 천재들만의 이야기인가? 독자 여러분은 이렇게 말할지도 모른다. "이 사람들은 하늘이 내린 천재가 아닌가? 우리 같은 평범한 사람들과 비교하는 것은 무리이다. 저자가 너무 나가고 있다!"라고. 그러나 우리 각자는 자신만의 인생극장에서 창조의 삶을 살고 있다. 창조란 것이 반드시 아인슈타인의 상대성이론 같은 전무후무한 논문을 쓰거나, 베토벤의 "합창"과 같은 웅장한 교향곡을 작곡하거나, 아담 스미스의 『국부론』과 같이 대단한 책을 쓰는 것은 아니다. 우리는 각자의 삶 속에서 창조적으로 살고 있다. 조선시대 세종대왕에 관한 일화가 기억이 난다. 세종대왕은 말년에 자신과 사주팔자가 같은 사람이 있다면 그는 무엇을 하고 있는지 궁금해했다. 그래서 전국에 자신과 사주팔자가 같은 사람이 있는지 수소문하였다. 결국 자신과 사주가 같은 노인 한 명을 찾아내 궁궐로 초대하여 물어보았다. "나는 일국의 군주로 살고 있는데 당신은 평민이 아닌가?" 그러자 그 노인이 응답하였다. "소신은 자손이 많아 다복하며 벌을 키우는 양봉을 하면서 수십만 마리 벌들의 왕으로서 남부럽지 않은 삶을 살고 있습니다. 더구나 벌꿀을 상시 복용하여 건강합니다." 각자의 인생 무대에서 왕이면 된다. 처음으로 돌아가 보자! 나이가 장애물이라는 것은 맞다! 인정할 것은 인정하자. 그러나 인생 후반부에도 창의성은 작동한다.

다. 관계근로자

당위성

미래 근로자는 어떤 모습이어야 하는가? 필자는 앞에서 인공지능과 로봇시대를 맞이하여 근로자는 1세대 근로자 → 2세대 근로자 → 3세대 근로자로 진화한다고 설명하였다. 그러나 근로자가 자신의 능력 중에서 무엇을 사용하는가에 따라서 근로자를 다른 각도에서 바라

볼 수 있다. 근로자가 자신의 근육을 주로 사용하는지, 근로자의 두뇌 중 인지기능을 주로 사용하는지 아니면 사회적 관계 기술을 활용해야 하는 지에 따라서 근로자는 육체근로자 → 지식근로자 → 관계근로자로 진화한다고 볼 수 있다. 산업혁명 초기에는 포드자동차의 사례에서 볼 수 있듯이 업무가 단순작업으로 세분화되고, 각 작업 역시 표준화되었기 때문에 근로자들은 업무를 수행하는 데 특별한 전문지식이 필요 없었다. 오히려 기업이 필요로한 사람은 지루한 반복 작업을 견뎌낼 만한 튼튼한 육체 소유자였다. 그러나 공장의 자동화가 더 진척되고, 기업규모가 더 커지고 업무가 복잡해지자 지식근로자가 필요하게 되었다.[142] 이들은 육체근로자보다는 더 많은 교육을 받은 고학력 근로자들이다. 그러나 인공지능 시대가 오고 인공지능이 고숙련 인지노동도 할 수 있게 되자 지식근로자도 위기에 내몰리고 있다.

인공지능 로봇에 직면한 미래 근로자는 어떤 모습이어야 하는가? 『인간은 과소평가 되었다』에서 제프 콜빈Geoff Colvin은 직업과 관련한 당위성의 기준을 내세운다. 그는 더 이상 인공지능이 흉내낼 수 없는 직업을 발견하기 위해 애쓰지 말라고 조언했다. 왜냐하면 번번이 인공지능이 인간의 예상을 넘어서 인간보다 나은 능력을 보여줄 것이기 때문이다.[143] 제프 콜빈은 역으로 설령 인공지능이 인간보다 잘할 수 있을지라도 인간이 하는 것이 마땅하다고 생각되는 분야를 발굴하자고 말한다.[144] 필자는 미국 메이저리그 야구경기에서 인간 심판을 기계 심판으로 대체하자는 이야기가 나온 것을 기억한다. 판정의 정확도로 말하자면 기계 심판이 인간 심판보다 낫다. 문제는 기계 심판을 운영해보니 야구게임의 재미가 줄었다는 것이다. 관중들이 메이저리그 경기를 보는 이유는 판정의 정확성이란 가치기준에 만족하기 위해서가 아니다. 9회말 역전드라마 같이 야구경기 자체가 스릴이 넘치고 재미있기 때문이다. 야구심판의 잘못된 결정도 재미의 한 요소인 것이다. 당시 메이저리그 운영자들은 기계 심판을 사용하지 않기로 결정했던 것으로 기억한다. 고전파 경제학자 데이비드 리카도는 설령 한 나라가 다른 나라에 비하여 농산물이나 공산품 생산에서 모두 우위에 있다고 하더라도 상대방 국가는 상대적으로 더 우위에 있는 제품을 수출하고 열위에 있는 제품을 수입하는 것이 두 나라 모두에게 낫다는 무역이론을 전개한 바 있다. 제프 콜빈의 제안은 설령 인공지능이 기능 면에서 인간보다 우위에 있다고 하더라도 인간이 상대적 우위에 있는 직업은 인간이 유지하도록 제도를 구축하자는 이야기로 해석할 수 있다.

상식

관계근로자는 어떤 특징을 가져야 하는가? 다른 말로 하면 인간은 어떤 면에서 인공지능 로봇보다 상대적 우위에 있어야 하는가? 필자는 상식과 공감이라고 생각한다. 먼저 상식부터 살펴보자. 로봇 설계의 개척자인 한스 모라벡 Hans Moravec은 "사람에게 쉬운 것은 기계가 어려워하고, 기계에게 쉬운 것은 사람이 어려워한다."라는 '모라벡의 역설'을 말한 바 있다.[145] 요즈음 이 현상은 인공지능 역설이라고 부르기도 한다. 바둑과 같이 인간에게 어려운 일이 인공지능에게 쉬운 반면, "코끼리가 방문을 통과할 수 있을까?"라는 질문에 대해 인간은 바로 대답하지만 인공지능은 어려워한다.[146] 왜 그런가? 인공지능의 개척자인 마빈 민스키Marvin Minsky는 『마음의 사회』에서 사람들이 막연하게 상식이라고 부르는 것이 전문적 기술보다 더 난해하다고 말한다. 왜냐하면 전문기술은 대부분 미적분학처럼 100개 남짓한 비슷한 사실들로 구성되지만, 상식은 훨씬 광범위하고 다양한 지식으로 구성되기 때문이다.[147] 상식의 난해함은 2014년 마이크로소프트 공동창업자가 세운 앨런인공지능 연구소의 주요과제가 상식을 가진 컴퓨터 제작인 점에서도 엿볼 수 있나.[148]

상식이라는 것은 무엇일까? 상식이란 영어로 'common sense'이다. 상식은 사람과 사람 간에 공유된 지식이다. 인공두뇌학의 창시자 노버트 위너는 『인간의 인간적 활용』에서 의사소통능력, 즉 커뮤니케이션에 주목하였다.[149] 의사소통 관점에서 생각해보면 인간이 인공지능이나 로봇과는 의사소통하지 않고 인간끼리만 의사소통한다면 무엇 때문일까? 운전할 때 앞 차가 왼쪽 깜빡이등을 켜면 우리는 앞에 가는 차가 왼쪽으로 갈 것이라고 예상한다. 실제로 앞 차가 왼쪽으로 가면 우리는 그 운전자를 신뢰하게 된다. 그런데 앞 차가 왼쪽 깜빡이등을 켜고는 오른쪽으로 가면 우리는 그 운전자가 상식에 어긋났다고 생각하여 경계하게 된다. 상식이란 인간의 합리적 행동뿐만 아니라 비합리적 행동까지 포함한 행동준칙의 집합체이다. 인간은 상식을 가지고 있고 인공지능이나 로봇은 상식을 가지고 있지 않기 때문에 인간은 인간과 의사소통하는 것이 편안하게 느껴질 것이다.

공감

공감능력이란 무엇인가? 다른 사람의 생각과 느낌을 알아차리고 적절히 대응하는 능력을 말한다.[150] 인간은 동물이다. 동물은 복잡한 환경에 대처하기 위해 두뇌를 가지고 있다. 그런데 뇌가 하나의 결정을 하는 데 감정이 중요한 역할을 담당한다. 아직 로봇은 감정이란 메커니즘으로 설계되어 있지는 않다. 공감을 가지려면 2차적 감정을 가져야 한다. 보통 동물들은 1차적 감정은 가지고 있으나 인간 수준의 2차적 감정까지 가진 동물은 드물다. 따라서 공감능력은 인간 고유의 능력이라고 할 수 있다. 그래서 그런지 문명비평가 제레미 리프킨Jeremy Rifkin과 미래학자 다니엘 핑크는 『공감의 시대』와 『새로운 미래가 온다』에서 각각 공감능력을 중요시하고 있다.[151] 미래 작업방식으로 주목받고 있는 디자인 씽킹Design Thinking이란 분야가 있다. 대니얼 링Daniel Ling의 『디자인 씽킹 가이드북』에 의하면 디자인 씽킹이란 어떤 제품의 사용자가 놓인 상황, 문화적 환경 등을 전방위적으로 함께 느끼고 공감하는 단계를 시작으로 그 뒤의 문제를 정의하고 이를 해결하기 위

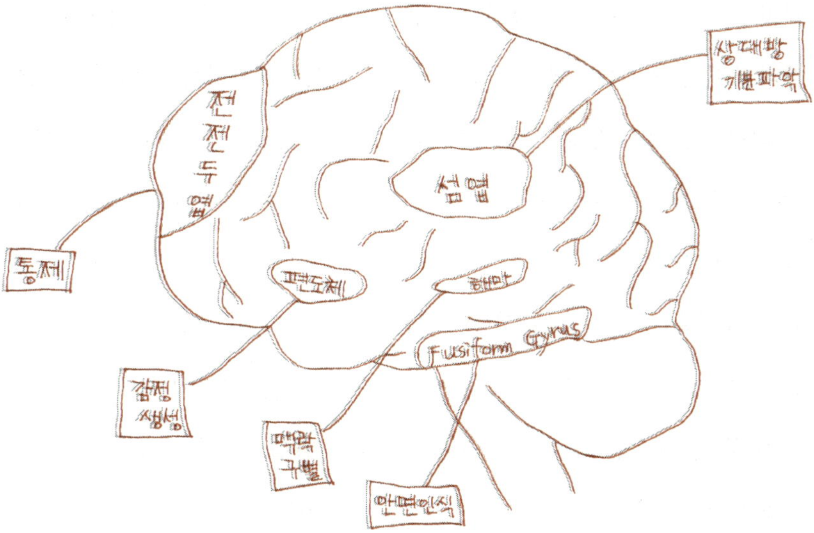

[그림 7] 관계 근로자의 감정 두뇌

한 아이디어가 제출되면 이를 바탕으로 프로토 타입을 만들고 테스드 하는 과정으로 이루어져 있다.[152] 여기서 가장 중요한 단계는 공감단계이다.

결국 미래 근로자는 상식을 갖춘 공감능력이 있는 근로자일 것이다. 다른 말로 하면 제프 콜빈이 제안한 관계 근로자이다. 필자가 생각하고 있는 관계 근로자는 관계형성 능력이 있는 근로자를 의미한다. 왜 그런가? 미래 인간이 인공지능 로봇과 접촉이 많아질수록 인지능력에 비하여 관계형성 능력이 희소해질 것이기 때문이다. 공감능력이 떨어지기 시작한 것은 오래전이다. 텔레비전이 등장한 이후 공원에서 산책하거나 야외에서 스포츠를 하는 대신 적지 않은 시간을 텔레비전 앞에서 보내고 있다. 현대인은 대부분 사람들과 대면접촉을 기피할 뿐만 아니라 서로 휴대폰으로 음성을 교환하는 것마저 기피해서 의사소통의 대부분을 문자메시지에 의존하고 있다. 따라서 미래로 갈수록 공감능력의 가치는 올라갈 것이다. 정서신경과학의 창시자인 리처드 데이비슨Richard Davidson에 의하면 [그림 7]에서 보듯이 인간의 두뇌는 감정을 관리할 다양한 기관들을 갖추고 있다. 예를 들어 전전두엽은 편도체에 혐오감, 분노, 공포감과 같은 감정을 억제하라는 신호를 보낸다. 해마는 서로 다른 상황에 대한 판단능력을 보유한다. 따라서 해마에 손상이 생긴 사람은 정상적 상황과 위급한 상황을 구별하지 못해 정상적이고 안정된 상황을 위급상황으로 잘못 인식할 가능성이 있다. 섬엽은 상대방의 기분을 파악하는 기능을 담당한다.[153] 협력하려면 서로 공감을 해야 한다. 공감하려면 상식이 있어야 한다. 미래는 공감이 약해질 수밖에 없는 환경이다. 따라서 관계형성 능력은 더욱 중요해질 전망이며 미래의 주된 근로자는 관계 근로자일 것이다.

라. 제2의 르네상스

물극필반

지금은 어떤 시대인가? 현대는 뷰카vuca의 시대, 즉 변동이 심하고volatile, 불확실하고uncertain, 복잡하고complex, 모호한ambiguous 시대이다.[154]

왜냐하면 물질의 시대에서 정신의 시대로 넘어가는 과도기이기 때문이다. 미래는 어떤 시대인가? 제2의 르네상스 시대이다. 동양 고전 『주역』과 노자 『도덕경』을 관통하는 핵심사상은 물극필반物極必反이다. 한 쪽 방향으로 가다가 극단에 이르게 되면 반드시 반대 방향으로 되돌아온다는 의미이다.[155] 최근 인류역사 500년은 물질의 시대라고 정의할 수 있다. 진원지는 유럽 대륙이었다. 15세기 후반 무렵 유럽의 역사에는 세 가지 상징적인 사건이 발생하였다. 제일 먼저 1440년경 구텐베르크의 활자인쇄 혁명이 발생하였다. 엘리자베스 아이젠슈타인의 『근대유럽의 인쇄미디어 혁명』을 보면 2~3년 사이에 인쇄 공방이 유럽 도시 중심부에 건설되었으며, 인쇄술의 발달은 과학의 발달을 촉진시켰다. 예를 들어 천문학의 경우, 코페르니쿠스는 망원경이 발명되기 전에 천동설을 지동설로 바꾼 위대한 업적을 이루었다. 이 업적은 인쇄 업자인 레기오몬타누스로부터 학술서 인쇄목록을 제공받는 등 천체력과 관련된 풍부한 문헌들의 도움을 받은 덕분에 이룰 수 있었다. 폭발적으로 늘어난 책들이 유럽 전역에 유통되면서 유럽 대륙은 하나의 문명권으로 통합되었다.[156] 1492년에는 콜럼버스가 신대륙을 발견함으로써 동양의 값비싼 향료 등 물질적 동기가 촉발한 대항해시대가 본격적으로 개막하였다. 1499년에는 미켈란젤로가 "피에타"상을 제작하였다. 이는 인간의 신체를 마음껏 드러내었던 그리스-로마 문명의 부활을 알리는 르네상스의 신호였다. 16세기가 되면서 포르투갈, 스페인, 네덜란드, 영국이 차례로 인도 항로와 신대륙 항로를 개발하였으며, 아시아, 아메리카, 유럽 대륙은 단일 경제권으로 통합되었다. 17세기가 되자 유럽에 과학혁명이 일어나 아이작 뉴턴은 만유인력 법칙으로 새로운 우주론을 제시하였다. 18세기가 되자 아담 스미스의 『국부론』은 국가 간 물질의 이동을 국제무역이론으로 설명하였다. 19세기에는 찰스 다윈이 『종의 기원』을 출간하여 세계관을 바꾸어 놓았다. 그리고 20세기에 들어서자 알베르트 아인슈타인의 상대성이론이 나오면서 뉴턴의 역학을 대체하였다. 모두 물질을 중시하였다. 제1의 르네상스 이후 500년간 지속되었던 물질의 시대는 1969년 닐 암스트롱이 달에 착륙하면서 마무리되었으며, 정치적으로는 1945년부터 아시아와 아프리카 대륙의 식민지들이 독립함으로써 종식되었다.

이제 제2의 르네상스 시대가 오고 있다. 제2의 르네상스 특징은 무엇인가? 제1의 르네상스가 정신의 시대에서 물질의 시대로 간 것을 상징한다면 제2의 르네상스는 물질의 시대에서 정신의 시대로 회귀함을 의미한다. 과거 500년간 정신의 시대에서 물질의 시대로 이동했던 시계추는 이제 다시 반대 방향, 즉 물질의 시대에서 정신의 시대로 이동하고 있다. 왜 그런가? 경제학도라면 누구나 들어보았을 희소성의 법칙이 작용하기 때문이다. 대량생산으로 말미암아 물질이 풍부해져 점차 물질의 가치는 하락하고 있다. 이와 반대로 인간의 정신 영역은 줄어들고 있어 희소해진 정신의 가치는 오히려 높아지고 있다. 따라서 가치가 높아진 정신을 따라 정신의 시대로 가고 있는 것이다. 제

1의 르네상스 시대가 물리학, 화학, 천문학, 생물학 등의 지원을 받았다면 제2의 르네상스 시대는 인류학, 동물행동학, 고고유전학, 뇌과학 등의 지원을 받는다. 뇌과학은 기능성자기공명영상과 같은 새로운 영상 촬영기기의 도입으로 인간 정신을 분자적 수준에서 연구하고 있다. 고고유전학은 염기서열 분석기라는 획기적 기기의 도입으로 인류의 문화적 진화를 과학적 토대 위에 복원하고 있다.[157] 동물행동학은 인간과 동물의 연속성 속에서 인간문화의 진정한 의미를 재검토하고 있다. 철학의 움직임도 의미심장하다. 수천 년간 인간을 연구대상으로 했던 철학에 20세기 후반에 들어서 과학철학이 생겨났다. 그러나 최근 독일의 철학자 마르쿠스 가브리엘은 『왜 세계는 존재하지 않는가』에서 "우주는 전체보다 작다"라고 주장하면서 과학적 세계관이 유일한 기준이 된 것을 비판하였다. 가브리엘 교수는 "자연과학이 연구하지 않는 것에도 '참'인 것이 많다. 문학은 물리학 못지않게 객관적이며 진리 능력을 가진다."라는 견해를 밝히고 있다.[158]

20세기 후반부터 뚜렷하게 나타난 현상이 있다면 그것은 '고용 없는 성장'이다. 현재 잘나가는 IT기술 기업들의 고용창출력을 보면 명확하다. 1955년 미국의 자동차회사 제너럴 모터스는 60만 명을 고용하고 있었다. 오늘날 그에 맞먹는 미국의 대표기업 구글은 5만 명을 고용했다. 페이스북의 직원은 5,000명뿐이다. 페이스북이 2014년에 사들인 왓츠앱은 직원이 55명뿐이었는데 시장가치는 소니 계열사 전체보다 많았다.[159] 21세기는 제4차 산업혁명의 도래로 인간이 닫고서 있는 땅이 흔들리는 시대이다. 유발 하라리는 『호모 데우스』에서 미래 인공지능이 인간을 대체한다는 암울한 견해를 제시한다. 구글 검색을 해보라! 미래 사라질 직업 명단이 넘쳐나고 있다. 그러나 사람들은 없어질 직업보다는 앞으로 생겨날 직업에 관심이 더 많을 것이다. 이제 새로운 직업에 눈을 돌려야 할 때이다. 이제 인정할 것은 인정하자. 그리고 취업 가능성이 높은 새로운 분야를 찾아야 한다! 21세기의 키워드는 무엇일까? 필자는 공감, 불안, 정신건강이라고 본다. 과거 500년은 물질을 추구해온 시대였다. 그리고 확실성의 시대였다. 자신감이 넘치는 시대였으며 인류의 진보를 믿는 시대였다. 21세기는 인공지능과 로봇이 본격적으로 출현하는 시대이다. 인공지능과 경쟁하는 인간은 공감의 가치에 주목하고 있다. 생물인 인간이 무생물인 인공지능 로봇과 협업을 해야 하니 불안이 점증하는 시대이다. 이제 육체 건강보다는 정신 건강이 키워드가 될 것이다. 미래 직업은 이러한 키워드를 중심으로 새롭게 창출될 것이다. 기존 직업들은 인공지능을 융합하여 새롭게 태어날 것이다.

생겨날 직업

대부분 선진국도 200년 전만 해도 농업사회였다. 그러나 현재 농가 인구는 전체 인구의 2% 정도이다. 1차 산업혁명이 발생한 지 불과 7세대 만의 결과이다. 4차 산업혁명 시대 새로운 직장은 어디에서 생겨나는가? 필자는 창의성 교육, 인간의 정신, 로봇, 사이보그 분야에서 새로운 직장이 생겨날 것이라 생각한다. 먼저 교육 분야부터 살펴보자. 과거 500년이 환경에 관해 관심을 가진 시대였다면 21세기부터는 인간에 대한 관심이 증대되는 시대라고 생각된다. 그리고 인간에 대한 관심 중에서 인간의 직업에 대한 관심이 가장 중요할 것이다. 왜냐하면 직업이 있어야 소득이 창출되고, 소득이 창출되어야 동물로서 인간의 존재가 지속할 수 있기 때문이다. 그런데 인공지능의 도래는 인간에게 반복적 작업을 통한 소득 창출을 어렵게 만든다. 결국 미래에도 직업을 유지하기 위해서는 창의성을 개발해야 하는 방향으로 모든 것들이 개편될 것이라고 본다. 왜냐하면 업무 자체가 창의적 특성을 가져야 고용주는 보수를 주려고 할 것이기 때문이다. 교육도 창의성을 개발하는 방향으로 바뀔 것이다. 사실 수천 년 동안 교육이란 선조의 지혜를 물려받는 것이 핵심이었다. 그러나 이제 그러한 선조의 지혜는 데이터베이스에 상당 부분 저장되어 있다. 별도의 교육이 필요 없게 되었다. 데이터를 검색할 수 있는 능력만 갖추면 구태여 교육을 따로 받을 필요가 없게 된 것이다. 미래에는 개인의 능력이 과거의 정보를 얼마나 알고 있는가에 달려 있지 않고 무언가 새로운 것을 창안해내는 능력에 달려 있다. 이미 인간의 창의성을 계발하는 방법에 대한 연구가 이루어지고 있다. 드 보노는 『드 보노의 수평적 사고』에서 창의성이 특별한 천재만 소유하고 있는 것이 아니라 보통 사람도 창의성을 계발할 수 있다는 견해를 밝혔다.[160] 그의 여섯 색깔 생각의 모자는 유명하다. 왜 유대인들 중에는 창의성의 정점에 도달한 사람에게 주어지는 노벨상 수상자가 많을까? 하브루타 교육에 대한 연구도 진행 중이다. 한편 1946년 러시아 과학자 겐리히 알츠슐러에서 기원한 트리즈 교육 역시 창의적 문제해결은 머리가 좋아야 하는 것이 아니라 기술적으로 교육이 가능하다는 입장을 제시했다. 미래에는 교육이 창의성을 체계적으로 발달시키는 교육으로 전환이 이루어질 것이다. 따라서 창의성 계발에 대한 교육수요와 직업이 늘어날 것이다.

두 번째 직업은 인간 정신에 대한 치료 분야이다. 필자는 가족과 함께 동물원에 간 적이 있다. 거기서 우리 안에 갇혀 있는 곰을 보았다. 곰은 반복적으로 몸을 좌우로 흔들고 있었다. 동물행동학자 데즈먼드 모리스의 『인간 동물원』은 동물 이상행동에 대한 설명을 하고 있다. 초원에서 살도록 진화해온 동물을 동물원에 가두어 놓으면 이상행동을 한다는데, 아무리 먹이를 잘 주고 안전하게 보호하여도 동물원이라는 편안한 환경 자체가 동물에게는 비정상적 상황이기 때문이다. 더구나 관광객들이 계속 몰려오면 동물은 과잉자극에 노출된다. 동물은 이에 대응하여 판박이 행동을 함으로써 긴장을 누그러뜨린다. 데즈먼드 모리스가 예시한 판박이 행동으로는 신체 근육의 일부를 씰룩거리기, 오락가락하기, 펄쩍펄쩍 뛰어오르기, 몸을 앞뒤나 좌우로 흔들기, 제자리에서 맴돌기 등이 있다.[161] 동물원의 동물만 이상행동을 보이는가? 최근 100세 시대의 도래와 함께 세계적으로 광범위하게 벌어지는 현상의 한 가지는 도시화이다. 2018년 유엔경제사회국이 발표한 "세계 도시화 전망 보고서"에 의하면 2050년까지 25억 명이 도시로 진입한다. 이 중에서 두드러지는 국가는 인도와 중국, 나이지리아이다. 인도는 4억 2천만 명, 중국은 2억 5천만 명, 나이지리아는 1억 9천만 명이 새롭게 도시로 진입할 것으로 전망된다.[162] 그런데 데즈먼드 모리스는 저서 『인간 동물원』에서 초원을 뛰놀던 사자와 얼룩말이 동물원에 갇혀 있는 것은 원래 초원에 살던 인간이 도시에 거주하는 것과 비슷한 상황이라고 말한다. 워싱턴대학 고든 오리언스Gordon Orians 교수의 '사바나 가설'에 의하면 인간은 사바나 초원이 내려다보이는 곳에 주거지를 정하는 본능이 있다. 지금도 인간은 그런 수렵·채집인의 정서를 가지고 있다. 인류는 호모 에렉투스 이래로 200만 년 동안 50명이나 60명이 하나의 부족을 이루어 이동하며 살아왔다. 그러니 인류는 길어야 8,000년 전부터 5,000명 또는 1만 명이 모여 사는 도시를 만들었고 현대에 와서는 도시 한 곳에 1백만 명이 모여 살고 있는 경우도 생겨났다. 최근에는 1,000만 명이 넘는 도시도 출현하였다. 인간은 200만 년 전체 인류 역사의 99.5%의 기간 동안 사바나 초원에서 살다가 갑자기 1만 년 인류 역사 전체의 0.5%라는 극히 짧은 기간 동안 도시에 거주하고 있다. 인간은 아직 도시에 살기에 적합하도록 진화하지 않았다! 불안이 증대할 수밖에 없는 상황이다. 롤프 옌센과 미카 알토넨은 『르네상스 소사이어티』에서 미국이나 유럽 성인의 25%가 치료가 필요한 수준의 정신질환을 앓고 있으며, 아시아도 다르지 않을 것이라고 예측한다.[163]

이제 인간의 손으로 만든 인공지능과 로봇이 인간보다 능력 면에서 우위를 보인다. 이미 일부 기업들은 인재 초빙을 인공지능에게 맡기고 있다. 인간이 인공지능을 제어하는 것이 아니라 인공지능이 인간을 판단하는 위치에 있는 것이다! 이러한 상황은 인간에게 정신적으로 크나큰 타격을 입힐 것이다. 에드워드 윌슨은 미래학자 리처드 왓슨의 『인공지능 시대가 두려운 사람들에게』에 대한 서평에서 "인간의 진짜 문제는 인간의 정서는 구석기시대에 머물러 있는데 기술은 신의 경지에 이르렀다는 데 있다."[164]라고 하였다. 인공지능이 발전하면 할수록 인간의 정신이 입는 타격의 강도가 세질 것이다. 따라서 정신 관련 질환이 많이 늘어날 것이다. 독일에 거주하고 있는 철학자 한병철은 『피로사회』에서 "신의 죽음 이후에 건강이 여신의 자리에 등극하였다."[165]라고 말한다. 그러나 현대인들은 주로 육체 건강에 힘을 쏟고 있다. 어느 종합병원이든 육체의 질병은 내과, 호흡기 내과, 외과, 정형외과, 종양외과, 안과, 피부과, 산부인과, 영상의학과 등 여러 군데에서 나누어서 진료하고 있다. 그런 데 비하여 정신의 질병은 정신과 단 한 군데에서 전담하고 있다. 르네 데카르트의 이원론처럼 인간이 정신과 육체로 이루어져 있다면 왜 육체의 질병을 다루는 곳은 그렇게 많은데 정신의 질병을 다루는 곳은 단 하나인가? 미래에는 정신과가 세분화될 것이다. 왜 그런가? 도시화가 진전되고 인간이 인공지능 로봇의 출현에 노출될수록 인간의 정신은 타격을 입을 가능성이 크기 때문이다. 이제 뇌과학이 발달함에 따라서 인간의 정신을 세분화하여 들여다볼 수 있게 되었다. 따라서 성인의 우울증 클리닉, 로봇과 상호작용 클리닉, 청소년의 학업좌절, 게임중독 클리닉, 노인 치매 클리닉, 노인 정신 컨설팅 클리닉 등 정신질병 분야가 세분화되고 관련 산업의 부상으로 정신 영역에서 발생하는 질병을 다루는 의료산업이 거대하게 성장할 것이다.

또 하나 주목받을 신규 직업은 휴먼스킬 관련 직업이다. 휴먼스킬은 인간의 감정을 다루는 기술을 말한다. 전 세계적으로 1인 가구가 폭발적으로 증대하고 있다. 1인 가구의 증대는 사람과의 의사소통이 서투른 사람이 많아지는 것을 의미한다. 그에 따라 휴먼스킬이 더욱 필요하게 될 것이다. 뇌과학자들의 연구에 의하면 감정과 인지는 전전두엽과 편도체가 연결되어 있듯이 서로 연결되어 있다. 과거에는 감정은 불완전한 것이고 이성의 근원지인 인지는 대단한 것으로 보았다. 그러나 동물행동학자 프란스 드 발에 의하면 감정은 본능과 다르다.[166] 그동안 철학은 임마누엘 칸트의 『순수이성비판』이란 책 제목에서 볼 수 있듯이 주로 인간의 이성을 연구해왔다. 그러나 의사결정을 총괄하는 전전두엽은 최근에 진화된 기관이지만 반면 감정을 다루는 편도체는 오래전부터 있던 기관이다. 그렇다면 전전두엽이 발달하기 전에는 인간의 행동은 어떤 형태를 취하든 간에 편도체의 영향을 무시할 수 없다. 최근 뇌과학은 감정 → 호르몬 → 동기부여 → 행동의 연쇄 작용을 연구하고 있다. 얼마 전까지만 해도 뇌의 정보전달은 주로 전기신호로 이루어진다고 생각했었다. 그러나 최근의 연구 결과

호르몬을 비롯한 신경화학 물질이 무려 100종 넘게 존재하는 것으로 밝혀지고 있다. 신경화학 물질의 역할이 적다면 구태여 100종 넘게 존재할 이유가 있을까? 감정은 결국 행동의 시발점이다. 미래 감정을 다루는 휴먼스킬 관련 직업이 더욱 중요해질 것이다.

고등학교에 다닐 때 미술수업 시간에 고전파 앙구르의 그림에서부터 현대 작가의 그림까지 유명작가들의 그림을 환등기로 본 적이 있다. 그중에서 인상적인 작품 중 하나는 뭉크의 "절규"라는 그림이었다. 이 그림은 현대인의 불안을 잘 나타낸 작품이다. 법학 수업을 들어보면 먼저 기본권을 배운다. 기본권이란 시민사회 형성 초기 재판 절차 없이 시민이 부당하게 구금, 억류당하지 않을까 하는 불안을 근절하기 위한 장치였다. 그런데 최근 들어 새로운 종류의 불안이 출현하였다. 누구나 휴대폰에 낯선 번호가 뜨면 혹시 보이스 피싱 전화가 아닐까 하는 불안을 느낄 것이다. 최근 "미래 유망직업 100가지" 기사에서 '정보보호 컨설턴트'라는 직업이 눈에 띈다.[167] 왜 이런 직업이 미래 유망직업 후보가 되었는가? 이제 일반시민들이 정보 누출에 대한 불안을 느끼고 있기 때문이다. 사회가 언택트 시대로 가면 갈수록 사람은 디지털 수단을 통하여 다른 사람과 의사소통하게 된다. 따라서 정보가 전달되는 중간에 누출될 위험이 더욱 커지고 있다. 예를 들어 이메일은 매우 취약한 상태이다. 비밀번호만 알게 되면 얼마든지 해킹이 가능하다. 이제 누구나 휴대폰이나 이메일 등 주요 의사소통 수단을 외부로부터 보호하는 것이 필요한 세상이 되고 있다. 미래에는 다양한 차원에서 개인의 정보를 관리해주는 종합보안관리 회사가 출현하고 정보보안 서비스 산업이 부상할 것이다.

필자는 지금까지 주로 정신에 관련된 분야를 다루었다. 그러나 미래 직업을 창출할 잠재력이 가장 큰 산업은 로봇산업일 것이다. 인공지능 시대 초기인 지금은 인공지능에 관심이 쏠려 있다. 그러나 후기 인공지능 시대는 인공지능과 로봇이 결합하는 시대일 것이다. 앞에서 말했듯이 보스턴 다이내믹스가 개발한 아틀라스 로봇이 움직이는 모습은 한마디로 놀라웠다! 더는 SF 영화 "스타워즈"에서 봤던 뒤뚱뒤뚱 걸어가는 로봇이 아니었다. 거의 인간 수준에 가까운 동작을 선보였다. 그런 로봇에 인공지능이 탑재된다면 인공지능 로봇에 대한 수요는 커질 것이다.[168] 그러므로 미래 로봇산업은 현재의 자동차산업보다 훨씬 성장잠재력이 크다. 왜냐하면 자동차산업은 탈 것 하나의 기능을 만족시켜주는 기계이지만 로봇은 인간 활동의 거의 모든 영역에 침투하는 만능 기계이기 때문이다. 로라 불러와 클라이브 기포드, 앤드리아 밀스가 쓴 『로봇 백과』를 보면 청소로봇에서부터 교육로봇, 노인반려로봇, 수술로봇, 산업로봇, 심해에서 활동하는 로봇, 우주탐사로봇 등 다양한 로봇이 개발되고 있다.[169] 따라서 미래에는 로봇과 로봇 관련 산업의 잠재력은 무궁무진할 것이다. 로봇산업이 커질수록 관련 직업도 새로 창출될 것이다.

물론 로봇산업이 고용에 항상 긍정적인 것은 아니다. 로봇설계자 한스 모라벡은 『마음의 아이들』에서 앞으로 다목적 로봇이 적정 가격에 생산되기 시작하면 인간노동은 견디기 어려울 것이라는 전망을 내놓았다.[170] 더구나 문제는 인간은 수백만 년에 걸쳐서 한가하게 진화하는 동물이지만 기계는 불과 수십 년 사이에 인간과 비슷한 정도의 개량이 가능하다는 점에서 위협적이다. 제레미 리프킨의 『한계비용 제로 사회』는 로봇 노동력이 전 세계적으로 증가하고 있다는 점을 지적하고 있다. 1995~2002년 동안 전 세계 제조업 일자리 2,200만 개가 사라졌지만 전 세계 생산량은 오히려 30% 증가하였다. 아이폰을 생산하는 중국의 대형 제조업체인 폭스콘은 100만 대의 로봇을 설치하고 인간노동력을 줄일 계획이다.[171] 결국 머지않은 미래에 로봇이 인간노동을 완전히 대체하도록 만들 것인지 아니면 인간과 로봇이 협업하는 형태의 생산방식을 채용할 것인지에 대한 논의가 이루어질 것이다. 아직 인류가 확실하게 모르는 부분은 과연 로봇이 만능기계일 것인지 아니면 나름대로의 한계가 있는지의 여부이다. 이러한 문제는 로봇이 본격적으로 도입되면서 명확해질 것이다. 한편 사이보그 산업 역시 의학과 연결되어 거대산업으로 발전할 가능성이 크다. 이미 귓속 달팽이관을 대신하는 백금 소재 전극이 개발되고 있으며 수십만 개의 심장 제세동기가 환자 몸에 이식되어 있다. 컴퓨터보행 프로그램의 통제를 받는 외골격다리, 인공신장, 인공심장 등도 테스트되고 있다.[172] 그러나 능력이 강화된 증강인간의 등장은 격렬한 윤리적 논쟁을 일으킬 것이다. 미래 기반산업으로 등장할 또 다른 산업은 3D 프린팅 산업이다. 3D 프린팅 산업은 제조업의 개념을 바꾸어 놓을 것이다. 향후 출현할 산업은 종류도 다양하고 규모도 거대할 것으로 예상되며 이러한 분야에서 새로운 직업이 많이 창출될 것으로 전망된다.

생존할 직업

생겨날 직업이 주로 인간의 정신과 관련이 있는 직업이라면 앞으로 생존할 직업은 기존의 직무에 인공지능이나 로봇과 협업하는 형태로 살아남을 것으로 전망된다. 일본의 회전초밥집 '구라스시'는 앞으로 기계와 인간의 협업이 어떻게 이루어지는지 보여준다. 구라스시에서는 원래 사람이 하던 서비스의 절반을 기계가 수행하고, 인간은 기계와 기계 사이에서 조정 역할을 한다. 먼저 손님이 들어오면 사람이 안내한다. 손님은 태블릿으로 주문하고 인간은 주문받은 상품을 내어놓는다. 손님이 앉아 있는 좌석에는 접시를 넣을 투입구가 마련되어 있어 손님이 먹은 접시 개수가 자동계산된다. 덕분에 점원이 접시 개수를 세는 수고를 덜어준다. 주방에서도 기계와 인간의 협업이 이루어진다. 밥알을 쥐는 과정까지는 기계가 하지만 재료를 올려서 초밥을 완성하는 작업은 인간이 담당한다.[173] 이처럼 현재 존재하는 직업은 인공지능 시대에도 계속 존재하지만 직무의 성격이 바뀔 것이다. 『10년 후 일자리 도감』을 보면 의사는 인공지능으로 대체되지 않지만, 직무 성격이 변화될 것으로 보고 있다. 질병을 진단하는 패턴은 수만 가지가 넘는다. 인간의사가 그때마다 적절하게 처치하는 것은 불가능하다.[174] 따라서 인공지능은 방대한 자료를 기반으로 진단하는 업무를 맡고, 인간의사는 로봇과 협력하여 환자를 직접 돌보거나 수술을 시행한다. 따라서 외과는 인공지능-로봇-인간의 협력체제가 될 것이다.

인간사회에서는 오래전부터 법률로 사회를 규율해왔다. 함무라비 법전은 가장 오래된 법전이기도 하다. 이러한 법률을 활용한 직업들도 오래전부터 존재하였다. 변호사라는 직무의 핵심은 과거의 데이터에 의존하는 직업이다.[175] 유사한 사건에 대한 과거의 판례를 찾고, 판례에 비교해 승소 가능성을 판단하는 것이 주업무이다. 이제 변호사, 회계사, 세무사, 노무사 등 소위 사±자가 붙은 직업들은 인공지능이 통합 데이터베이스를 검색하고, 인간은 관련 데이터를 판단하고, 고객의 상한 감정을 위로해주며 상담에 임하는 데 주력을 두는 것으로 직무 성격이 바뀔 것이다.[176] 요양보호사는 앞으로 고령인구가 늘어나면서 주목받을 것이라는 전망도 있다. 그러나 무거운 사람을 들어서 세수 시키고 목욕하는 것을 도와주는 일은 로봇과 협업을 해야 할 것이다. 이미 일본에서는 이러한 역할을 하는 로봇이 개발되었다. 디자이너 역시 인공지능이 도입되고 있다. 디자이너는 인공지능 알고리즘이 미래 유행할 패션에 대하여 여러 대안을 제시하면 이 중에서 선택하는 일을 맡을 것이다. 따라서 디자이너는 직관을 연마해야 한다. 요컨대 상당수 직업은 직무의 성격을 변화시켜 살아남을 것이다.

에필로그

생명은 궁극적인 최고의 기술이다.

— 케빈 켈리, 『통제 불능』

이 책의 제목은 "성인교육 4.0"이다. 이 용어는 최근 교육학계에서 회자되고 있는 "교육 4.0"에서 따온 것이다. 그러면 교육 4.0이란 무엇인가? 교육 4.0은 4차 산업혁명에 대응하는 용어로서 교육에도 산업혁명과 같은 혁신이 들어온다는 것을 의미한다. 또한 인공지능을 교육에 접목시키는 작업을 의미한다.[1] 앞으로 인공지능은 여러 가지 형태로 교육 현장에 들어올 것이다. 그렇게 한 세월이 갈 것이다. 그러면 질문을 던져야 한다. 인공지능교육 시대에 우리는 무엇을 해야 하는가? 기술발전의 속도가 매우 빠르기 때문에 지금이 그런 질문을 던지기에 적절한 시기이다. 클라우디아 골딘과 로렌스 카츠가 『교육과 기술의 경주』에서 말한 것처럼 기술이 발전하면 산업이 변모하고, 산업이 변모하면 전혀 다른 직업들이 출현한다. 제4차 산업혁명은 분명 많은 직업들을 사라지게 하겠지만 이와 동시에 새롭게 많은 직업들을 만들어낼 것이다. 교육계에서는 이 새로운 직업에 적응할 수 있는 근로자를 육성할 수 있게 준비를 해야 한다.

가. 앙트레이버

노벨경제학상 수상자인 옥스퍼드대학의 존 힉스John Hicks는 『경제학의 인과성Causality in Economics』이라는 저서에서 "진리는 다양한 모습을 하고 있다."고 말한 바 있다. 미래 근로자 역시 다양한 모습을 할 것으로 예상된다. 필자는 앞에서 미래 근로자를 제3세대 근로자, 관계근로자로 정의한 바 있다. 필자는 여기에 더해서 미래 근로자는 앙트레이버E'ntlabor 능력을 갖추어야 한다고 제안하고자 한다. 즉, 앙트레이버 능력은 기업가 정신을 가지고 노동할 수 있는 능력을 의미한다. 과거에는 근로자와 기업가는 별개의 존재였다. 근로자가 할 수 있는 일은 임금인상이나 복지시설을 개선해달라는 요구가 거의 대부분이었다. 이런 상황에서 기업가는 전체를 바라보며 상황을 주도해 나가는 존재였고, 근로자는 부분에 머물면서 수동적으로 반응하는 존재였다. 그러나 미래에는 근로자들도 기업가적 육감을 가지고 자기 자신의 주도하에 노동을 할 수 있어야 생존할 수 있을 것이다. 존 메이너드 케인스도 기업가의 투자결정은 그의 동물적 본능animal instinct에 의존하다고 말한 바 있다. 린다 그래튼과 앤드루 스콧이 『뉴 롱 라이프』에서 말한 바와 같이 미래에는 전체 근로자 중에서 비정규직 근로자의 비중이 커질 것이다. 비정규직 근로자 중 상당부분은 프리랜서 또는 프리에이전트이다. 프리랜서는 어떤 회사에 소속되어 있는 '직원'이 아니다. 직장에 소속되어 있는 직원은 매일 익숙한 업무를 반복하며 일한다.

그러나 프리랜서는 다양한 고객의 업무를 수행하면서 직업에 대한 자신만의 감각을 키워야 한다.[2] 따라서 미래 근로자는 '독립적 생산자'가 되어야 하며[3] 기업가와 마찬가지로 명확하지 않은 불확실한 상황에서 어떤 고객과는 계약을 체결하고, 어떤 고객과는 계약을 회피해야 하는지 선택해야 한다. 요약하면 미래 근로자는 기업가적 능력을 키워야 한다. 이제 우리나라도 1인 가구가 40%를 넘어섰고 유튜버 등 1인 기업이 늘고 있다. 이제 개개인은 앙트레이버 능력을 키워야 한다. 인터넷과 소셜 미디어, 3D 프린팅 기술은 생산비를 감소시켜 1인 기업이 생존할 가능성을 높여주고 있다. 100세 시대에는 자신의 경력을 장기적 차원에서 관리해야 한다. 왜냐하면 평생 여러 번 직장을 갈아타야 할 수밖에 없기 때문이다. 치열한 글로벌 경쟁 속에서 날로 기업의 수명은 짧아지고, 이와는 내조적으로 근로자의 수명은 길어지고 있다. 앙트레이버 능력은 전체적 관점을 가지고 장기적으로 자신의 경력을 관리해야 한다. 현재 자신이 몸담고 있는 조직도 장기적 관점에서 바라보아야 한다.

나. 정책

경제학에 기반을 둔 자원배분 교육이론은 향후 교육정책에 대한 함의를 가진다. 성인 학습자들은 교육받겠다는 의지와 경험에 토대를 두어 주도적으로 학습을 선택하는 존재이다. 그런데 만약 성인 학습자가 교육을 받겠다는 의지가 강하다고 하더라도 교육을 받을 소득이 충분하지 않다면 어떻게 되겠는가? 『고용, 이자 및 화폐에 관한 일반이론』에서 존 메이너드 케인스가 한 얘기를 빌리면 유효수요가 부족한 상황인 것이다! 성인 학습자가 아무리 교육을 받겠다는 의지가 강해도 등록금이 없다면 성인교육을 받을 수 없는 것이다. 다시 말해서 교육에 대한 유효수요가 부족할 수 있다. 사실 이 이야기는 충분히 가능성 있는 이야기이다. 왜냐하면 40대 부모들은 아이가 이미 초등학교, 중학교, 고등학교 중 어딘가에 다니고 있을 가능성이 크기 때문이다. 그러면 상당한 자녀교육비 지출로 금전적 압박을 받고 있을 것이다. 자식 교육 투자가 중요한 이때 과연 자기 자신에 대한 교육 투자를 할 수 있을까? 어쩌면 가정 내에서 세대 간 교육 투자 갈등이 일어날 수도 있다. 희소한 자원을 자식 교육에 투자하느냐? 아니면 성인교육에 투자해야 하느냐? 선택의 문제가 일어나기 쉽다. 그런 상황에서 쉽사리 자식 교육을 포기하기 어려운 것이 현실이다. 아마 배우자는 "당신은 이미 성공해서 직장에 다니고 있고, 자식은 앞날이 창창한데 교육을 안 시키다니요? 너무 이기적이네요."라는 비난을 받을 가능성이 크다. 이러한 상황에서 정부의 역할은 무엇인가? 케인스가 제시한 것처럼 유효수요를 진작시키기 위하여 재정정책을 사용해야 한다. 즉, 정부는 정부재정에서 자금을 내서 성인들의 교육에 지원해야 한다. 대학을 살려야 한다. 그리고 성인도 재교육을 통해서 지속 가능한 미래를 설계해야 한다.

세계적으로 고용문제에서의 정부의 역할은 무엇일까? 최근 일본은 정년을 70세로 상향 조정하였다. 일부 보고서에 의하면 여러 가지를 고려할 때 근로자의 정년은 77세가 되어야 한다는 견해가 나왔다.[4] 이제 기업은 근로자를 고용하는 주체라는 점을 인정하자! 그리고 거꾸로 생각해보자! 어떻게 하면 기업이 근로자들을 환영할까? 근로자의 능력이 향상된다면 기업은 근로자를 계속 회사 안에 두려고 할 것이다. 기술변화 속도가 빠른 현대사회에서 능력의 쇠퇴란 새로운 기술에 적응하지 못하는 것이다. 따라서 근로자가 새로운 기술에 적응한다면 그래서 능력이 쇠퇴하지 않는다면 기업은 구태여 내보내려 하지 않을 것이다. 왜냐하면 새로운 사람을 채용한다는 것 자체가 하나의 모험이기 때문이다. 사실 새로운 사람의 능력을 끌어올리기까지는 많은 시간이 필요하다. 하지만 기존 직원들은 이미 우리 기업에 적응한 상태이다. 만약 새로운 직원을 채용하면 새로 적응하기까지 들어가는 비용과 시간을 추가로 지불해야 한다. 미국의 노동퇴장가설labor hoarding hypothesis에 의하면 경기가 침체되어도 많은 직원을 해고하지는 않는다고 한다.[5] 미래의 고용 관련 정부의 역할은 기업이 근로자들을 오래 데리고 있을 수 있도록 근로자의 교육에 투자하도록 설득해야 하며 정부 자신도 재정 지출을 해야 한다. 그리고 근로자들도 설득해야 한다. 더 오래 있고 싶으면 교육에 투자하라고!

다. 자신에게 한턱을 내라

베이비부머들은 삼중고 속에서 묵묵히 걸어왔다. 가족을 위하여 생활비를 벌고, 자식 교육비를 위해 부업까지 병행하며 효도하기 위해 부모도 신경써왔다. 그러나 이제 자기 자신에게 한턱을 내라! 자기 자신을 위하여 교육을 받아라! 올해 나이가 50세인 사람은 앞으로 50년이 남아 있는 시대이다. 올해 나이가 60세인 사람은 앞으로 40년이 남아 있다. 나이가 70세인 사람도 30년이 남아 있다! 경영사상가 찰스 핸디는 『비이성의 시대』에서 '올바른 이기주의자'의 자격요건에 대하여 다음과 같이 제시한다.[6]

· 스스로의 미래에 대하여 책임감을 가지고 있는 사람
· 자신의 미래 모습에 대한 확실한 비전을 가진 사람
· 원하는 바를 기필코 달성하고자 하는 사람
· 그렇게 할 수 있다고 믿는 사람

피터 드러커가 말한 것처럼 "모든 사람에게는 신의 지문이 찍혀 있다."라는 말을 염두에 둔다면 베스트셀러 작가 웨인 다이어 박사가 『행복한 이기주의자』에서 말하고 있는 조언에 귀를 기울일 필요가 있다. 다이어 박사는 "불공평해!"라고 외치지 말라고 한다. 우리는 주위의 상황이나 사람들이 우리를 불행하게 만든다고 믿고 있지만, 사실은 그렇지 않다. 내가 불행하다면 그 이유는 주의의 사람이나 사물에 대하여 내가 가지고 있는 '생각' 때문이다. 다부진 사람이 되려면 그 생각을 바꾸어야 한다.[7] 웨인 다이어 박사는 질문한다. 살아 있는 꽃과 죽어 있는 꽃은 어떻게 구별하는가? 성장하고 있는 것이 살아 있는 것이다. 생명의 유일한 증거는 성장이다. 성장하고 있는 사람은 살아 있는 사람이다.[8] 세상이 움직이는 방식을 보라. 요컨대 우리는 절대 모든 사람들의 마음에 들 수 없다. 절반의 사람들만이라도 마음에 들어 한다면 꽤나 성공한 것이다. 하늘이 두 쪽 난다고 해도 다른 사람의 반대를 피할 수 없다.[9] 그것이 인생이다! 웨인 다이어 박사는 완벽주의를 피하라고 한다. 왜 피해야 하는가? 완벽이란 인간 세상에 존재하는 것이 아니기 때문이다. 따라서 완벽을 기준으로 하면 운신의 폭이 좁아진다. 신은 완벽할 수 있다. 그러나 인간은 그런 얼토당토하지 않은 기준을 자기 자신에게 적용할 필요가 없다.[10] 성공보다 실행이 중요하다. 그는 또한 다른 사람들이 무엇을 원하고 무엇을 하는지 상관없이, 자신이 진실로 무엇을 원하는지 결정하고 그것을 달성하기 위하여 전략을 짜라고 조언한다.[11] 필자는 제안한다. 주위 사람 눈치만 볼 것이 아니라 자신에게 한턱을 내라! 그리고 이는 절실한 상황인 것이다. 100세 시대에 50세 이후 적어도 30년 이상 긴 시간을 견디어야 한다. 새 직장을 얻어야 한다. 그러려면 자신을 업그레이드 해야 한다. 재교육을 받아야 한다.

| 미주 |

프롤로그

1 대니얼 레빈슨(김애순 역), 『남자가 겪는 인생의 사계절』, 이화여자대학교 출판부, 2003, p.504.

2 조지프 캠벨(이진구 역), 『신의 가면 1(원시신화)』, 까치, 2003, p.140.

3 정용균, 『인공지능과 인간의 협업 시대가 왔다』, 율곡출판사, 2020, p.130.

4 정용균, 「보험 산업에서의 인공지능(AI) 도입에 대한 탐색적 연구—사례와 함의」, 『무역보험연구』, 무역금융보험학회, 제21권, 제1호, 2020, p.78.

5 일반 창업의 경우 5년 내 폐업률이 70% 정도로 나타났다. 퇴직 후 창업할 경우 5년 내 폐업률은 90%에 이를 것이라고 한다.

6 탁계관, 『아빠는 무조건 살아남아야 한다』, 라온북, 2013.

7 게일 쉬히(형선호 역), 『남자의 인생 지도』, 황금가지, 2004, pp.28~29.

8 『구약성경』 욥기

9 피터 드러커(이재규 역), 『단절의 시대』, 한국경제신문, 2003.

10 정용균, 『인공지능과 인간의 협업 시대가 왔다』, 율곡출판사, 2020.

11 1998년 IMF 위기가 왔을 때 기업은 컴퓨터 활용능력과 영어 능력으로 회사에 남길 사람과 회사에서 내보낼 사람을 나누었다는 말이 전해진다.

12 처음에는 말이 기차를 이겼다. 그러나 기차가 고장나지 않고 달리자 사람들은 기차의 능력을 인정하고 말을 기차로 대체하였다.

13 정용균, 『인공지능과 인간의 협업 시대가 왔다』, 율곡출판사, 2020, p.130.

14 임진혁, 「90→30→15년 기업 수명 줄어 초격차 '유효기간'도 짧아진다」, 『서울경제』, 2020. 1. 2.

15 프랑크 쉬르마허(장혜경 역), 『고령사회 2018』, 나무생각, 2011, p.151.

16 김지영 · 강승규, 「경기도 베이비붐 세대의 경력연계형 일자리사업 개발 연구」, 경기도일자리재단, 2019.

17 조지프 캠벨(이진구 역), 『신의 가면 1(원시신화)』, 까치, 2003.
18 조지프 캠벨(이진구 역), 『신의 가면 1(원시신화)』, 까치, 2003, p.156.
19 린다 그래튼 · 앤드루 스콧(안세민 역), 『100세 인생』, 클, 2017.
20 미치 앤서니(이주형 역), 『은퇴혁명』, 청년정신, 2004.
21 정용균, 『인공지능무역 시대가 왔다』, 율곡출판사, 2020, p.128.
22 맥스 테그마크(백우진 역), 『맥스 테그마크의 라이프 3.0』, 동아시아, 2017, pp.54~56.
23 Jerome Glenn · Jeffrey Schott, 『인공지능(AI)이 만드는 경제 · 사회의 미래/미 · 중, 한 · 일 무역분쟁과 세계 무역체제의 미래』, 세계경제연구원, 2019.
24 테일러 피어슨(방영호 역), 『직업의 종말』, 부키, 2017, p.54.
25 알 리스 · 잭 트라우트(이수정 역), 『마케팅 불변의 법칙』, 비즈니스맵, 2008.
26 고민서, 「취업난에 … 대졸 뒤 전문대 가는 '유턴 신입생'들」, 『매일경제』, 2019. 10. 4. ; 손영배의 『이제는 대학이 아니라 직업이다』의 자료를 필자가 통합하였음.
27 김동호, 「기업 채용 고질적 문제, AI로 해결한다」, 『서울경제』, 2021. 4. 8.
28 그들은 어떻게 신흥명문이 되었는가? 네이처(Nature), 셀(Cell) 등 최정상급 학술지에 지속적으로 연구논문을 발표함으로써 국제적으로 실력을 인정받았기 때문이다. 그 대학들은 어디에 있는가? 대전, 포항, 울산, 광주, 모두 지방에 있다. 독자 여러분은 옥스퍼드대학, 케임브리지대학이 정확하게 영국 어디에 있는지 알고 있는가? 그들은 어디에 있든 세계 최고 명문대학이다.
29 미하이 칙센트미하이(노혜숙 역), 『창의성의 즐거움』, 북로드, 2003.
30 Robert J. Sternberg(신종호 역), 『스턴버그가 들려주는 성공하는 학자가 되기 위한 암묵적 지혜』, 학지사, 2009, p.23.
31 케빈 켈리(이한음 역), 『인에비터블 미래의 정체』, 청림출판, 2017.
32 케빈 켈리(이한음 역), 『인에비터블 미래의 정체』, 청림출판, 2017, p.157.
33 매리언 울프(전병근 역), 『다시, 책으로』, 어크로스, 2019, p.79.
34 한상무, 『책을 읽으면 왜 뇌가 좋아질까? 또 성격도 좋아질까?』, 푸른사상, 2017, p.158.
35 한상무, 『책을 읽으면 왜 뇌가 좋아질까? 또 성격도 좋아질까』, 푸른사상, 2017, pp.119~120.
36 리처드 웨스트폴(최상돈 역), 『프린키피아의 천재』, 사이언스북스, 2001.
37 문학의숲 편집부, 『법정 스님의 내가 사랑한 책들』, 문학의숲, 2010.

38 다치바나 다카시(이언숙 역), 『나는 이런 책을 읽어 왔다』, 청어람미디어, 2001.

39 조지프 캠벨(이윤기 역), 『천의 얼굴을 가진 영웅』, 민음사, 2018.

40 법정 역, 『숫타니파타』, 이레, 2005.

제1장 세 가지 관점

1 야마구치 슈는 『뉴타입의 시대』에서 현대 기술문명은 해결책은 많으나 질문은 적은 시기라고 정의한 바 있다.

2 더글러스 엠린(승영조 역), 『동물의 무기』, 북트리거, 2018, p.176.

3 다수의 커다란 사슴 종은 발정기에 싸우다 심각한 부상을 당한다. 붉은 사슴은 발정기 수컷의 4분의 1이 결투 도중 골절상을 입었고, 무스 수컷은 발정기 때 입은 부상으로 해마다 4%가 죽는 것으로 밝혀졌다. 더글러스 엠린(승영조 역), 『동물의 무기』, 북트리거, 2018, p.174.

4 이것이 전부가 아니다. 이 외에도 환경경제학, 교육경제학, 결혼경제학 등 끝없이 분화하고 있다. 교육경제학은 시카고대학의 게리 베커가 분석한 것이다.

5 랭던 위너(강정인 역), 『자율적 테크놀로지와 정치철학』, 아카넷, 2000, p.47.

6 아인슈타인은 말년에 통일장 이론에 매달렸다. 통일장 이론이란 물질의 네 가지 힘인 강력, 약력, 중력, 전자기력을 하나로 설명하는 이론이다. 이 중에서 강력과 약력은 원자핵 내에서 작용하는 힘이고, 중력은 거대 천체 간에 작용하는 힘이다. 전자기력은 전기력과 자기력을 통합한 힘이다.

7 Wayne Holmes · Maya Bialik · Charles Fadel(정제영 · 이선복 역), 『인공지능 시대의 미래교육』, 박영스토리, 2020. ; 조지프 E. 아운(김홍옥 역), 『AI 시대의 고등교육』, 에코리브르, 2019.

8 데이비드 F. 노블(김명진 역), 『디지털 졸업장 공장』, 그린비, 2006, p.31.

9 신시아 브리질 박사는 매사추세츠공과대학 박사과정일 때 로봇 제작의 선구자인 로드니 브룩스 교수의 지도 하에 인간과 상호작용 하는 로봇 키스멧을 개발하였다. 마틴 포드(김대영 · 김태우 · 서창원 · 최종현 · 한성일 역), 『AI 마인드』, 터닝포인트, 2019, p.420.

10 살만 칸(김희경 · 김현경 역), 『나는 공짜로 공부한다』, 알에이치코리아, 2013.

11 폴 김 · 함돈균, 『교육의 미래, 티칭이 아니라 코칭이다』, 세종서적, 2020.

12 마사 누스바움(우석영 역), 『학교는 시장이 아니다』, 궁리, 2016, p.203.

13 웨인 다이어(정경옥 역), 『세상에 마음 주지 마라』, 21세기북스, 2011.

14 이안 굿펠로 · 요슈아 벤지오 · 에런 쿠빌(류광 역), 『심층 학습』, 제이펍, 2018.

15 경제발전론에서는 1인당 자본량이 많을수록 경제성장 속도가 빠르다고 본다. 경제학에서는 생산요소인 자본과 노동을 국가 전체의 생산량과 관계짓기 위해 생산함수 개념을 도입했다. 생산함수는 Y = A · F(K, L)로 표기한다. 여기서 Y는 국민총생산(GNP)이나 국내총생산(GDP)을 의미한다. 처음에는 GNP를 사용하였으나 생산량에 기여한 사람에 상관없이 국가 영토 내의 총생산량이 중요하다는 의미로 GDP가 국가 전체의 생산량을 나타내는 지표로 사용되고 있다. A는 기술혁신을 의미한다. 기술혁신이 이루어지면 생산요소에 상관없이 생산이 증가하기 때문이다. F는 함수를 의미하며 K는 자본량, 즉 기계대수, L은 노동량을 의미한다. 이 생산함수가 일차동차 생산함수인 경우 근로자 1인당 생산량, 즉 노동생산성은 근로자 1인당 자본량인 1인당 기계 대수에 달려 있다.

16 1등 로봇 기업인 화낙은 인공지능 칩을 개발하고 있는 앤비디아와 협력하여 로봇에 인공지능을 장착하는 프로젝트를 진행하고 있다. 정용균, 『인공지능무역 시대가 왔다』, 율곡출판사, 2020.

17 유발 하라리(김명주 역), 『호모 데우스』, 김영사, 2017.

18 스튜어트 러셀(이한음 역), 『어떻게 인간과 공존하는 인공지능을 만들 것인가』, 김영사, 2021, pp.176~177.

19 린다 그래튼 · 앤드루 J. 스콧(김원일 역), 『뉴 롱 라이프』, 클, 2021.

20 그리스 현인 솔론도 42세부터 56세까지 기량이 절정에 오른 다음 쇠퇴했다고 한다. 결국 솔론도 50대 중반부터는 노년이 시작되었다고 말했다. 대니얼 레빈슨(김애순 역), 『남자가 겪는 인생의 사계절』, 이화여자대학교 출판부, 2003, p.506.

21 에릭 에릭슨은 『인생의 아홉 단계』에서 발달심리학의 차원에서 인생을 9단계로 분석하였다. 에릭 에릭슨 · 조앤 에릭슨(송제훈 역), 『인생의 아홉 단계』, 교양인, 2019.

22 린다 그래튼 · 앤드루 J. 스콧(김원일 역), 『뉴 롱 라이프』, 클, 2021, p.46.

23 도쿄대 고령사회 종합연구소(최예은 역), 『도쿄대 고령사회 교과서』, 행성B, 2019.

24 에르빈 슈뢰딩거(서인석 · 황상익 역), 『생명이란 무엇인가』, 한울, 1992, pp.142~145.

25 오스발트 슈펭글러(박광순 역), 『서구의 몰락 1 · 2 · 3』, 범우사, 1995.

26 폴 투르니에(박명준 역), 『인생의 사계절』, 아바서원, 2013.

27 대니얼 레빈슨 외(김애순 역), 『남자가 겪는 인생의 사계절』, 이화여자대학교 출판부, 2003.

28 『남자가 겪는 인생의 사계절』의 저자 대니얼 레빈슨은 우리의 인생주기가 네 개의 시기로 서로 겹쳐 있으며 각 시기는 25년 기간이라고 말했다.

29 배진건, 「34, 60, 78살 : 당신이 세 번 급속히 늙는 변곡점이 존재한다」, 『메디게이트 뉴스』, 2020. 1. 3.

30 생물학적으로 인간이 완성되기 위해서 25년이 소요된다.

31 군복무는 퇴직 후에 받을 연금을 계산할 때 직장 근무연수에 추가되어 경제적 이득으로도 작용한다. 그런 의미에서 남녀 모두 25세를 하나의 전환점으로 볼 수 있다.

32 에릭 에릭슨 · 조앤 에릭슨(송제훈 역), 『인생의 아홉 단계』, 교양인, 2019, p.92.

33 콘라트 로렌츠(김천혜 역), 『솔로몬의 반지』, 사이언스북스, 2000, pp.118~119.

34 마이클 S. 가자니가(박인균 역), 『뇌, 인간의 지도』, 추수밭, 2016, p.39.

35 Elkhonon Goldberg, 『*The Wisdom Paradox*』, Avery, 2006, p.125.

36 그레이엄 파멜로(노태복 역), 『폴 디랙』, 승산, 2020.

37 나이는 우리나라와 외국이 한 살 차이가 나며, 생일이 지났는지까지 고려하면 매우 복잡해진다. 본서에서는 제1원칙으로 출판된 서적에 인용된 나이를 사용했으며, 둘째로 외국의 기준으로 적용하였다. 그러나 생일이 지났는지까지 알기는 어려워 모두 연도 기준으로 계산하였다. 하이젠베르크와 폴 디랙의 나이는 프리먼 다이슨의 저서 『과학은 반역이다』에 나온 나이를 인용하였다. 프리먼 다이슨(김학영 역), 『과학은 반역이다』, 반니, 2015, p.262.

38 토머스 매크로(김형근 · 전석헌 역), 『혁신의 예언자』, 글항아리, 2012.

39 그 외에도 르네상스의 천재 미켈란젤로 부오나로티는 25살에 최고의 걸작인 "피에타" 조각상을 완성했다. 동양문명과 서양문명을 융합시킨 알렉산더 대왕은 25세 때 결정적인 가우가멜라 전투에서 다리우스의 군대를 패배시키면서 페르시아를 정복하였다.

40 차정인, 「젊어지고 싶나요? "주름은 20세, 노화는 26세부터 시작입니다"」, 『KBS NEWS』, 2015. 10. 5

41 대기업 근로자의 경우 평균 49세에 퇴직하며 전체 근로자 기준으로는 평균 50세 무렵에 퇴직하는 것으로 나타났다.

42 게일 쉬히(형선호 역), 『남자의 인생 지도』, 황금가지, 2004. 행동주의 심리학의 대가 B. F. 스키너, 마거릿 E. 본 교수는 『50 이후, 인생을 결정하는 열 가지 힘』이라는 긴 책 제목에서 볼 수 있듯이 50대를 큰 변화의 시기로 보았다.

43 에릭 에릭슨 · 조앤 에릭슨(송제훈 역), 『인생의 아홉 단계』, 교양인, 2019, p.106.

44 바바라 골드스미스(김희원 역), 『열정적인 천재, 마리 퀴리』, 승산, 2009.

45 프란스 드 발(황상익 · 장대익 역), 『침팬지 폴리틱스』, 바다출판사, 2004

46 에릭 에릭슨 · 조앤 에릭슨(송제훈 역), 『인생의 아홉 단계』, 교양인, 2019, p.107.

47 도쿄대 고령사회 종합연구소(최예은 역), 『도쿄대 고령사회 교과서』, 행성B, 2019, p.222.

48 Sara Lawrence-Lightfoot, 『*The Third Chapter*』, Sarah Crichton Books, 2009.

49 에릭 에릭슨 · 조앤 에릭슨(송제훈 역), 『인생의 아홉 단계』, 교양인, 2019.

50 도쿄대 고령사회 종합연구소(최예은 역), 『도쿄대 고령사회 교과서』, 행성B, 2019, p.87.

51 에드워드 윌슨(이한음 역), 『인간 본성에 대하여』, 사이언스북스, 2000, p.107.

52 에드워드 윌슨(이한음 역), 『인간 본성에 대하여』, 사이언스북스, 2000, p.107.

53 다니엘 핑크(석기용 역), 『프리에이전트의 시대가 오고 있다』, 에코리브르, 2001. ; 새라 케슬러(김고명 역), 『직장이 없는 시대가 온다』, 더퀘스트, 2019.

54 린다 그래튼 · 앤드루 스콧(안세민 역), 『100세 인생』, 클, 2017.

55 물론 앞으로 100세 이상을 사시는 분들의 숫자가 일본처럼 많아질 것이 명확하다. 그러나 단순화시키기 위해 이렇게 정했다.

56 리처드 왓슨(김원호 역), 『퓨처 파일』, 청림출판, 2009.

57 에릭 에릭슨 · 조앤 에릭슨(송제훈 역), 『인생의 아홉 단계』, 교양인, 2019.

58 마이클 S. 가자니가(김효은 역), 『윤리적 뇌』, 바다출판사, 2009, p.50.

59 수전 그린필드(전대호 역), 『미래』, 지호, 2005, p.49.

60 Elkhonon Goldberg, 『*The Wisdom Paradox*』, Avery, 2006, p.78.

61 Elkhonon Goldberg, 『*The Wisdom Paradox*』, Avery, 2006, p.125.

62 Elkhonon Goldberg, 『*The Wisdom Paradox*』, Avery, 2006, p.125.

63 건강으로 예를 들어보면 인생 가을 시기의 주요 질병이 당뇨병 등 대사성 질환이었다면 겨울 시기의 주요 질병은 치매이다.

64 Daniel J. Levitin, 『*Successful Aging*』, Dutton, 2020, p.192.

65 리처드 왓슨(방진이 역), 『인공지능 시대가 두려운 사람들에게』, 원더박스, 2017, p.275.

66 에릭 에릭슨 · 조앤 에릭슨(송제훈 역), 『인생의 아홉 단계』, 교양인, 2019, p.184.

67 NHK 무연사회 프로젝트 팀(김범수 역), 『무연사회』, 용오름, 2012, p.137.

68 NHK 무연사회 프로젝트 팀(김범수 역), 『무연사회』, 용오름, 2012, p.144.

69 Elkhonon Goldberg, 『*The Wisdom Paradox*』, Avery, 2006.

70 린다 그래튼(조성숙 역), 『일의 미래』, 생각연구소, 2012, pp.246~250.

71 중년의 위기라는 용어는 1965년 엘리엇 자크가 처음 사용한 용어이며 그 뒤에 많은 연구가 이루어졌다.

72 대니얼 레빈슨 외(김애순 역), 『남자가 겪는 인생의 사계절』, 이화여자대학교 출판부, 2003, p.68, p.71.

73 대니얼 레빈슨 외(김애순 역), 『남자가 겪는 인생의 사계절』, 이화여자대학교 출판부, 2003.

74 니코 틴버겐(박시룡 역), 『동물의 사회 행동』, 전파과학사, 1994, p.112.

75 칼 사피나(김병화 역), 『소리와 몸짓』, 돌베개, 2017, pp.285~290.

76 프란스 드 발 · 프란스 랜팅(김소정 역), 『보노보』, 새물결, 2003, pp.103~104.

77 프란스 드 발(김희정 역), 『영장류의 평화 만들기』, 새물결, 2007, p.80.

78 야마기와 주이치(한승동 역), 『인간 폭력의 기원』, 곰출판, 2018, p.178.

79 니코 틴버겐(박시룡 역), 『동물의 사회 행동』, 전파과학사, 1994, p.112.

80 야마기와 주이치(한승동 역), 『인간 폭력의 기원』, 곰출판, 2018, p.178.

81 프란스 드 발(최재천 · 안재하 역), 『공감의 시대』, 김영사, 2017, p.43.

82 마이클 토마셀로(이정원 역), 『생각의 기원』, 이데아, 2017.

83 크리스토퍼 보엠(김아림 역), 『도덕의 탄생』, 리얼부커스, 2019, pp.61~68.

84 정용균, 「인도네시아의 분쟁해결방식에 관한 연구 : ADR의 관점을 중심으로」, 『동남아연구』, 한국외국어대학교 동남아연구소, 제25권, 제3호, 2016, p.91.

85 정용균, 「필리핀과 기타 원주민사회 분쟁해결문화에 대한 탐색적 연구 : 회복적 정의의 관점을 중심으로」, 『분쟁해결연구』, 단국대학교 분쟁해결연구센터, 제17권, 제1호, 2019, pp.45~74.

86 원숭이와 유인원의 앞발은 몸 손질에 적합하다. 민첩한 손가락은 털을 헤집어 유난히 가려운 부위의 위치를 정확하게 찾아낸다. 데즈먼드 모리스(김석희 역), 『털 없는 원숭이』, 영언문화사, 2001, p.244.

87 로버트 M. 새폴스키(박미경 역), 『Dr. 영장류 개코원숭이로 살다』, 솔빛길, 2016, p.358. ; 다이앤 포시(최재천 · 남현영 역), 『안개 속의 고릴라』, 승산, 2007, p.141. ; 야마기와 주이치(한승동 역), 『인간 폭력의 기원』, 곰출판, 2018, p.190.

88 비루테 갈디카스(홍현숙 역), 『에덴의 벌거숭이들』, 디자인하우스, 1996, p.224.

89 에드워드 윌슨(이한음 역), 『인간 본성에 대하여』, 사이언스북스, 2000, p.115.

90 콜린 M. 턴불(이상원 역), 『숲 사람들』, 황소자리, 2007.

91 『신중년이 온다』의 저자 조창완 선생은 1968년부터 1976년 사이에 태어난 860만 명을 이 범주에 포함시켰다. 이 둘을 합하면 베이비부머 세대는 현재 40대 중반부터 60대 중반까지를 아우른다. 인구는 1,760만 명으로 우리 총인구의 약 3분의 1을 넘는 규모이다. ; 마강래, 『베이비부머가 떠나야 모두가 산다』 개마고원, 2020, p.27.

92 돈 탭스콧(이진원 역), 『디지털 네이티브』, 비즈니스북스, 2009, p.45.

93 마강래, 『베이비부머가 떠나야 모두가 산다』 개마고원, 2020, p.22.

94 케빈 캐리(공지민 역), 『대학의 미래』, 지식의날개, 2016, p.47.

95 대럴 브리커 · 존 이빗슨(김병순 역), 『텅 빈 지구』, 을유문화사, 2019, p.44.

96 케빈 캐리(공지민 역), 『대학의 미래』, 지식의날개, 2016, p.74.

97 미셸 마페졸리(박정호 · 신지은 역), 『부족의 시대』, 문학동네, 2017.

98 제임스 J. 두데스탯(이철우 · 이규태 · 양인 역), 『대학혁명』, 성균관대학교출판부, 2004, p.144.

99 미셸 마페졸리(박정호 · 신지은 역), 『부족의 시대』, 문학동네, 2017, p.15, p.79.

100 미셸 마페졸리(박정호 · 신지은 역), 『부족의 시대』, 문학동네, 2017, pp.18~19.

101 공선표, 『멀티 스페셜리스트』, 토네이도, 2010. ; 정용균, 『인공지능과 인간의 협업 시대가 왔다』 율곡출판사, 2020, p.28.

102 김지영 · 강승규, 「경기도 베이비붐 세대의 경력연계형 일자리 사업 개발연구」, 경기도 일자리재단, 2019.

103 2018년 5월 기준으로 베이비부머들의 경우 평균적으로 48.6세에 이직을 시도하는 것으로 나타났다. 통계청의 2018년 경제활동 인구조사 고령층 부가조사에 따르면 베이비붐 세대는 약 78%가 근로를 계속하고자 하는 의사를 표명했다. 사유로는 생계유지가 47%로 비중이 가장 컸다. 김지영 · 강승규, 「경기도 베이비붐 세대의 경력연계형 일자리 사업 개발연구」, 경기도 일자리재단, 2019, p.5.

104 김지영 · 강승규, 「경기도 베이비붐 세대의 경력연계형 일자리사업 개발 연구」, 경기

도일자리재단, 2019, p.37.

105 로렌스 크라우스(김성훈 역), 『퀀텀맨』, 승산, 2012, p.40.

106 정원미달 문제는 지방대만의 문제인가? 수도권이나 서울 소재 대학은 괜찮은가? 교육부 발표에 의하면 2021년 대학입시에서 총 4만 명이 모자랐다고 한다. 앞으로도 정원미달 문제는 계속 대학들을 괴롭힐 것으로 본다. 왜냐하면 우리 대학들은 재정수입의 대부분을 대학 등록금에 의존하기 때문이다. 대학에서 정원이 미달된다는 것은 대학 수입이 크게 감소함을 의미한다. 대학의 위기는 우리만의 위기인가? 아니다! 미국의 하버드대학과 같은 명문대학도 작년에 114억 원의 손실을 보았다고 한다.

107 말레이시아와 같은 동남아 국가의 대학이 세계 대학 순위에서 약진하고 있다. Media News Team, 「QS 세계 대학 순위, 아시아(World University Rankings : Asia) 최고 대학 2022 발표」, 『미디어 리퍼블릭』, 2021. 11. 3

108 우리나라 대학의 세계 순위는 최근 정체되어 있다. 영국의 대학 평가 기관 QS가 발표한 세계 대학 평가에서 한국 대학 39곳 가운데 23곳이 지난해보다 순위가 내려간 것으로 집계됐다. 곽수근, 「서울대 36위, 카이스트 41위 … 국내 대학 18년째 톱 30에 없다」, 『조선일보』, 2021. 6. 9.

109 클라크 커이(이형행 역), 『대학의 효용』, 학지사, 2000, p.32.

110 17세기 자연철학자 로버트 보일은 진공펌프의 위력을 증명하기 위해 신사들을 실험실로 초대하였다. 보일은 그 신사들이 실험실이라는 폐쇄된 공간에서 있으면서 창출될 그들의 인위적인 행동을 관찰하였다. 그런 의미에서 사실(fact)은 객관적으로 존재하기보다는 실험실에서는 제조되었다고 해야 한다. 그리고 진리는 보편적 동의 대신 소수 동료들의 동의로 선언된다. 오늘날에도 마찬가지이다. 논문을 학술지에 보내면 국제학회나 국내학회에서 같은 분야의 심사위원 판정에 의하여 게재 여부가 결정된다. 이전에는 인간이거나 신이 증인이었지만 이제 비인간이 증인이 되었다. 브뤼노 라투르(홍철기 역), 『우리는 결코 근대인이었던 적이 없다』, 갈무리, 2009, p.61, p.70, p.73, p.78.

111 C. H. 해스킨스(이희만 역), 『12세기 르네상스』, 혜안, 2017, pp.295~317.

112 베르너 하이젠베르크(유영미 역), 『부분과 전체』, 서커스, 2016.

113 Derek Bok, 『*Our Underachieving Colleges*』, Princeton University Press, 2008.

114 앤드루 델반코(이재희 역), 『왜 대학에 가는가』, 문학동네, 2016.

115 요 리즌(윤희원 역), 『유럽의 대학 : 어디로 갈 것인가』, 서울대학교출판문화원, 2011, pp.179~181.

116 영화를 제작할 때 제작자들 모두 그 영화가 히트하기를 기대한다. 그러나 관객을 많이 동원하느냐의 여부는 관객의 경험에 달려 있다. 어떤 영화는 제작비를 적게 들였는데도 관객이 많이 몰리고, 어떤 영화는 천문학적인 제작비를 들이고 유명 배우들을 출연시켜도 흥행에 실패한다. 관객이 직접 영화를 경험해 보아야 그 영화의 가치가 드러난다. 대학 교육도 마찬가지이다. 교육의 수요자인 대학생들이 직접 교육을 경험해 보아야 교육 서비스의 가치가 드러난다.

117 교육의 품질이란 단순히 강의 내용만 의미하는 것이 아니다. 교수들 면면, 행정 서비스, 도서관의 장서, 그 대학의 분위기 등 여러 요인들이 결합되어 교육 품질이라는 최종 상품의 가치로 나타난다.

118 오욱환, 『대학 교육 필수화와 보편화의 함정』, 학지사, 2019.

119 이현청 『왜 대학은 사라지는가』, 카모마일북스, 2015.

120 볼프강 E. J. 베버(김유경 역), 『유럽 대학의 역사』, 경북대학교출판부, 2020, pp.21~45.

121 문광민, 「고3 수험생 줄자...대학진학률 79.4% 최고」, 『매일경제』, 2021. 1. 14.

122 Claudia Goldin · Lawrence F. Katz, 『*The Race Between Education and Technology*』, Belknap Press : An Imprint of Harvard University Press, 2010.

123 클라크 커어(이형행 역), 『대학의 효용』, 학지사, 2000, p.35.

124 에릭 캔델(전대호 역), 『기억을 찾아서』, 랜덤하우스코리아, 2009, p.171.

125 안토니오 다마지오(김린 역), 『데카르트의 오류』, 눈출판그룹, 2017, p.215.

126 Joseph LeDoux(최준식 역), 『느끼는 뇌』, 학지사, 2006, pp.382~383.

127 앨런 재서노프(권경준 역), 『생물학적 마음』, 김영사, 2021, p.78.

128 엘코논 골드버그(김미선 역), 『창의성』, 시그마북스, 2019, pp.123~124.

129 조지프 르두(강봉균 역), 『시냅스와 자아』, 동녘사이언스, 2005, pp.409~411.

130 주희 · 맹자(임동석 역), 『맹자』, 동서문화사, 2009.

131 크리스토프 코흐(이정진 역), 『의식』, 알마, 2014.

132 윌리엄 J. 베넷 · 데이비드 와일졸(이순영 역), 『대학은 가치가 있는가』, 문예출판사, 2014, p.152.

133 조지프 르두(강봉균 역), 『시냅스와 자아』, 동녘사이언스, 2005.

134 에드워드 윌슨은 『인간 본성에 대하여』에서 인류는 대부분의 시기를 수렵·채집인으로 보냈다고 기술했다.

135 마이클 토마셀로(이정원 역), 『생각의 기원』, 이데아, 2017.

136 에드워드 윌슨(이한음 역), 『인간 본성에 대하여』, 사이언스북스, 2000.

137 크리스토퍼 보엠(김아림 역), 『도덕의 탄생』, 리얼부커스, 2019, p.62.

138 다니엘 벨(송미섭 역), 『교양교육의 개혁』, 한국학술정보, 2004, pp.37~83.

139 제니퍼 워시번(김주연 역), 『대학 주식회사』, 후마니타스, 2011.

140 마이클 로스(최다인 역), 『대학의 배신』, 지식프레임, 2016.

141 프랭크 도너휴(차익종 역) 『최후의 교수들』, 일월서각, 2014.

142 도날드 쇤(배을규 역), 『전문가의 조건』, 박영스토리, 2018, p.8.

143 도날드 쇤(배을규 역), 『전문가의 조건』, 박영스토리, 2018, p.9.

144 도날드 쇤(배을규 역), 『전문가의 조건』, 박영스토리, 2018, p.16.

145 도날드 쇤(배을규 역), 『전문가의 조건』, 박영스토리, 2018, p.47.

146 야마구치 슈(김윤경 역), 『뉴타입의 시대』, 인플루엔셜, 2020.

147 김지현 · 신의항, 『대학의 학부 교육』, 교육과학사, 2017, p.66, p.210.

148 김지현 · 신의항, 『대학의 학부 교육』, 교육과학사, 2017, p.66, pp.132~133.

149 엘린 블리클리(김준혁 역), 『의료인문학과 의학 교육』, 학이시습, 2018, p.256.

150 로빈 던바(김학영 역), 『멸종하거나, 진화하거나』, 반니, 2015, p.212.

151 신유학에서 성(性)은 하늘이 내린 명령, 즉 천명이 성이다. 성은 천 리가 사람의 몸에 체현된 것이며 하늘이 사람에게 부여한 것이다. 이러한 사상은 유교 경전 『중용(中庸)』에서 나온 것이다. 성리학이란 하늘이 내린 명령이 바로 리(理)라는 것이다. 그리고 성을 따르는 것을 도(道)라고 하였다. 서원화(손홍철 역), 『이정의 신유학』, 동과서, 2011, p.220.

152 고대 그리스 교육은 파이데이아(paideia)로 알려졌다. 그리스어로 놀이(paidia)가 학교교육(paideusis)으로 변천하고 다시 교육(paideia)으로 정착되었다. 파이데이아에서는 음악 교육과 함께 신체 교육을 중시하였다. 음악 교육의 교재는 호메로스의 작품들이었다. 호메로스 작품들이 서사시였으므로 운율에 맞추어 낭송하였을 것이다. 그리스인들은 정신과 신체의 균형을 갖추어야 한다고 생각했기 때문이다. 신체 교육은 두 단계를 거쳤는데 18세까지는 놀이와 훈련을 받았다. 이때 노예 신분의 교사로부터 교육을 받았는데 이 노예 신분의 교사를 파이다고고스(Paidagogos)라고 불

렀다. 파이데이아의 목적은 직업교육이 아니라 자유로운 인간으로의 육성이었다. 성인이 되면 군사학교 성격의 에페베(Ephebe)에 입학하여 훈련 교관으로부터 검술, 활쏘기, 창 던지기 훈련을 받았다. 로마 교육에서는 역사의식이 중요시되어 자기 조상들의 명예를 중시하였으며 법률의식을 중시하였다. 로마의 겔리우스에 의하면 그리스인들은 진심어린 마음과 모든 인간에게 열려 있는 호의를 파이데이아라고 불렀는데 로마인들은 이를 후마니타스라고 불렀다. 그 의미는 오늘날 교양이라는 의미이다. 빌헬름 딜타이(손승남 역), 『고대 그리스와 로마의 교육』, 지식을만드는 지식, 2012, p.73, pp.84~90. p.98. p.173.

153 찰스 파델과 마야 비알릭, 바니 트릴링이 공저한 『4차원 교육 4차원 미래역량』을 보면 핵심 인성 역량으로 마음 챙김, 호기심, 용기, 회복 탄력성, 윤리성, 리더십 여섯 가지를 들고 있다. 마음 챙김(mindfulness)은 긍정적 감정, 자존감, 자율성과 관계있는 것으로 나타났다. 뇌과학 실험에 의하면 호기심이 클수록 실험 참가자는 자원투자를 많이 하는 경향을 보였다. 용기는 배짱, 위험 감수 등으로 나타났으며 이 특징은 기업가 정신의 근간이다. 누구나 한때 실패를 경험하기 때문에 회복 탄력성이 중요하다. 이는 투지와 관련 있는 항목이다. 윤리성은 관용, 신뢰, 품위, 정직과 관련이 있다. 리더십은 책임감, 겸손과 같은 항목과 관련이 있다. 물리학의 거인인 아이작 뉴턴과 아인슈타인은 어떻게 성공하였는가? 두 사람의 공통점은 호기심과 열정이다. 아인슈타인은 "나에게는 특별한 재능이 없다. 단지 열광적으로 호기심이 많을 뿐이다."라고 말한 바 있다. 뉴턴의 전기를 쓴 리처드 웨스트폴에 의하면 뉴턴은 노트에 '질문들'이라는 제목을 적고 그 밑에 관심 있는 주제들을 쓰면서 하나씩 탐구했다. 그가 케임브리지대학을 재학 중일 때 뉴턴은 물리학, 수학, 연금술, 신학 등 실로 다양한 분야에 호기심을 가지고 열정적으로 파고들었다. 나중에 누군가 물었다. 어떻게 미적분 수학, 만유인력 법칙을 만들어낼 수 있었냐고! 뉴턴은 온종일 그것밖에 생각하지 않았다고 대답하였다. 그만큼 열정이 있었던 것이다. 이런 특성은 지식의 학습과는 다른 것들이다. 인성의 구성요소들을 보면 참으로 방대하다. 20세기 들어 대학은 주로 지식과 기술만 가르쳐 왔으며 이런 방대한 인성 영역에는 뛰어들지 못하고 교양과목이란 이름으로 흉내만 냈는지 모른다. 하워드 가드너(류숙희 역), 『인간은 어떻게 배우는가?』, 사회평론, 2015, pp.43~44.

154 돈 탭스콧(이진원 역), 『디지털 네이티브』, 비즈니스북스, 2009, p.253, p.282.

155 마크 프렌스키(정현선 · 이원미 역), 『디지털 네이티브 그들은 어떻게 배우는가』, 사회평

론아카데미, 2019, pp.22~23.

156 수전 그린필드(이한음 역), 『마인드 체인지』, 북라이프, 2015, p.59

157 돈 탭스콧(이진원 역), 『디지털 네이티브』, 비즈니스북스, 2009.

158 수전 그린필드(이한음 역), 『마인드 체인지』, 북라이프, 2015, p.160.

159 만프레드 슈피처(박병화 역), 『사이버 스트레스』, 알마, 2017, p.150.

160 만프레드 슈피처(박종대 역), 『노모포비아 스마트폰이 없는 공포』, 더난출판사, 2020, p.114.

161 셰리 터클(이은주 역), 『외로워지는 사람들』, 청림출판, 2012.

162 셰리 터클(황소연 역), 『대화를 잃어버린 사람들』, 민음사, 2018, p.234.

163 찰스 다윈(추한호 역), 『인간의 기원 1』, 동서문화사, 2018.

164 프란스 드 발(황상익 · 장대익 역), 『침팬지 폴리틱스』, 바다출판사, 2004.

165 엄남석, 「네안데르탈인 등과 다른 현생 인류만의 독특한 유전자 1.5% 불과」, 『연합뉴스』, 2021. 7. 19.

166 마이클 토마셀로(이정원 역), 『생각의 기원』, 이데아, 2017.

167 Population Reference Bureau(2020)자료를 위키디피아에서 추출함.

168 대럴 브리커 · 존 이빗슨(김병순 역), 『텅 빈 지구』, 을유문화사, 2019, p.223.

169 대럴 브리커 · 존 이빗슨(김병순 역), 『텅 빈 지구』, 을유문화사, 2019, p.214.

170 워킹맘들은 선택해야 한다. 둘째 아기를 낳기 위해 직장을 퇴직할 것이냐? 직장을 고수하기 위해 둘째를 포기할 것이냐? 답하기 어려운 문제이다.

171 출산율이 급격히 감소한 국가들은 모두 공통적으로 도시화율이 높아진 국가들이다. 유럽 역시 도시화율이 80%에 이를 만큼 매우 높고 출산율은 낮다. 인도와 중국을 비롯한 아시아 국가들도 도시화율이 갈수록 높아지고 있어 출산율을 단기간에 되돌릴 가능성은 낮다. 대럴 브리커 · 존 이빗슨(김병순 역), 『텅 빈 지구』, 을유문화사, 2019, p,77.

172 이현청, 『왜 대학은 사라지는가』. 카모마일북스, 2015.

173 리처드 서스킨드 · 대니얼 서스킨드(위대선 역), 『4차 산업혁명 시대, 전문직의 미래』, 와이즈베리, 2016.

174 루이스 멈퍼드의 『기계의 신화』나 자끄 엘륄의 『기술 체계』에서 묘사되는 거대 기계나 기술 체계를 의미할 것이다.

175 화장실에는 세면대, 변기가 구비되어 있고 물을 가져오고 배설물을 바깥으로 보내

기 위한 도관들이 연결되어 있다.

176 기계의 관점에서 현대 문명의 하루를 분석해보자! 현대인은 스마트폰으로 하루를 시작하고 스마트폰으로 하루를 마감한다. 현대인은 스마트폰 알람 소리에 맞춰 깨어난다. 일어나자마자 메시지부터 확인한다. 해외여행을 간 친구가 맛집에서 찍은 사진이 올라와 있으면 "부러워하면 지는 것이야!"라며 마음을 다잡고 샤워부스로 간다. 샤워기의 뜨거운 물로 밤새 뻐근했던 몸에 활력을 선사한다. 밤사이에 세탁기는 더러워진 옷들을 품고 돌아간다. 출근 준비가 완료되면 밖에는 승용차, 버스, 지하철이 대기하고 있다. 현대인은 그중 하나를 골라 타고 직장으로 향한다. 모두가 기계이다! 그것으로 끝인가? 직장에 도착하면 책상 위에 떡하니 버티고 있는 컴퓨터를 켜 이메일을 읽은 다음 답장을 보낸다. 보고서를 출력하고 회의에 참석한다. 다니는 회사가 자동차회사, 조선사, 전자회사라면 회의 주제 역시 모두 신형 기계 개발에 관한 것이다. 다만 대상이 친환경 유조선, 고체 배터리, 절전형 노트북인지가 다를 뿐이다. 중간에 뻑뻑한 눈을 문지르며 커피 자판기에 가서 커피 한 잔을 뽑는다. 이때 다른 동료가 다가오면 동료와 잠깐 이야기를 나눈다. 집에 돌아와서도 기계는 인간에 대한 관심을 끄지 않는다. 노트북을 사용해 온라인으로 장을 보고, 소프트웨어는 내일 회사에서 발표할 보고서 작성을 돕는다. 일이 마무리되면 TV는 집주인이 좋아하는 영화나 음악을 제공한다. 에어컨은 쾌적한 실내를 위하여 실내온도를 세심하게 조절한다. 인간은 수면장애를 걱정하지만 취침 직전까지 스마트폰을 가만 놔두지 않는다. 스마트폰이 꺼져야 하루가 끝난다. 한마디로 현대인의 생활은 기계에서 시작하여 기계로 끝난다.

177 랭던 위너(강정인 역), 『자율적 테크놀로지와 정치철학』, 아카넷, 2000, p.20.

178 데이비드 블루어(김경만 역), 『지식과 사회의 상』, 한길사, 2000.

179 브루노 라투르 외(홍성욱 역), 『인간 · 사물 · 동맹』, 이음, 2010.

180 과학철학자들은 과학자들이 실증적 증거를 대기 전 실험을 고안할 때 이미 가치판단이 들어간다고 말했다. 브루노 라투르는 파스퇴르의 젖산 발표에 대한 연구에서 "사실이란 제조되어야 하고 이론에 의하여 짜맞춰져야 한다."고 말한다. 브뤼노 라투르(장하원 · 홍성욱 역), 『판도라의 희망』, 휴머니스트, 2018, p.209.

181 브뤼노 라투르(홍철기 역), 『우리는 결코 근대인이었던 적이 없다』, 갈무리, 2009.

182 스티븐 이얼리(김명진 역), 『과학학이란 무엇인가』, 그린비, 2018, p.128.

183 조지 바살라(김동광 역), 『기술의 진화』, 까치, 1996, p.294.

184 이 그림은 필자가 고등학교 시절 미술시간에 미술 선생님이 환등기로 보여준 그림들 중 하나였다. 에드워드 윌슨의 지구의 정복자에서 그림에 대한 언급을 읽고 책에 넣었다. 에드워드 윌슨(이한음 역), 『지구의 정복자』, 사이언스북스, 2013, p.15.

185 마르틴 하이데거(신상희 역), 『숲길』, 나남, 2008, pp.319~327.

186 자끄 엘륄(이상민 역), 『기술 체계』, 대장간, 2013.

187 하워드 가드너(임재서 역), 『열정과 기질』, 북스넛, 2004, pp.401~457.

188 인터넷에 여러 번역이 검색되었다. 그중에서 제일 마음에 드는 김영동 교수의 번역을 채택하였다.

189 야마쿠치 슈(이정환 역), 『세계의 리더들은 왜 직감을 단련하는가』, 북클라우드, 2018, pp.33~49.

190 Robert J. Sternberg(김정희 역), 『지혜, 지능 그리고 창의성의 종합』, 시그마프레스, 2004, pp.184~207.

191 조지프 캠벨(이윤기 역), 『천의 얼굴을 가진 영웅』, 민음사, 2018, p.211, p.326.

192 왕필(임채우 역), 『왕필의 노자주』, 한길사, 2005, p.240.

193 루이스 멈퍼드(유명기 역), 『기계의 신화 1』, 아카넷, 2013, p.260.

194 루이스 멈퍼드(유명기 역), 『기계의 신화 1』, 아카넷, 2013, p.329.

195 유발 히라리(김명주 역), 『호모 데우스』, 김영사, 2017.

196 닉 보스트롬(조성진 역), 『슈퍼인텔리전스』, 까치, 2017.

197 제리 카플란(신동숙 역), 『제리 카플란 인공지능의 미래』, 한스미디어, 2017, p.157.

198 Carl Benedikt Frey · Michael Osborne, "The Future of Employment", University of Oxford, 2013.

199 마틴 포드(김대영 · 김태우 · 서창원 · 최종현 · 한성일 역), 『AI 마인드』, 터닝포인트, 2019.

200 Gaaitzen J. de Vries · Elisabetta Gentile · Sébastien Miroudot · Konstantin M. Wacker, "The Rise of Robots and the Fall of Routine Jobs", 『Labor Economics』, Vol. 66, No. 619, 2020.

201 Daron Acemoglu · Pascual Restrepo, "Robots and Job : Evidence from US Labor Markets", NBER Working Paper, No. 17-4, 2017.

202 쥘 베른(김석희 역), 『지구에서 달까지』, 열림원, 2008.

203 소설에서는 심지어 포탄이 달에 착륙할 때 충격을 줄이기 위해 역추진 로켓을 사용하는 개념도 나와 100년 후 달착륙선이 달에 착륙할 때 역추진 로켓을 점화하

는 것을 예언했다. 그리고 충격을 줄이기 위해 포탄 객차 내에 물을 싣고 가야 한다고 언급해 미래 우주선이 지구로 귀환할 때 바다로 돌아오는 아이디어를 제공했다. 쥘 베른(김석희 역), 『지구에서 달까지』, 열림원, 2008, p.208, p.241.

204 소설에서는 포탄 객차가 달에 도착하지 못하고 달의 주위를 도는 하나의 천체가 된 것으로 마무리했다. 쥘 베른(김석희 역), 『지구에서 달까지』, 열림원, 2008, p.282.

205 프리먼 다이슨(김학영 역), 『프리먼 다이슨의 의도된 실수』, 메디치미디어, 2018, p.348.

206 MV = PT 여기서 M은 통화량, V는 화폐유통속도, P는 물가수준, T는 실물 거래량을 나타낸다.

207 Milton Friedman, "The Quantity Theory of Money : A Restatement", Milton Friedman(ed), 『Studies in the Quantity Theory of Money』, The University of Chicago Press, 1956, pp.3~21.

208 피터 드러커(남상진 역), 『피터 드러커 나의 이력서』, 청림출판, 2006, p.63, p.126.

209 대럴 브리커 · 존 이빗슨(김병순 역), 『텅 빈 지구』, 을유문화사, 2019, p.58.

210 대럴 브리커 · 존 이빗슨(김병순 역), 『텅 빈 지구』, 을유문화사, 2019, p.58.

211 대럴 브리커 · 존 이빗슨(김병순 역), 『텅 빈 지구』, 을유문화사, 2019, p.160.

212 대럴 브리커 · 존 이빗슨(김병순 역), 『텅 빈 지구』, 을유문화사, 2019, p.177

213 제임스 마틴(류현 역), 『제임스 마틴의 미래학 강의』, 김영사, 2009, p.110.

214 존 메이나드 케인스(홍기빈 역), 『우리 손자 손녀들이 누리게 될 경제적 가능성』, 1930.

215 슈테판 클라인, 『시간의 놀라운 발견』, 웅진지식하우스, 2007, p.235.

216 브리짓 슐트(안진이 역), 『타임 푸어』, 더퀘스트, 2015, p.79, p.145.

217 리처드 왓슨(김원호 역), 『퓨처 파일』, 청림출판, 2009, p.94.

218 정용균, 「인도의 민간협력사업(PPP) : 분쟁사례와 분쟁해결유형」, 『중재연구』, 한국중재학회, 제31권, 제2호, 2021, pp.47~76.

219 Frank H. Knight, 『*Risk Uncertainty and Profit*』, University of Chicago Press, 1971.

220 정용균, 『인공지능과 인간의 협업 시대가 왔다』, 율곡출판사, 2020.

221 데이비드 엡스타인(이한음 역), 『늦깎이 천재들의 비밀』, 열린책들, 2020, p.157.

222 정용균, 『인공지능무역 시대가 왔다』, 율곡출판사, 2020, p.326.

223 뉴턴은 반사망원경을 만들면서 학계의 관심을 받기 시작하였다. 리처드 웨스트폴,

『프린키피아의 천재』, 사이언스북스, 2001. 필자는 비유적 의미에서 두 대학을 지정하였다. 이 외에도 많은 대학에서 뉴턴이 재직할 가능성이 크다고 할 수 있다.

224 John Maynard Keynes, 『*The General Theory of Employment Interest and Money*』, Macmillan & Co. Ltd, 1973.

225 Milton Friedman, 『*A Monetary History of the United States, 1867–1960*』, Princeton University Press, 1971.

226 Edmund S. Phelps, 『*The Microeconomic Foundations of Employment and Inflation Theory*』, W.W. Norton & Co, 1970.

227 마틴 포드(이창희 역), 『로봇의 부상』, 세종서적, 2016.

228 정용균 『인공지능과 인간의 협업 시대가 왔다』, 율곡출판사, 2020.

229 린다 그래튼 · 앤드루 J. 스콧(김원일 역), 『뉴 롱 라이프』, 클, 2021, p.126.

제2장 세 가지 질문

1 Jinyoung Kim and Cyn-Young Park, "Education, Skill Training and Lifelong Learning in the Era of Technological Revolution", ADB Working Paper, No. 606, 2020.

2 특히 문제는 노동생산성이다. 연봉 문제는 임금피크제 등으로 사회적 합의를 볼 수도 있다. 그러나 아무리 옛날보다 적게 받는 것에 동의하고, 임금피크제가 시행된다 하더라도 근로자의 생산성이 제자리 걸음이라면 고용주는 계속 나가줄 것을 요구할 수도 있다. 우리나라는 나이를 의식하는 문화권이다. 상대방의 나이에 따라 대응하는 말에 변화(예를 들어 반말과 존댓말)를 주어야 할 만큼 나이에 매우 민감한 문화이다. 2002년 월드컵의 영웅인 히딩크 감독은 국가대표 선수단이 나이에 의하여 엄격하게 선배와 후배로 나뉜 것을 해소하기 위해 애써 선배와 후배를 같은 방을 쓰게 하기도 했다.

3 말콤 노울즈와 샤란 메리엄과 같은 성인교육 전문가에 의하면 성인 학습자들은 자기주도 학습자이다. Sharan B. Merriam · Laura L. Bierema(최은수 · 신승원 · 강찬석 역), 『성인학습 이론과 실천』, 아카데미프레스, 2016.

4 Malcolm S. Knowles, Elwood F. Holton, Richard A. Swanson(최은수 역), 『성인 학

습자』, 아카데미프레스, 2016.

5 유학을 갈 수도 있고 국내에서 공부할 수도 있다. 대학원에 갈 수도 있고 안 갈 수도 있다. 온라인 교육을 선택할 수도 있고 오프라인 교육을 선택할 수도 있다. 선택의 폭이 넓어졌다.

6 여기서 보통 경제학에서 사용하는 생산함수를 가정한다. 생산함수는 노동과 자본이라는 생산요소를 통하여 총생산량이 결정된다고 가정한다. Y = F(K, L), 이 생산함수에서 Y는 총생산량, 즉 국민총생산(GNP)를 의미하고, K는 자본량, L은 노동량을 의미한다.

7 Robert E. Lucas Jr, 『*Studies in Business-Cycle Theory*』, MIT Press, 1981.

8 에즈라 F. 보겔(장인영 역), 『네마리의 작은용』, 고려원, 1993.

9 Gary S. Becker, 『*Human Capital*』, University of Chicago Press, 1994.

10 John Maynard Keynes, 『*The General Theory of Employment Interest and Money*』, Macmillan & Co. Ltd, 1973.

11 이현청, 『왜 대학은 사라지는가』, 카모마일북스, 2015.

12 이들은 이미 직장생활을 하고 있으므로 대학 등록금을 낼 수 있어 고등교육을 구입할 유효수요가 있는 계층이다.

13 도쿄대 고령사회 종합연구소(최예은 역), 『도쿄대 고령사회 교과서』, 행성B, 2019.

14 John W. Rowe · Robert L. Kahn, "Successful Aging 2.0 : Conceptual Expansions for the 21st Century", 『*Journals of Gerontology Series B : Psychological Sciences and Social Sciences*』, Oxford University Press, Vol. 70, No. 4, 2015, pp.593~596. ; 정용균, 「장 · 노년층의 성공적 노화와 정보화교육 유용성에 대한 탐색적 연구」, 『e-비즈니스연구』, 국제e-비즈니스학회, 제20권, 제2호, 2019, p.45.

15 차진태, 「일본의 노인교육」, 『사회보장법연구』, 서울대학교 사회보장법연구회, 제8권, 제1호, 2019, pp.41~76.

16 다시 출산율이 반등한다고 하더라도 이들이 고등교육에 반영되려면 20년 뒤일 것이다. 따라서 아무리 적게 잡아도 미래 20년간 청년의 고등교육 수요는 낮은 초과공급 상태에 머무를 것이다.

17 케빈 캐리(공지민 역), 『대학의 미래』, 지식의날개, 2016.

18 롤프 옌센 · 미카 알토넨(박종윤 역), 『르네상스 소사이어티』, 36.5, 2014, pp.336~337.

19 마우로 기옌(우진하 역), 『2030 축의 전환』, 리더스북, 2020.

20 에두아르드 C. 린드만(김동진 · 강대중 역), 『성인교육의 의미』, 학이시습, 2013, p.5.

21 John Maynard Keynes, 『*The General Theory of Employment Interest and Money*』, Macmillan & Co. Ltd, 1973.

22 린다 그래튼 · 앤드루 J. 스콧(김원일 역), 『뉴 롱 라이프』, 클, 2021.

23 말콤 글래드웰(노정태 역), 『아웃라이어』, 김영사, 2009.

24 하워드 가드너(임재서 역), 『열정과 기질』, 북스넛, 2004, p.161.

25 린다 그래튼 · 앤드루 J. 스콧(김원일 역), 『뉴 롱 라이프』, 클, 2021, p.184.

26 강승현, 「1인가구 첫 40% 돌파 … 60대 이상이 36%」, 『dongA.com』, 2021. 10. 7.

27 에드워드 윌슨(이한음 역), 『창의성의 기원』, 사이언스북스, 2020, p.31.

28 스티븐 쿼츠 · 티렌스 세지노브스키(최장욱 역), 『거짓말쟁이, 연인 그리고 영웅』, 소소, 2005, p.161.

29 수전 그린필드(이한음 역), 『마인드 체인지』, 북라이프, 2015.

30 Martin Heideggar, 『*The Question Concerning Technology*』, Harper Perennial Modern Thought, 1977, p.25.

31 조지 바살라의 『기술의 진화』나 브라이언 아더의 『*The Nature of Technology*』, 마르틴 하이데거의 『*The Question Concerning Technology*』를 보면 기술은 인간의 통제를 벗어나 자기 고유의 발전 경로를 따라가고 있는 것처럼 보인다. W. Brian Arthur, 『The Nature of Technology』, Free Press, 2011.

32 로빈 던바(김학영 역), 『멸종하거나, 진화하거나』, 반니, 2015, p.16.

33 로빈 던바(김학영 역), 『멸종하거나, 진화하거나』, 반니, 2015, p.27.

34 2차 세계대전에서 단엽기는 전함의 시대에 종언을 고하고 항공모함의 시대를 열었다.

35 당시 오리온 프로젝트라고 명명된 연구에서는 소형 원자폭탄을 수초 단위로 폭발시키고, 그 폭발력으로 추진력을 일으켜 비행하는 구조였다. 조지 바살라(김동광 역), 『기술의 진화』, 까치, 1996, pp.272~273.

36 John W. Rowe · Robert L. Kahn, "Successful Aging 2.0 : Conceptual Expansions for the 21st Century", 『*Journals of Gerontology Series B : Psychological Sciences and Social Sciences*』, Oxford University Press, Vol. 70, No. 4, 2015, pp.593~596

37 John W. Rowe · Robert L. Kahn, "Successful Aging 2.0 : Conceptual Expansions for the 21st Century", 『*Journals of Gerontology Series B : Psychological Sciences and Social Sciences*』, Oxford University Press, Vol. 70, No. 4, 2015, pp.593~

596. ; 정용균, 「장 · 노년층의 성공적 노화와 정보화교육 유용성에 대한 탐색적 연구」, 『e-비즈니스연구』, 국제e-비즈니스학회, 제20권, 제2호, 2019, p.45.

38 구본권, 『로봇 시대, 인간의 일』, 어크로스, 2015, p.97.

39 린다 그래튼 · 앤드루 J. 스콧(김원일 역), 『뉴 롱 라이프』, 클, 2021.

40 찰스 핸디(강혜정 역), 『찰스 핸디의 포트폴리오 인생』, 에이지21, 2008, pp.149~151.

41 조지프 캠벨(이윤기 역), 『천의 얼굴을 가진 영웅』, 민음사, 2018.

42 존 스튜어트 밀(최명관 역), 『존 스튜어트 밀 자서전』, 창, 2010, pp.15~38.

43 존 스튜어트 밀(최명관 역), 『존 스튜어트 밀 자서전』, 창, 2010, pp.15~38.

44 바바라 골드스미스(김희원 역), 『열정적인 천재, 마리 퀴리』, 승산, 2009.

45 로렌스 크라우스(김성훈 역), 『퀀텀맨』, 승산, 2012.

46 찰스 다윈(이한중 역), 『나의 삶은 서서히 진화해왔다』, 갈라파고스, 2003.

47 찰스 다윈(추한호 역), 『인간의 기원 1』, 동서문화사, 2018.

48 존 스튜어트 밀(최명관 역), 『존 스튜어트 밀 자서전』, 창, 2010, pp.252~254.

49 마우로 기옌(우진하 역), 『2030 축의 전환』, 리더스북, 2020, p.70.

50 매일경제 국민보고대회팀, 『욜드 이코노미』, 매일경제신문사, 2020.

51 Daniel J. Levitin, 『*Successful Aging*』, Dutton, 2020, p.200.

52 Daniel J. Levitin, 『*Successful Aging*』, Dutton, 2020, p.179.

53 Mark S. Granovetter, "The Strength of Weak Ties", 『*American Journal of Sociology*』, Vol. 78, No. 6, 1973, pp.1360~1380.

54 법정 · 류시화, 『살아 있는 것은 다 행복하라』, 조화로운삶, 2006.

55 토머스 데이븐포드(현대경제연구원 역), 『IT경영전략』, 21세기북스, 2000, p.23.

56 린다 그래튼 · 앤드루 J. 스콧(김원일 역), 『뉴 롱 라이프』, 클, 2021, p.227.

57 조지프 캠벨(이진구 역), 『신의 가면 2(동양신화)』, 까치, 1999, pp.252~253.

58 에드워드 윌슨(이한음 역), 『창의성의 기원』, 사이언스북스, 2020, p.77.

59 크리스토퍼 보엠(김아림 역) 『도덕의 탄생』, 리얼부커스, 2019.

60 프란스 드 발(박성규 역), 『원숭이와 초밥 요리사』, 수희재, 2005, p.276.

61 프란스 드 발(오준호 역), 『착한 인류』, 미지북스, 2014, p.195.

62 프란스 드 발(박성규 역), 『원숭이와 초밥 요리사』, 수희재, 2005, p.286.

63 William C. McGrew, 『*Chimpanzee Material Culture*』, Cambridge University Press, 1992.

64 프란스 드 발(이충호 역), 『동물의 생각에 관한 생각』, 세종서적, 2017, p.131.

65 William C. McGrew, 『*Chimpanzee Material Culture*』, Cambridge University Press, 1992, pp.159~160.

66 William C. McGrew, 『*Chimpanzee Material Culture*』, Cambridge University Press, 1992, pp.164~165. [그림 3]의 두 번째 그림은 맥그루의 저서 『*Chimpanzee Material Culture*』의 사진(p.175)과 프란스 드 발의 『동물의 생각에 관한 생각』의 그림(p.128) 그리고 인터넷에 나와 있는 침팬지 도구 사용사진 등을 참조하여 그린 그림임.

67 프란스 드 발(박성규 역), 『원숭이와 초밥 요리사』, 수희재, 2005, p.285.

68 프란스 드 발(박성규 역), 『원숭이와 초밥 요리사』, 수희재, 2005, p.285.

69 제인 구달(최재천 · 이상임 역), 『인간의 그늘에서』, 사이언스북스, 2001, pp.203~226.

70 리처드 랭햄 · 데일 피터슨(이명희 역), 『악마 같은 남성』, 사이언스북스, 1998, pp.216~217.

71 프란스 드 발(황상익 · 장대익 역), 『침팬지 폴리틱스』, 바다출판사, 2004, pp.135~207.

72 앤 이니스 대그(노승영 역), 『동물에게 배우는 노년의 삶』, 시대의창, 2016, p.165.

73 앤 이니스 대그(노승영 역), 『동물에게 배우는 노년의 삶』, 시대의창, 2016, p.167. ; 라윗의 사망 시실은 원 관찰자인 프란스 드 발의 다른 저서에도 기록되어 있다. 프란스 드 발(이충호 역), 『동물의 생각에 관한 생각』, 세종서적, 2017, pp.280~282.

74 도쿄대 고령사회 종합연구소(최예은 역), 『도쿄대 고령사회 교과서』, 행성B, 2019, pp.222~224.

75 병원에 들어가기도 어렵지만 나오기도 어렵다. 병원비를 정산해야 짐을 정리하라는 허가가 떨어진다.

76 NHK 스페셜 제작팀(홍성민 역), 『가족의 파산』, 동녘, p.163.

77 NHK 스페셜 제작팀(홍성민 역), 『가족의 파산』, 동녘, p.153.

78 윌 듀런트(김승욱 역), 『노년에 대하여』, 민음사, 2018, p.207.

79 다이앤 포시(최재천 · 남현영 역), 『안개 속의 고릴라』, 승산, 2007.

80 로버트 M. 새폴스키(박미경 역), 『Dr. 영장류 개코원숭이로 살다』, 솔빛길, 2016.

81 마이클 토마셀로(이정원 역), 『생각의 기원』, 이데아, 2017, p.66.

82 로빈 던바(김학영 역), 『멸종하거나, 진화하거나』, 반니, 2015, p.314.

83 린다 그래튼 · 앤드루 스콧(안세민 역), 『100세 인생』, 클, 2017.

84 라이언 아벤트(안진환 역), 『노동의 미래』, 민음사, 2018, p.149.

85 라이언 아벤트(안진환 역), 『노동의 미래』, 민음사, 2018, p.149.

86 리처드 칼슨(강미경 역), 『우리는 사소한 것에 목숨을 건다』, 창작시대, 2004, p.26.

87 정용균, 『인공지능무역 시대가 왔다』, 율곡출판사, 2020.

88 정용균, 『인공지능과 인간의 협업 시대가 왔다』, 율곡출판사, 2020.

89 수전 그린필드(이한음 역), 『마인드 체인지』, 북라이프, 2015.

90 셰리 터클(이은주 역), 『외로워지는 사람들』, 청림출판, 2012, p.250.

91 로버트 D. 퍼트넘(정승현 역), 『나 홀로 볼링』, 페이퍼로드, 2009, p.350.

92 리처드 왓슨(방진이 역), 『인공지능 시대가 두려운 사람들에게』, 원더박스, 2017, p.42.

93 린다 그래튼 · 앤드루 J. 스콧(김원일 역), 『뉴 롱 라이프』, 클, 2021, p.128.

94 우리가 사는 곳 자체가 기술 문명이고 모든 문명 곳곳에 기술이 들어가 있다. 생각해보자! 농업사회에 사는 사람들은 환경 자체가 농촌이다. 모든 일정이 농사에 맞추어져 있다. 왜 예전에 음력 달력을 썼는가? 음력이 농사에 맞춰 만든 달력이기 때문이다. 고대 문명에서 왜 소를 숭배하였는가? 소가 농사의 주요 도구였기 때문이다. 계절에 관계없이 돌아가는 제조업이 들어서자 양력을 사용하기 시작했다. 정보사회가 되니 모든 사무실에는 책상마다 소 대신 컴퓨터가 놓이게 되었다. 이제 어떤 사무공간에 들어가거나 컴퓨터는 필수품이다. 이제 전기자동차 시대가 올 것이라고 한다. 거리에서도 심심치 않게 전기자동차를 보게 된다. 그러자 배터리가 미래 중요한 산업이 되었다. 그리고 인공지능 시대가 오고 있다! 이제 인공지능을 모르고는 기술 문명을 이해하기 어렵다. 대학 교양과목 중에 "세계 경제의 이해" 같은 과목이 있듯이 성인 직업교육 과정에는 "기술 문명에 대한 이해"와 같은 과목이 있어야 한다.

95 수렵·채집 시대가 종말된 뒤 인류는 농업사회와 유목사회로 나뉘었다. 농업사회는 인류문명의 시원이기도 하다. 수메르 문명은 관개 문명으로 바빌론을 거쳐 헤브라이 민족으로 이어졌다. 결국 유대 민족은 가나안 땅으로 이동하여 농경 민족이 되었다. 한편 이와는 별도로 유목사회가 공존하였다. 이들은 말을 훈련시켜 타고 다니기 시작했다. 사실 인류문명에서 말만큼 중요한 동물도 없었다. 말은 훌륭한 운송수단이었다. 말에 비견할 동물은 낙타였다. 몽골제국과 흉노제국 모두 말을 기반으로 했었다. 이들은 넓은 초원에서 제국을 건설하였으며 후일 기마민족으로 불려졌다. 한무제는 서역 지방으로 장건을 파견하여 천리마를 얻고자 하였다.

96 Marc Prensky, "Digital Natives, Digital Immigrants", 『On the Horizon』, Vol. 9, No. 5,

2001, pp.1~6.

97 에드워드 드 보노(이은정 역), 『드 보노의 수평적 사고』, 한언, 2005, p.68.

98 크리스털 림 랭 · 그레고르 림 랭(박선령 역), 『휴먼 스킬』, 니들북, 2020.

99 페드로 도밍고스(강현진 역), 『마스터 알고리즘』, 비즈니스북스, 2016. ; 정용균, 『인공지능과 인간의 협업 시대가 왔다』, 율곡출판사, 2020, pp.51~56.

100 닉 보스트롬(조성진 역), 『슈퍼인텔리전스』, 까치, 2017.

101 마틴 포드(김대영 · 김태우 · 서창원 · 최종현 · 한성일 역), 『AI 마인드』, 터닝포인트, 2019, p.578.

102 전문가는 초지능이 오면 인류문명은 문을 닫을 것이라고 말한다.

103 구글의 자율주행차 총 책임자가 사임하였다.

104 하워드 가드너(문용린 · 유경재 역), 『다중지능』, 웅진지식하우스, 2007.

105 하워드 가드너(문용린 · 유경재 역), 『다중지능』, 웅진지식하우스, 2007, pp.27~37.

106 호아킨 M. 푸스테르(김미선 역), 『신경과학으로 보는 마음의 지도』, 휴먼사이언스, 2014, p.78.

107 레이 커즈와일(윤영삼 역), 『마음의 탄생』, 크레센도, 2016, p.126.

108 레이 커즈와일(윤영삼 역), 『마음의 탄생』, 크레센도, 2016, p.136.

109 레이 커즈와일(윤영삼 역), 『마음의 탄생』, 크레센도, 2016, pp.129~130.

110 스티븐 쿼츠 · 티렌스 세지노브스키(최장욱 역), 『거짓말쟁이, 연인 그리고 영웅』, 소소, 2005, p.363.

111 스티븐 쿼츠 · 티렌스 세자노브스키(최장욱 역), 『거짓말쟁이, 연인 그리고 영웅』, 소소, 2005, p.366.

112 Malcolm S. Knowles · Edwood F. Holton III · Richard A. Swanson(최은수 역), 『성인학습자』, 아카데미프레스, 2016, p.281.

113 에두아르드 C. 린드만(김동진 · 강대중 역), 『성인교육의 의미』, 학이시습, 2013, p.5.

114 Malcolm S. Knowles · Edwood F. Holton III · Richard A. Swanson(최은수 역), 『성인학습자』, 아카데미프레스, 2016, p.281.

115 돈황 막고굴에서 출토되었다.

116 박도오, 『현장법사 인도구법기』, 경서원, 1998. p.25.

117 현장(권덕녀 편역), 『대당서역기』, 서해문집, 2006.

118 E. O. 라이샤워(조성을 역), 『중국 중세사회로의 여행』, 한울, 2007, pp.65~76.

119 엔닌(김문경 역), 『엔닌의 입당구법순례행기』, 중심, 2001.
120 William Wayne Farris, 『*Daily Life and Demographics in Ancient Japan*』, University of Michigan Center for Japanese Studies, 2009.
121 안데르스 에릭슨, 로버트 풀(강혜정 역), 『1만 시간의 재발견』, 비즈니스북스, 2016.
122 이현청, 『왜 대학은 사라지는가』, 카모마일북스, 2015, p.278.
123 케빈 캐리(공지민 역), 『대학의 미래』, 지식의날개, 2016, p.285.
124 마우로 기옌(우진하 역), 『2030 축의 전환』, 리더스북, 2020.
125 클라우스 슈밥(송경진 역), 『클라우스 슈밥의 제4차 산업혁명』, 메가스터디북스, 2016.
126 맥스 테그마크(백우진 역), 『맥스 테그마크의 라이프 3.0』, 동아시아, 2017.
127 모토하시 도모미쓰(윤준 역), 『데이터 전처리 대전』, 한빛미디어, 2019.
128 윤혜식, 『클라우드』, 미디어샘, 2020.
129 「노동 4.0 백서」에서도 보안문제의 중요성을 언급하고 있다. 독일연방 노동사회부(여시재 역), 「노동 4.0 백서」, 2017.
130 Sylvi Thun · Pål F. Kamsvåg · Birgit Kløve · Eva A. Seim · Hans Y. Torvatn, "Industry 4.0 : Whose Revolution? The Digitalization of Manufacturing Work Processes", 『*Nordic Journal of Working Life Studies*』, Vol. 9, No. 4, 2019, pp.39~57.
131 피터 드러커(이재규 역), 『단절의 시대』, 한국경제신문사, 2003.
132 독일연방 노동사회부(여시재 역), 「노동 4.0 백서」, 2017.
133 Lihui Wang · Martin Torngren · Mauro Onori, "Current Status and Advancement of Cyber-Physical Systems in Manufacturing", 『*Journal of Manufacturing System*』, Vol. 37, No. 5, 2015, pp.517~527.
134 독일연방 노동사회부(여시재 역), 「노동 4.0 백서」, 2017, p.25.
135 개리 피사노 · 윌리 시(고영훈 역), 『왜 제조업 르네상스인가』, 지식노마드, 2019.
136 Claudia Goldin · Lawrence F. Katz, 『*The Race Between Education and Technology*』, Belknap Press : An Imprint of Harvard University Press, 2010, pp.172~173.
137 앨빈 토플러 · 하이디 토플러(김중웅 역), 『앨빈 토플러 부의 미래』, 청림출판, 2006.
138 정용균, 『인공지능과 인간의 협업 시대가 왔다』, 율곡출판사, 2020.
139 독일연방 노동사회부(여시재 역), 「노동 4.0 백서」, 2017, p.24.

140 최근 해외 교육학계에서는 제4차 산업혁명에 발맞추어 교육 부문에 대한 인공지능 적용에 관한 통합적 움직임을 '교육 4.0'으로 명명한 바 있다.

141 Ben Williamson · Sian Bayne · Suellen Shay, "The Datafication of Teaching in Higher Education : Critical Issues and Perspectives", 『Teaching in Higher Education』, Vol. 25, No. 4, 2020, pp.351~365. ; Jarke Juliane · Breiter Andreas, "Editorial : The Datafication of Education", 『Learning, Media and Technology』, Vol. 44, No. 1, 2019, pp.1~6.

142 이미 오래전부터 해외 교육계에서는 AIED(Artificial Intelligence in Education)를 중심으로 인공지능을 교육 분야에 적용해왔다. 그 시초는 컴퓨터 도움 교육(Computer-Assisted Education)이다. 즉, 교사가 인간을 교육하는 데 컴퓨터를 보조로 사용하는 방식이다. 인간 교사가 교육을 주도하지만, 컴퓨터의 도움을 받는 것이다. 그리고 이는 나중에 지능형 교사 시스템(ITS) 개발로 이어졌다. 지능형 교사 시스템의 핵심은 이제 인간 교사가 나서지 않고 인공지능이 직접 학생을 상대하여 가르친다는 점이다. 정용균, 「인공지능이 교육에 미치는 영향 : 교육패러다임 4.0을 중심으로」, 『강원문화연구』, 강원대학교 강원문화연구소, 제43권, 2021.

143 3D 프린팅 기술은 모든 제품 생산을 단순화함으로써 교구 생산비용이 획기적으로 절감되고 있다. 미래에 사용될 로봇 역시 3D 프린팅 기술로 말미암아 큰 영향을 받을 것이다.

144 이때 알고리즘은 데이터를 훈련용 데이터와 검증용 데이터로 나누어 훈련하고, 여기에서 나온 결과를 통해 계수 값을 도출한 다음, 이 데이터로 검증용 데이터에 적용하여 예측력이 얼마나 정확한지 검증한다. 현상적으로 기계학습은 하나의 의미 있는 패턴을 만들어 낸다. 페드로 도밍고스, 『마스터 알고리즘』, 비즈니스북스, 2016.

145 이에 대한 자세한 발전현황은 Wayne Holmes · Maya Bialik · Charles Fadel의 『인공지능 시대의 미래교육』을 참조하시오.

146 성은모 · 진성희 · 유미나, 「학습분석학 관점에서 학습자의 자기주도학습 지원을 위한 학습 데이터 탐색연구」, 한국교육공학회, 『교육공학연구』, 제32권, 제3호, 2016, p.502.

147 김은희 · 변호승, 「학습분석학 기반의 교수자 피드백 분류체계 개발」, 『교육공학연구』, 한국교육공학회, 제33권, 제3호, 2017, pp.737~751.

148 성은모 · 진성희 · 유미나, 「학습분석학 관점에서 학습자의 자기주도학습 지원을 위한 학습 데이터 탐색연구」, 한국교육공학회, 『교육공학연구』, 제32권, 제3호, 2016, p.504.

149 기계학습에 필요한 자료를 충족시켜준다. 과거에는 데이터의 규모가 작았기 때문에 기계학습 모델을 적용하기 어려웠으나 하둡 등 비정형 데이터와 정형 데이터를 하나의 데이터베이스에 통합하는 소프트웨어가 개발됨에 따라 교육데이터에 기계학습 모델을 적용하게 되었다. 정용균 · 정진근, 「빅데이터에 대한 공정이용법리 적용에관한 연구—법경제학적 관점을 중심으로」, 『한국산업재산권법학회 논집』, 한국지식재산학회, 제43권, 2014, pp.161~162.

150 김종오, 『알기쉬운 센서기술과 응용』, 복두출판사, 2019, p.354.

151 인간은 전 세계에 70억 명을 초과하는 규모이다. 사물의 양은 그보다 훨씬 많을 것이다. 사람 한 명에게 딸린 사물만 해도 시계, 스마트폰, 안경, 필기도구, 의류, 노트북 컴퓨터, 자동차 등 우리는 많은 사물을 주렁주렁 달고 다니고 있다. 따라서 향후 사물인터넷이 생산해내는 데이터양은 빅데이터 규모임이 자명하다. 정용균, 「인공지능이 교육에 미치는 영향 : 교육패러다임 4.0을 중심으로」, 『강원문화연구』, 강원대학교 강원문화연구소, 제43권, 2021.

152 이미 구글은 2016년 12월 화장실 같은 곳에 영구적으로 부착하는 광학 센서를 개발하였다. 동 센서는 만약 인체의 혈류에 문제가 발생하게 되면 피부색의 변화로 이를 추적하는 기능이 있다. 이는 구글이 건강산업에 뛰어들기 위해 개발했다. 또 다른 인터넷 업체인 애플은 2019년 1월 심장 박동을 모니터링하는 스마트 워치를 개발하였다. 구글의 콘택트렌즈는 눈물에서 혈당을 측정한다. 구글 콘택트렌즈를 눈에 착용하고 있으면 이 렌즈는 혈당 자료를 실시간으로 의료기관의 서버에 보낸다. 의사는 환자를 직접 대면하지 않고도 원격으로 진료가 가능해진다. 교육 4.0에 이러한 스마트 센서를 활용하면 하루 동안 심장 박동을 측정할 수 있다. 자이로스코프 같은 운동 센서를 활용하면 일정 시간이 지난 후 운동할 것을 코치할 수 있다. 실시간으로 스트레스 수준을 측정 가능하다. Monica Ionita Ciolacu · Leon Binder · Heribert Popp, "Enabling IoT in Education 4.0 with BioSensors from Wearables and Artificial Intelligence", 『*IEEE*』, 2019, pp.17~24.

153 니콜라스 카(임종기 역), 『빅 스위치』, 동아시아, 2008.

154 한국IBM 시스템 테크놀로지 그룹, 『가상화 기술의 새로운 패러다임』, 한국경제신문

사, 2007.

155 그러나 클라우드 컴퓨팅 기술로 말미암아 각급 교육기관들은 교육 관련 데이터를 가상공간에 저장한다. 물론 이는 프라이버시 침해 문제가 생기게 된다.

156 정용균 · 김중렬, 「성인 학습자의 e-러닝 학업지속 장애요인에 대한 사례연구 : 서울 소재 H사이버대학을 중심으로」, 『디지털융복합연구』, 한국디지털정책학회, 제16권, 제12호, 2018, pp.109~122.

157 Litman D. J · Rose C. P · Forbes-Riley K · VanLehn K · Bhembe D · Silliman S, "Spoken Versus Typed Human and Computer Dialogue Tutoring", 『Lecture Notes in Computer Science』, Vol. 16, No. 2, 2004, pp.145~170.

158 Ali Alkhatlan · Jugal Kalita "Intelligent Tutoring Systems : A Comprehensive Historical Survey with Recent Developments", 『*International Journal of Computer Applications*』, Vol. 181, No. 43, 2019, p.19.

159 Ali Alkhatlan · Jugal Kalita "Intelligent Tutoring Systems : A Comprehensive Historical Survey with Recent Developments", 『*International Journal of Computer Applications*』, Vol. 181, No. 43, 2019, p.20.

160 Ali Alkhatlan · Jugal Kalita "Intelligent Tutoring Systems : A Comprehensive Historical Survey with Recent Developments", 『*International Journal of Computer Applications*』, Vol. 181, No. 43, 2019, pp.18~19.

161 현대 국가에서 생산에 참여하는 근로자들은 더는 블루칼라 노동자가 아니다. 이들은 고도의 훈련을 받은 지식근로자들이다. 경영학의 대부 피터 드러커 교수에 의하면 미국의 경우 상당수 근로자는 전문지식을 갖춘 근로자들이다. 현대 근로자들은 사회에 진입하기 전에 다양한 교육과정을 거쳐야 한다. 따라서 국가적 차원에서 보면 학업에서 중도 탈락한다는 것은 더 이상 지식의 전수가 이루어지지 않고 단절되는 것을 의미한다.

162 Tamar Lewin, "After Setbacks, Online Courses Are Rethought", 『The New York Times』, 2013. 12. 11.

163 신정호 · 최재원 · 고욱, 「대학교육에서 학습분석 적용에 관한 탐색적 연구 : 교수자의 관점을 중심으로」, 『교육공학연구』, 한국교육공학회, 제31권, 제2호, 2015, p.231.

164 Gaševic · Dragan · Dawson · Shane · Siemens · George, "Let's Not Forget : Learning Analytics Are about Learning", 『TechTrends』, Vol. 59, No. 1, p.65.

165 더구나 인공지능이 어떤 경우에 높은 점수를 주는지 알려지게 되면 인간이 인공지능을 속여 과대평가될 가능성이 있다. 노래방에서 노래하는 사람들은 어떻게 하면 점수가 높게 나오는지 알고 거기에 중점을 두어 노래하는 경우도 있다. 이는 사람이 인공지능을 속이는 경우이다. 향후 채점에 대한 신뢰도 확보를 위해서는 보다 정교한 모델 개발이 필요하다. 이경건 · 하민수, 「인공지능 기반 자동평가의 현재와 미래 : 서술형 문항에 관한 문헌 고찰과 그 너머」, 『교육공학연구』, 한국교육공학회, 제36권, 제2호, 2020, p.357.

166 신을진, 『온라인 수업, 교사 실재감이 답이다』. 수업과성장연구소, 2020.

167 실제로 해외 교육계에는 로봇을 교구로 활용하는 연구들이 줄을 잇고 있다. 예를 들어 일본에서 영어교육 등 외국어 교육에 로봇을 활용할 경우 효과가 있었다는 보고가 있다. 일본에서 개발된 '나오'라는 로봇은 적당히 작은 크기에 거부감 없는 외모를 하고 있다.

168 Benjamin William Gleason · Christine Greenhow, "Hybrid Education : The Potential of Teaching and Learning with Robot-Mediated Communication", 『Online Learning』, Vol. 21, No. 4, 2017, pp.159~176. [그림 6]은 벤자민 글리슨과 크리스틴 그린하우에 게재된 사진을 바탕으로 그린 그림임.

169 Benjamin William Gleason · Christine Greenhow, "Hybrid Education : The Potential of Teaching and Learning with Robot-Mediated Communication", 『Online Learning』, Vol. 21, No. 4, 2017, 159~176.

170 데이비드 F. 노블(김명진 역), 『디지털 졸업장 공장』, 그린비, 2006, pp.36~41.

171 데이비드 F. 노블(김명진 역), 『디지털 졸업장 공장』, 그린비, 2006, p.47.

172 정용균, 「인터넷 쇼핑몰에서의 주관적 신뢰와 객관적 신뢰의 결정요인에 대한 연구」, 『e-비즈니스연구』, 국제e비스니스학회, 제10권, 제1호, 2009, pp.131~157.

173 정용균 · 김중렬, 「성인 학습자의 e-러닝 학업지속 장애요인에 대한 사례연구 : 서울 소재 H사이버대학을 중심으로」, 『디지털융복합연구』, 한국디지털정책학회, 제16권, 제2호, 2018, pp.109~122.

174 정용균 · 김중렬, 「성인 학습자의 e-러닝 학업지속 장애요인에 대한 사례연구 : 서울 소재 H사이버대학을 중심으로」, 『디지털융복합연구』, 한국디지털정책학회, 제16권, 제12호, 2018, pp.109~122.

175 토드 로즈(정미나 역), 『평균의 종말』, 21세기북스, 2018, p.122.

176 켄 로빈슨(정미나 역), 『학교혁명』, 21세기북스, 2015.

177 로버트 스턴버그 외(정명진 역), 『실용지능』, 부글북스, 2008.

178 로버트 스턴버그 외(정명진 역), 『실용지능』, 부글북스, 2008. p.69~70.

제3장 영웅의 귀환

1 조지프 캠벨(이윤기 역), 『천의 얼굴을 가진 영웅』, 민음사, 2018, p.103.

2 조지프 캠벨(이윤기 역), 『천의 얼굴을 가진 영웅』, 민음사, 2018, p.43.

3 Heinz-Otto Peitgen · Hartmut Jürgens · Dietmar Saupe의 『*Fractals for the Classroom*』을 참조하시오.

4 잘 알려진 신화 중 하나는 올림푸스 산에 좌정해 있는 여러 신이다. 바로 서양문명의 근간인 올림푸스 신화이다. 그 다음으로 북유럽의 신화가 있다. 올림푸스 신화의 제우스 신에 해당하는 오딘 신을 정점으로 아폴로 신에 해당하는 토르 신이 있다. 그 다음으로는 수메르 문명의 건설자 길가메시 서사시가 있다. 구약성서의 창세기에 나오는 노아와 욥기에 나오는 욥 이야기, 유대왕국의 초기 건설자 다윗, 이집트에서 유대민족을 탈출시켜 가나안 지방으로 들어간 모세, 크레타섬의 미노스 문명을 격파한 테세우스 이야기, 니르바나에 들어간 부처 이야기, 호메로스의 오딧세이아의 주인공 오딧세이 이야기는 신화의 범주에 들어간다. [그림 1]은 조지프 캠벨의 『천의 얼굴을 가진 영웅』 p.43의 그림을 수정한 그림임.

5 에드워드 윌슨(이한음 역), 『인간 본성에 대하여』, 사이언스북스, 2000.

6 퍼트리샤 처칠랜드(임지원 역), 『브레인트러스트』, 휴머니스트, 2017, p.158.

7 미국 캘리포니아 리버사이드 캠퍼스 인류학과 이상희 교수의 유튜브에서 도출.

8 콜린 M. 텀불(이상원 역), 『숲 사람들』, 황소자리, 2007.

9 제레미 리프킨(신현승 역), 『육식의 종말』, 시공사, 2002, p.45. ; 에드워드 윌슨(이한음 역), 『인간 본성에 대하여』, 사이언스북스, 2000.

10 M.I.핀러(이용찬 역), 『헤로도투스 역사』, 평단, 1987.

11 정용균, 『인공지능무역 시대가 왔다』, 율곡출판사, 2020.

12 주희 · 맹자(임동석 역), 『맹자』, 동서문화사, 2009, p.1254.

13 모종삼(김기주 역), 『심체와 성체 1』, 소명출판, 2012.

14 요아힘 그닐카(이종한 역), 『바울로』, 분도출판사, 2008, p.195, p.254.

15 탁계관, 『아빠는 무조건 살아남아야 한다』, 라온북, 2013.

16 조지프 캠벨(이윤기 역), 『천의 얼굴을 가진 영웅』, 민음사, 2018, p.186.

17 조지프 캠벨(이윤기 역), 『천의 얼굴을 가진 영웅』, 민음사, 2018, p.391.

18 조지프 캠벨(이윤기 역), 『천의 얼굴을 가진 영웅』, 민음사, 2018, p.402.

19 린다 그래튼 · 앤드루 스콧(안세민 역), 『100세 인생』, 클, 2017.

20 윌리엄 새들러(김경숙 역), 『서드 에이지, 마흔 이후 30년』, 사이, 2006.

21 게일 쉬히(형선호 역), 『남자의 인생 지도』, 황금가지, 2004.

22 Elkhonon Goldberg, 『*The Wisdom Paradox*』, Avery, 2006, p.40.

23 마정페이(강경이 역), 『노벨상 수상자 45인의 위대한 지혜』, 청년정신, 2005, p.82.

24 마정페이(강경이 역), 『노벨상 수상자 45인의 위대한 지혜』, 청년정신, 2005, p.30.

25 마정페이(강경이 역), 『노벨상 수상자 45인의 위대한 지혜』, 청년정신, 2005, p.24.

26 엘코논 골드버그(김미선 역), 『창의성』, 시그마북스, 2019, p.145.

27 엘코논 골드버그(김미선 역), 『창의성』, 시그마북스, 2019, p.95, pp.145~146.

28 마정페이(강경이 역), 『노벨상 수상자 45인의 위대한 지혜』, 청년정신, 2005, p.121.

29 더글러스 호프스태터(박여성 역), 『괴델, 에셔, 바흐 상 · 하』, 까치, 1999.

30 존 마에다(현호영 역), 『단순함의 법칙』, 유엑스리뷰, 2020, p.17.

31 필립 코틀러(안진환 역), 『마켓 3.0』, 타임비즈, 2010.

32 롤프 옌센(서정환 역), 『드림 소사이어티』, 리드리드출판, 2005.

33 로맹 롤랑(이정림 역), 『미켈란젤로의 생애』, 범우사, 2007.

34 조반니 파피니(정진국 역), 『미켈란젤로 부오나로티1 · 2』, 글항아리, 2008.

35 조르조 바사리(이근배 역), 『르네상스 미술가평전 5』, 한길사, 2018, pp.2900~3081.

36 바바라 골드스미스(김희원 역), 『열정적인 천재, 마리 퀴리』, 승산, 2009.

37 모리야 히로시(양억관 역) 『남자의 후반생』, 푸른숲, 2003.

38 도주공에 대해 전승된 설화를 보면 그의 지혜를 엿볼 수 있다. 도 지역에서 장사하다 둘째 아들이 실수하여 다른 국가에서 죄를 짓고 감옥에 갇히는 일이 생겼다. 범려는 셋째 아들에게 돈을 주면서 실력자를 만나서 구명운동을 하라고 하였다. 그러자 맏아들이 자신이 가겠다고 고집을 부렸다. 결국 범려는 마음을 바꾸어 첫째 아들이 가도록 했다. 첫째 아들은 아버지가 말한 사람을 만나 거금을 주고 감옥에 갇혀 있던 동생을 빼내 줄 것을 부탁하였다. 그 후 사면령이 내려 둘째 아들이 감옥에서

나오게 된 소식을 들은 첫째 아들은 돈이 아까워졌다. 그래서 다시 그 실력자를 찾아가 거금을 돌려받았다. 그러자 사면령이 취소되고 결국 둘째 아들은 죽고 말았다. 큰아들이 낙담하여 돌아왔고 범려는 첫째 아들에게 너는 나와 같이 장사하다 보니 돈이 아까운 줄 알고 막내아들은 내가 부자가 된 후 태어나 돈을 아낌없이 쓸 줄 안다. 그래서 구명운동을 하는 데 막내를 보내려 한 것이다. 그러나 이렇게 된 것도 세상의 이치라고 말하였다. 그만큼 범려는 세상 이치를 알고 있었다.

39 피터 드러커(이동현 역), 『피터 드러커 자서전』, 한국경제신문, 2005, p.72.

40 피터 드러커(남상진 역), 『피터 드러커 나의 이력서』 청림출판, 2006, p.160.

41 피터 드러커(남상진 역), 『피터 드러커 나의 이력서』 청림출판, 2006, p.88.

42 엔닌 견당사 일행을 태운 일본 선박들이 파선되어 어려움을 겪었다. 당시 일본이 선진문물을 습득하기 위해 견당사를 중국에 파견하였는데 견당사를 태운 선박에는 신라인 선원과 통역이 타고 있었다. 당시 신라 선은 원양 항해가 가능할 정도로 우수한 선박이었으며 신라 선원 역시 통역과 선박 운항에 노하우를 가지고 있었다. 당시 일본에는 일본어를 중국어로 통역할 통역도, 항해지식을 갖춘 선원도, 튼튼한 선박도 불충분했다. 엔닌은 구사일생으로 당나라에 도착한 이후에도 장보고의 당나라 현지법인인 적산 선원에서 신라 스님 등의 도움으로 무사히 9년간 구법의 목적, 즉 불법을 배웠다. 그리고 일본으로 귀국할 때도 신라 선을 타고 귀국하였다. 엔닌(김문경 역), 『엔닌의 입당구법순례행기』, 중심, 2001.

43 E. O. 라이샤워(조성을 역), 『중국 중세사회로의 여행』, 한울, 1991.

44 정용균, 「해상왕 장보고의 무역네트워크와 환태평양 무역네트워크 구축에 대한 탐색적 연구」, 『무역학회지』, 한국무역학회, 제37권, 제5호, 2012.

45 로맹 롤랑(최현 역), 『마하트마 간디』, 범우사, 2001, p.25.

46 로맹 롤랑(최현 역), 『마하트마 간디』, 범우사, 2001.

47 로맹 롤랑(최현 역), 『마하트마 간디』, 범우사, 2001, p.90.

48 하워드 가드너(임재서 역), 『열정과 기질』, 북스넛, 2004.

49 하워드 가드너(임재서 역), 『열정과 기질』, 북스넛, 2004, p.557.

50 마정페이(강경이 역), 『노벨상 수상자 45인의 위대한 지혜』, 청년정신, 2005, p.150.

51 윈스턴 S. 처칠(임종원 역), 『윈스턴 처칠, 나의 청춘』, 행북, 2020, p.33.

52 프리먼 다이슨(김학영 역), 『프리먼 다이슨의 의도된 실수』, 메디치미디어, 2018, pp.350~351.

53 찰스 호머 해스킨스(김성훈 역), 『대학의 탄생』, 연암서가, 2021, p.34.

54 볼프강 E. J. 베버(김유경 역), 『유럽 대학의 역사』, 경북대학교출판부, 2020, pp.25~27.

55 조지프 캠벨은 이러한 장소를 사원굴이라고 명명하였다. 조지프 캠벨(이진구 역), 『신의 가면 1(원시신화)』, 까치, 2003, p.344, p.357.

56 M. 엘리아데(이은봉 역), 『성과 속』, 한길사, 1998.

57 성전은 기도의 집으로 불리는 곳이다. 한국천주교주교회의, 『신약성경』, 한국천주교중앙협의회, 2007.

58 정용균, 「라오스의 분쟁해결문화와 제도 : ADR 유형을 중심으로」, 『분쟁해결연구』, 단국대학교 분쟁해결연구센터, 제16권, 제3호, 2018, pp.81~110.

59 존 도미닉 크로산(김준우 역), 『역사적 예수』, 한국기독교연구소, 2000.

60 72명의 제자를 양성하여 세상으로 보낸다. 한국천주교주교회의, 『신약성경』, 한국천주교중앙협의회, 2007.

61 조흥국, 『근대태국의 형성』, 소나무, 2015, p.150.

62 그리스도교 『신약성경』 곳곳에 기록이 남아 있다.

63 태국에는 그런 동굴사원이 지금도 120여 곳 남아 있다고 한다. 존 캐논(공민희 역), 『성스러운 공간의 모든 것』, 사람의무늬, 2018, p.47.

64 존 캐논(공민희 역), 『성스러운 공간의 모든 것』, 사람의무늬, 2018, p.31, p.53, p.46, p.103.

65 제임스 글릭(김동광 역), 『아이작 뉴턴』, 승산, 2008, p.81.

66 마이클 크로우 · 윌리엄 다바스(한석수 · 방진이 · 박홍석 · 서영석 역), 『새로운 미국 대학 설계』, 아르케, 2017, p.34.

67 마이클 크로우 · 윌리엄 다바스(한석수 · 방진이 · 박홍석 · 서영석 역), 『새로운 미국 대학 설계』, 아르케, 2017, p.35.

68 마이클 로스(최다인 역), 『대학의 배신』, 지식프레임, 2016, p.47.

69 볼프강 E. J. 베버(김유경 역), 『유럽 대학의 역사』, 경북대학교출판부, 2020, p.25.

70 볼프강 E. J. 베버(김유경 역), 『유럽 대학의 역사』, 경북대학교출판부, 2020, p.32.

71 볼프강 E. J. 베버(김유경 역), 『유럽 대학의 역사』, 경북대학교출판부, 2020.

72 볼프강 E. J. 베버(김유경 역), 『유럽 대학의 역사』, 경북대학교출판부, 2020, p.41.

73 마이클 크로우 · 윌리엄 다바스(한석수 · 방진이 · 박홍석 · 서영석 역), 『새로운 미국 대학

설계』, 아르케, 2017, p.84.

74 마이클 로스(최다인 역), 『대학의 배신』, 지식프레임, 2016, p.125.

75 마이클 로스(최다인 역), 『대학의 배신』, 지식프레임, 2016, p.89.

76 요 리츤(윤희원 역), 『유럽의 대학 : 어디로 갈것인가』, 서울대학교출판문화원, 2011.

77 윌리엄 J. 베넷 · 데이비드 와일졸(이순영 역), 『대학은 가치가 있는가』, 문예출판사, 2014.

78 프랭크 도너휴(차익종 역), 『최후의 교수들』, 일월서각, 2014, pp.134~136.

79 Derek Bok, 『*Our Underachieving Colleges*』, Princeton University Press, 2008.

80 Frankki Bevins · Jake Bryant · Charag Krishnan · Jonathan Law, "Coronavirus : How should US higher education plan for an uncertain future?", McKinsey & Company, 2020. 4. 3.

81 박용범, 「하버드마저 코로나에 당했다...대공황 이후로 첫 적자 굴욕」, 『매일경제』, 2020.10.23.

82 Laura van der Erve · Elaine Drayton · Jack Britton, "Drop In International Students Would Imperil University Finances", IFS Briefing Notes, 2020.

83 제임스 J. 두데스탯(이철우 · 이규태 · 양인 역), 『대학혁명』, 성균관대학교출판부, 2004, p.50.

84 Jeffrey Stevens, "Perception, Attitudes, & Preferences of Adult Learners in Higher Education : A National Survey", 『*Journal of Learning in Higher Education*』, Vol. 10, No. 2, 2014, pp.65~78.

85 마우로 기옌(우진하 역), 『2030 축의 전환』, 리더스북, 2020.

86 정용균, 「멀티도어코트하우스제도 : 기원, 확장과 사례분석」, 『중재연구』, 한국중재학회, 제28권, 제2호, 2018, pp.3~43.

87 Pericles Lewis, "Globalizing the Liberal Arts : Twenty-First Century Education". ; Gleason · Nancy W, 『Higher Education in the Era of the Fourth Industrial Revolution』, Palgrave Macmillan, 2018.

88 윌리엄 J. 베넷 · 데이비드 와일졸(이순영 역), 『대학은 가치가 있는가』, 문예출판사, 2014.

89 Olli Koski · Kai Husso, 『*Work in the Age of Artificial Intelligence*』, Ministry of Economic Affairs and Employment, 2018, p.10.

90 Carl Benedikt Frey · Michael Osborne, "The Future of Employment", Oxford Martin Programmeon Technology and Employment, 2013.

91 정용균, 『인공지능무역 시대가 왔다』, 율곡출판사, 2020.

92 Pericles Lewis, "Globalizing the Liberal Arts : Twenty-First Century Education". ; Gleason · Nancy W, 『*Higher Education in the Era of the Fourth Industrial Revolution*』, Palgrave Macmillan, 2018.

93 손영배, 『이제는 대학이 아니라 직업이다』, 생각비행, 2017.

94 알프레드 노스 화이트헤드(유재덕 역), 『교육의 목적』, 소망, 2009.

95 앨빈 토플러(장을병 역), 『미래의 충격』, 범우사, 1990.

96 알프레드 노스 화이트헤드(유재덕 역), 『교육의 목적』, 소망, 2009, p.33.

97 조지프 캠벨(이진구 역), 『신의 가면 1(원시신화)』, 까치, 2003, p.35, p.344.

98 신약성경, 마태복음 제26장 26절 27절, p.66.

99 대니얼 골먼(황태호 역), 『감성지능 상』, 비전코리아, 1996, p.81.

100 대니얼 골먼(황태호 역), 『감성지능 상』, 비전코리아, 1996, p.70.

101 대니얼 골먼(황태호 역), 『감성지능 상』, 비전코리아, 1996, p.67.

102 대니얼 골먼(황태호 역), 『감성지능 상』, 비전코리아, 1996, p.116.

103 다니엘 핑크(김명철 역), 『새로운 미래가 온다』, 한국경제신문, 2007.

104 마이클 로스(최다인 역), 『대학의 배신』, 지식프레임, 2016, p.71.

105 마이클 로스(최다인 역), 『대학의 배신』, 지식프레임, 2016, pp.103~104.

106 박성규 역, 『논어집주』, 소나무, 2011.

107 발데사르 카스틸리오네(신승미 역), 『궁정론』, 북스토리, 2009.

108 앤절라 더크워스(김미정 역), 『그릿』, 비즈니스북스, 2016.

109 왕필(임채우 역), 『왕필의 노자주』, 한길사, 2005.

110 데이비드 F. 노블(김명진 역), 『디지털 졸업장 공장』, 그린비, 2006, p.37.

111 데이비드 F. 노블(김명진 역), 『디지털 졸업장 공장』, 그린비, 2006, p.40.

112 Malcolm S. Knowles · Elwood F. Holton III · Richard A. Swanson(최은수 역), 『성인학습자』, 아카데미프레스, 2016.

113 Sharan B. Merriam · Rosemary S. Caffarella · Lisa M. Baumgartner(기영화 · 홍성화 · 조윤정, · 김선주 역), 『성인학습론』, 아카데미프레스, 2009.

114 마이클 혼 · 헤더 스테이커(장혁 · 백영경 역), 『블렌디드』, 에듀니티, 2017.

115 Thomas S. Kuhn, 『*The Structure of Scientific Revolutions*』, University of Chicago Press, 1996, p.92.

116 『구약성경』 「시편」 90편 10절.

117 히노하라 시게아키(이근아 역), 『100세 시대를 살아갈 비결』, 문학사상, 2015.

118 후쿠이 후쿠타로 씨는 102세 나이로 직장생활을 하고 있다. 아마 최고령 직장인일 것이다. 후쿠이 후쿠타로 · 히로노 아야코(이정환 역), 『100살이다 왜!』, 나무발전소, 2014.

119 김형석, 『백년을 살아보니』, 덴스토리, 2016.

120 최재천, 『당신의 인생을 이모작하라』, 삼성경제연구소, 2005, p.158.

121 헥토르 가르시아 · 프란체스크 미라예스(이주영 역), 『나이 들어가는 내가 좋습니다』, 세종서적, 2020, p.145.

122 이재규, 『노년의 탄생』, 사과나무, 2009, p.59, p.224.

123 린다 그래튼 · 앤드류 스콧(안세민 역), 『100세 인생』, 클, 2017.

124 최재천, 『당신의 인생을 이모작하라』, 삼성경제연구소, 2005, p.57.

125 조지프 캠벨(이윤기 역), 『천의 얼굴을 가진 영웅』, 민음사, 2018, p.243.

126 한국천주교주교회의, 『신약성경』, 한국천주교중앙협의회, 2005.

127 조지프 캠벨(이윤기 역), 『천의 얼굴을 가진 영웅』, 민음사, 2018, p.263.

128 영웅은 지혜의 시문(詩文), 불사약, 황금 양털을 인간의 왕국으로 데려오는 또 한 번의 수고를 해야 한다. 그래야 이 은혜가 사회와 국가를 재생시키는 데 환원될 것이기 때문이다. 그러나 영웅이 이 책임을 회피한 경우가 많다. 실제로 신화에 나오는 많은 영웅은 불로불사 여신의 축복을 받은 섬에 영원히 눌러앉아 버린 것으로 전해진다. 더구나 귀환한 영웅이 당면한 문제는 만족스러운 성취의 체험을 겪은 이후 덧없는 삶의 기쁨과 슬픔, 진부한 일상과 소란한 외설스러움을 현실로 받아들여야 하는 것이다. 조지프 캠벨(이윤기 역), 『천의 얼굴을 가진 영웅』, 민음사, 2018, pp.239~269.

129 조지프 캠벨(이진구 역), 『신의 가면 1(원시신화)』, 까치, 2003.

130 마르틴 부버(표재명 역), 『나와 너』, 문예출판사, 2001, p.116.

131 미하이 칙센트미하이(노혜숙 역), 『창의성의 즐거움』, 북로드, 2003, p.120.

132 로버트 루트번스타인 · 미셸 루트번스타인(박종성 역), 『생각의 탄생』, 에코의서재, 2007, p.101.

133 이 부분은 『부분과 전체』 말미에 김재영 선생이 쓴 책 해제에서 인용하였음. 베르너 하이젠베르크(유영미 역), 『부분과 전체』, 서커스, 2016, p.452.

134 그레이엄 파멜로(노태복 역), 『폴 디랙』, 승산, 2020, pp.136~142.

135 조지프 캠벨(이윤기 역), 『천의 얼굴을 가진 영웅』, 민음사, 2018, p.263.

136 프리먼 다이슨, 『과학은 반역이다』, 반니, 2015, p.309.

137 피터 드러커(이동현 역), 『피터 드러커 자서전』, 한국경제신문사, 2005, pp.71~156. ; 이재규, 『노년의 탄생』, 사과나무, 2009, p.84.

138 피터 드러커(남상진 역), 『피터 드러커 나의 이력서』, 청림출판, 2006, p.32.

139 피터 드러커(이재규 역), 『프로페셔널의 조건』, 청림출판, 2001. ; 피터 드러커(이재규 역), 『변화 리더의 조건』, 청림출판, 2001. ; 피터 드러커(이재규 역), 『이노베이터의 조건』, 청림출판, 2001.

140 요한 볼프강 폰 괴테(이인웅 역), 『파우스트』, 문학동네, 2006.

141 Norbert Wiener, 『*God and Golem, Inc.*』, The MIT Press, 1966.

142 피터 드러커(이재규 역), 『단절의 시대』, 한국경제신문사, 2003. ; 피터 드러커(이재규 역), 『Next Society』, 한국경제신문사, 2002를 참조.

143 인간이 가장 어려운 게임이라고 여겼던 바둑을 인공지능이 이길 수 없을 것이라고 생각했지만, 세계 정상급 프로기사 이세돌과 알파고의 바둑 경기는 4대 1로 알파고의 승리로 끝이 났다.

144 제프 콜빈(신동숙 역), 『인간은 과소평가 되었다』, 한스미디어, 2016, pp.74~76.

145 한스 모라벡(박우석 역), 『마음의 아이들』, 김영사, 2011.

146 마틴 포드(김대영 · 김태우 · 서창원 · 최종현 · 한성일 역), 『AI 마인드』, 터닝포인드, 2019, p.438.

147 마빈 민스키(조광제 역), 『마음의 사회』, 새로운 현재, 2019, p.120.

148 마틴 포드(김대영 · 김태우 · 서창원 · 최종현 · 한성일 역), 『AI 마인드』, 터닝포인드, 2019, p.436.

149 노버트 위너(김재영 역), 『인간의 인간적 활용』, 텍스트, 2011.

150 제프 콜빈(신동숙 역), 『인간은 과소평가 되었다』, 한스미디어, 2016, p.117.

151 제레미 리프킨(이경남 역), 『공감의 시대』, 민음사, 2010. ; 다니엘 핑크(김명철 역), 『새로운 미래가 온다』, 한국경제신문, 2007.

152 대니얼 링(김정동 · 김용우 · 김홍수 · 황석형 역), 『디자인씽킹 가이드북』, 생능출판, 2017.

153 Richard J. Davidson, 『*The Emotional Life of Your Brain*』, A Plume Book, 2012, pp.67~90.

154 이 용어는 야마구치 슈를 비롯한 여러 저자들이 사용하고 있다.

155 왕필(임채우 역), 『왕필의 노자주』, 한길사, 2005, p.187. 도덕경 제25장에 크게 되면 가게 되고 가게 되면 멀어지고, 멀어지면 되돌아온다고 하였다. 노자(심재원 역주), 『노자 도덕경, 그 선(禪)의 향기』, 정우서적, 2010, p.209.

156 엘리자베스 L. 아이젠슈타인(전영표 역), 『근대 유럽의 인쇄 미디어 혁명』, 커뮤니케이션북스, 2008, p.116, p.219.

157 요하네스 크라우제 · 토마스 트라페(강영옥 역), 『호모 에렉투스의 유전자여행』, 책밥, 2020, p.19.

158 마르쿠스 가브리엘(김희상 역), 『왜 세계는 존재하지 않는가』, 열린책들, 2017, p.46.

159 리처드 왓슨(방진이 역), 『인공지능 시대가 두려운 사람들에게』, 원더박스, 2017, p.128.

160 에드워드 드 보노(이은정 역), 『드 보노의 수평적 사고』, 한언, 2005.

161 데즈먼드 모리스(김석희 역), 『인간 동물원』, 물병자리, 2003, p.291.

162 현재 인도는 대도시로 몰려든 인구 때문에 스마트 시티 등 엄청난 도시시설 정비 건설 프로젝트가 시행 중이다.

163 롤프 옌센 · 미카 알토넨(박종윤 역), 『르네상스 소사이어티』, 36.5, 2014, p.103.

164 리처드 왓슨(방진이 역), 『인공지능 시대가 두려운 사람들에게』, 원더박스, 2017.

165 한병철(김태환 역), 『피로사회』, 문학과지성사, 2012, p.42.

166 프란스 드 발(이충호 역), 『동물의 감정에 관한 생각』, 세종서적, 2019, p.135.

167 원초적 한량, 「미래 유망직업 100가지 미래 직업전망」, 『내맘대로』, 2014. 3. 14.

168 정용균, 『인공지능무역 시대가 왔다』, 율곡출판사, 2020.

169 로라 불러 · 클라이브 기퍼드 · 앤드리아 밀스(이한음 역), 『로봇 백과 ROBOT』, 비룡소, 2019.

170 한스 모라벡(박우석 역), 『마음의 아이들』, 김영사, 2011, pp.178~179.

171 제레미 리프킨(안진환 역), 『한계비용 제로 사회』, 민음사, 2014, pp.201~202.

172 크리스 그레이(석기용 역), 『사이보그 시티즌』, 김영사, 2016.

173 호리에 다카후미 · 오치아이 요이치(전경아 역), 『10년 후 일자리 도감』, 동녘라이프, 2019, p.55.

174 호리에 다카후미 · 오치아이 요이치(전경아 역), 『10년 후 일자리 도감』, 동녘라이프, 2019, p.103.

175 호리에 다카후미 · 오치아이 요이치(전경아 역), 『10년 후 일자리 도감』, 동녘라이프, 2019, p.90.

176 정용균, 『인공지능과 인간의 협업 시대가 왔다』, 율곡출판사, 2020.

에필로그

1 정용균, 「인공지능이 교육에 미치는 영향 : 교육패러다임 4.0을 중심으로」, 『강원문화연구』, 강원대학교 강원문화연구소, 제43권, 2021, pp.203~240.

2 린다 그래튼 · 앤드루 J. 스콧(김원일 역), 『뉴 롱 라이프』, 클, 2021, pp.106~107.

3 린다 그래튼 · 앤드루 스콧(안세민 역), 『100세 인생』, 클, 2020, p.222.

4 최재천, 『당신의 인생을 이모작하라』, 삼성경제연구소, 2005.

5 정용균, 「경기변동과 노동퇴장가설에 관한 실증적 연구」, 『경제학연구』, 한국경제학회, 제41권, 제3호, 1994, pp.219~235.

6 찰스 핸디(강혜정 역), 『비이성의 시대』, 21세기북스, 2009, p.82.

7 웨인 다이어(오현정 역), 『행복한 이기주의자』, 21세기북스, 2006, p.22.

8 웨인 다이어(오현정 역), 『행복한 이기주의자』, 21세기북스, 2006, p.38.

9 웨인 다이어(오현정 역), 『행복한 이기주의자』, 21세기북스, 2006, p.87.

10 웨인 다이어(오현정 역), 『행복한 이기주의자』, 21세기북스, 2006, p.102.

11 웨인 다이어(오현정 역), 『행복한 이기주의자』, 21세기북스, 2006, p.209.

| 찾아보기 |

ㅇ

ㅈ

성인교육 4.0

중년의 위기와 대학의 위기 극복 전략

초판 1쇄 인쇄 2021년 12월 23일

초판 1쇄 발행 2021년 12월 30일

지은이 정용균

펴낸이 박기남

기획 · 영업 박정헌

책임편집 박세린

펴낸곳 **율곡출판사**

08590 서울시 금천구 가산디지털1로 84(에이스하이엔드 8차), 803호

전화 (代) 02) 718-9872/3

팩스 02) 718-9874

홈페이지 http://www.yulgokbooks.co.kr

이메일 yulgokbook@naver.com

등록 1989.11.10. 제2014-000031호

ISBN 979-11-91812-09-1 03300

정가 20,000원